高等职业教育物流管理专业教材

仓储管理实务
（第二版）

周宁武　编著

中国水利水电出版社
www.waterpub.com.cn
·北京·

内容提要

本书以党的二十大精神为指导，围绕立德树人根本任务，坚持以学生为本，立足产教融合，在综合分析制造企业、商业流通企业、仓储型物流企业仓储相关岗位要求和职业能力的基础上开发。

本书共分六个项目（十九个任务），分别是仓储认知（四个任务）、仓储业务（三个任务）、库存管理（三个任务）、仓储经营（四个任务）、仓储管理技术（三个任务）、仓储新技术及业务新模式（两个任务），每个项目均设定了知识目标、技能目标、素养目标，以及重点、难点等，同时，以思维导图形式梳理了项目大纲，项目后设置了问题与思考，包含多种类型的题目及技能训练任务。在每个任务的情境案例中，创新性地引入小智（制造企业的仓储岗位）、小商（商业流通企业的仓储岗位）、小高（仓储型物流企业的仓储岗位）三个主人公，以他们在仓储职业发展中遇到的不同问题为引例，将抽象的专业知识和技能要求融入到实际的职业岗位工作任务中，实现专业岗位与专业知识和专业技能的互通。

本书可作为高职高专院校现代物流管理专业核心课教材，也可作为电子商务、连锁经营管理等专业的选修课教材，还可作为制造企业仓储部门、商业企业仓储部门、仓储型物流企业员工的培训用书，以及中职院校和本科院校相关专业的教学参考书。

图书在版编目（CIP）数据

仓储管理实务 / 周宁武编著. -- 2版. -- 北京：中国水利水电出版社, 2025. 2. -- (高等职业教育物流管理专业教材). -- ISBN 978-7-5226-3246-9

Ⅰ. F253

中国国家版本馆 CIP 数据核字第 2025J68Q04 号

策划编辑：陈红华　　责任编辑：张玉玲　　封面设计：苏敏

书　名	高等职业教育物流管理专业教材 仓储管理实务（第二版） CANGCHU GUANLI SHIWU
作　者	周宁武　编著
出版发行	中国水利水电出版社 （北京市海淀区玉渊潭南路1号D座　100038） 网址：www.waterpub.com.cn E-mail：mchannel@263.net（答疑） 　　　　sales@mwr.gov.cn 电话：（010）68545888（营销中心）、82562819（组稿）
经　售	北京科水图书销售有限公司 电话：（010）68545874、63202643 全国各地新华书店和相关出版物销售网点
排　版	北京万水电子信息有限公司
印　刷	三河市鑫金马印装有限公司
规　格	184mm×260mm　16开本　15.75印张　403千字
版　次	2020年5月第1版　2020年5月第1次印刷 2025年2月第2版　2025年2月第1次印刷
印　数	0001—2000册
定　价	47.00元

凡购买我社图书，如有缺页、倒页、脱页的，本社营销中心负责调换

版权所有·侵权必究

第二版前言

仓储作为一项重要的生产性活动，对于提高物流效率、降低产品成本、增加企业竞争力具有重要意义，在竞争激烈的市场环境下，我们必须不断地探索和创新，努力寻求更好的仓储管理路径，党的二十大精神正是我们在前进道路上的指引。

党的二十大明确坚持和发展中国特色社会主义的基本方略，提出了一系列重要思想和原则，对于指导我们走中国式现代化道路，全面建设社会主义现代化国家、全面推进中华民族伟大复兴具有重要的意义。其中包括加快构建新发展格局，着力推动高质量发展，构建高水平社会主义市场经济体制，建设现代化产业体系，全面推进乡村振兴，促进区域协调发展，推进高水平对外开放，推动经济实现质的有效提升和量的合理增长等内容，这些都与仓储管理息息相关。

在当前信息化、数字化加速发展的背景下，我们必须深刻领会党的二十大精神，始终坚持以人民为中心的发展理念，积极推动仓储行业的转型升级和高质量发展。

进入中国特色社会主义新时代以来，我国社会经济得到了进一步发展，制造企业、商业流通企业对仓储业务的外包需求逐步增加，电子商务企业、中小物流企业对规模化仓储的租赁需求逐步放大，具备一定规模的运输型物流企业、仓储型物流企业，甚至是一些电子商务企业，都在加快自有仓储中心的建设，这使我国仓储业具有了巨大的发展空间。

然而，当前仓储专业人才的有效供给与仓储业的快速发展之间存在一定矛盾，仓储专业人才缺乏已经成为亟待解决的重要问题。对于高校而言，如何紧贴市场和产业需求，借助现代信息技术、智慧仓储技术，培养出适合仓储业发展的高素质技术技能人才，从而培养中国特色社会主义合格建设者和可靠接班人，显得尤为迫切。

仓储专业人才的培养离不开优质教育教学资源的支撑。本书坚持立德树人的根本任务，坚持以学生为本，立足产教融合，在综合分析制造企业、商业流通企业、仓储型物流企业仓储相关岗位要求和职业能力的基础上，以学生的仓储职业发展路径为线索设计大纲，以仓储相关岗位所需能力为本位，以仓储真实业务为主要案例载体，综合考虑仓储行业发展现状及未来趋势编写内容，内容表述及案例选取注重课程思政的有关要求。

考虑到绝大多数学生未来的就业方向，本书重点基于制造业内部仓储、供应链仓储中心及电子商务仓配中心编写，注重服装、快消品等行业，以及制造业、传统商业及电子商务企业等仓储业务的要求，较少涉及危化品仓储、储备型仓储和保税仓储等。

本书对于通用术语，均采用中华人民共和国国家标准《物流术语》（GB/T 18354—2021）中的表述，《物流术语》中未涉及的，也尽量引用国家标准、行业标准中的表述；对于不同行业、不同语境下所用的名词，尽可能作了统一，以避免前后表述的差异以及学生学习中的困扰，如将"货物""商品""物料""物品"等统一称为"货品"；对案例、实例、资料中有业务背景的相关表述予以保留；在仓储合同部分，按照《中华人民共和国民法典》相关条文要求表述为"仓储物"。

本书是浙江省第一批课程思政示范课"仓储管理实务"的建设成果之一，是浙江省高职院校"十四五"第二批重点立项建设教材，是浙江省教育厅审核认定的职业教育一流核心课程（线下课程）"仓储管理实务"的配套用书，也是浙江省精品在线开放课程"仓储管理实务"的配套用书。

本书注重教材的新形态，将大量资料、实例、标准、教学视频等以二维码形式呈现，有效丰富知识的表现形态，更加便于学习。本书将纸质内容与线上教学互动，借助线上平台，在线提供学习视频、习题、测验、案例、主题讨论等配套资源，并适时更新；通过线上平台，批阅学生作业、组织讨论、安排测试，提供优质的线上到线下（OTO）教学服务。

本书主要用于高职院校现代物流管理专业教学，为此，需注重与"采购管理实务""运输管理实务""配送管理实务""ERP基础及应用""供应链管理"等专业课程的衔接，对于专业知识点可能有一定重叠的"ABC重点控制法""入库接运""货位安排""分拣方法""出库管理"等方面的内容，需做好沟通与交流，尽量避免重复讲解。

本书由湖州职业技术学院周宁武副教授结合二十年的教学实践经验和企业实践经验独立编写完成，在编写过程中得到了湖州祥瑞物流公司、湖州鑫达国际物流公司、湖州锐格物流科技公司、浙江唯品会电子商务有限公司、飞梭云供应链公司、百世科技、心怡科技、物美商业等相关人员的支持和帮助，提供了必要的素材和资料；本书还得到了兄弟院校及本校同行、专家的帮助和指导，为编写提供了重要的参考意见和建议；本书参考了仓库社区、物联云仓等网站上的资料和素材，借鉴和参考了相关行业专家、企业专家、高校学者的专著、教材和相关案例，并在书中尽可能进行了标注。对于上述帮助和指导，在此一并表示感谢。

由于仓储行业发展速度快，企业实践在某些方面甚至超越了理论研究，加之编者水平有限，书中难免有疏漏和不当之处，敬请各方人士批评指正。

编 者
2024年9月

第一版前言

进入中国特色社会主义新时代以来,我国社会经济得到了进一步发展,生产制造企业、商业流通企业对物流、仓储业务的外包需求逐步增加,电子商务企业、中小物流企业对规模化仓储的租赁需求逐步扩大,具备一定规模的运输型物流企业、仓储型物流企业,甚至是一些电子商务企业,都在加快自有仓储中心的建设,这使我国仓储业迎来了巨大的发展空间。

然而,当前仓储专业人才的有效供给与仓储业的快速发展之间存在一定矛盾,仓储专业人才缺乏已经成为亟待解决的重要问题。对于高校而言,如何紧贴市场和产业需求,培养出适合仓储业发展的高素质技术技能型人才,从而培养中国特色社会主义合格建设者和可靠接班人,显得尤为迫切。

仓储专业人才的培养离不开优质教学资源的支撑。本书坚持立德树人的根本任务,坚持以学生为本,在综合分析制造类企业、商业流通类企业、仓储型物流企业的仓储相关岗位要求及其职业发展路径的基础上,以学生的仓储职业发展路径为线索设计大纲,以仓储岗位所需能力为本位,以电商仓储中心、行业仓储和供应链仓储中心等的真实业务为主要案例载体,综合考虑仓储行业发展现状及未来趋势,内容表述及案例选取注重课程思政的有关要求。

考虑到绝大多数学生未来的就业方向,本书主要以供应链的仓储中心及电子商务仓储配送中心为基础,注重服装、快消品等行业,涉及制造业、传统商业及电子商务企业等仓储业务的要求,较少涉及危险品仓储、储备型仓储和保税仓储。

本书对于通用术语,均采用了中华人民共和国国家标准《物流术语》(GB/T 18354—2006)中的表述;对于不同行业、不同语境下所用的名词,尽可能做了统一,以避免前后表述的差异而造成学生在学习中的困扰,如将"货物""商品""物料""物品"等统一称为"货品",而案例、实例、资料中的相关表述予以保留。

本书基于浙江省精品在线开放课程"仓储管理实务"进行开发,结合纸质内容与线上教学,借助线上平台,在线提供学习视频、习题、测验、案例、主题讨论等配套资源,并适时更新;通过线上平台,批阅学生作业、组织讨论、安排测试,提供优质的OTO教学服务。

本书主要用于高职院校物流管理专业教学,为此,需注重与上游的采购课程、运输课程和下游的配送课程、ERP课程等的衔接关系,对于可能有一定重叠的"ABC重点控制法""入库接运""货位安排""分拣方法""出库管理"等方面的内容,需做好沟通与交流,尽量避免重复讲解。

本书由湖州职业技术学院周宁武副教授结合十多年的教学实践经验和企业实践经验完成编写,在编写过程中得到了湖州祥瑞物流公司、湖州鑫达物流公司、湖州锐格物流科技公司、百世科技、心怡科技、物美商业、飞梭云供应链公司等相关人员的支持和帮助,他们提供了素材和资料;还得到了兄弟院校及本校同行、专家的帮助和指导,他们为编写提供了重要的参考意见和建议；参考了仓库社区、物联云仓等网站上的资料和素材，借鉴了相关行业专家、企业专家、高校学者的著作、教材和案例。对于上述帮助和指导，在此一并表示谢意。

由于仓储行业发展速度快，企业实践在某些方面甚至超越了理论研究，加之编者水平有限，书中难免有疏漏和不当之处，恳请各方人士批评指正。

编　者

2020 年 1 月

目 录

第二版前言
第一版前言

项目一 仓储认知 …………………………… 1
任务一 仓储基础 ………………………… 3
一、认识仓储 …………………………… 3
二、认识仓储管理 ……………………… 6
三、仓储资源分析 ……………………… 8
任务二 仓储组织与人员 ………………… 12
一、仓储组织结构 ……………………… 13
二、从业要求与岗位职责 ……………… 17
任务三 仓储设施设备 …………………… 20
一、托盘认知及初步应用 ……………… 21
二、叉车认知及初步应用 ……………… 25
三、货架认知及其应用 ………………… 30
四、智能仓储设备认知及应用 ………… 36
任务四 库内布局与货位规划 …………… 40
一、库内布局 …………………………… 40
二、货位规划 …………………………… 44
问题与思考 ………………………………… 48

项目二 仓储业务 …………………………… 51
任务一 入库业务管理 …………………… 53
一、入库准备 …………………………… 53
二、货品接运 …………………………… 57
三、货品验收 …………………………… 59
四、入库交接与登记 …………………… 63
五、退货作业 …………………………… 65
任务二 在库业务管理 …………………… 66
一、在库存放作业 ……………………… 67
二、在库保管与养护 …………………… 70
三、在库盘点 …………………………… 73
四、在库检查与呆废货品处理 ………… 77
任务三 出库业务管理 …………………… 79
一、出库作业 …………………………… 80
二、分拣作业 …………………………… 85

三、补货作业 …………………………… 88
四、包装作业 …………………………… 91
问题与思考 ………………………………… 96

项目三 库存管理 …………………………… 102
任务一 库存及库存管理 ………………… 104
一、库存认知 …………………………… 104
二、库存管理岗位工作分析 …………… 108
三、库存管理计划 ……………………… 109
任务二 传统库存控制法 ………………… 111
一、经济订货批量 ……………………… 111
二、ABC 重点控制法 ………………… 116
三、定量订货法库存控制 ……………… 120
四、定期订货法库存控制 ……………… 122
任务三 其他库存控制法 ………………… 124
一、零库存 ……………………………… 125
二、MRP 库存控制法 ………………… 127
三、供应商管理库存 …………………… 132
问题与思考 ………………………………… 134

项目四 仓储经营 …………………………… 139
任务一 仓储经营方法 …………………… 141
一、仓储经营管理认知 ………………… 141
二、仓储经营管理的方法 ……………… 143
任务二 仓储成本核算 …………………… 148
一、仓储成本与仓储成本管理 ………… 149
二、仓储成本的构成与核算 …………… 151
三、仓储成本的控制 …………………… 153
任务三 仓储服务营销 …………………… 155
一、仓储服务营销认知 ………………… 156
二、仓储服务营销策略 ………………… 157
三、仓储服务营销新理念 ……………… 159
任务四 仓储合同管理 …………………… 160
一、仓储合同认知 ……………………… 161

二、仓储合同的主要内容…………163
　　三、仓储合同的订立及执行…………168
　问题与思考…………………………174
项目五　仓储管理技术…………………**178**
　任务一　现场管理…………………180
　　一、仓储6S管理…………………180
　　二、目视化管理…………………186
　　三、看板管理……………………189
　任务二　安全管理…………………190
　　一、仓储安全管理认知…………191
　　二、仓储消防管理………………194
　　三、仓储治安管理………………198
　任务三　仓储绩效评价与考核……199
　　一、仓储绩效评价认知…………200
　　二、仓储绩效评价指标体系……202
　　三、仓储部门的绩效考核………207

　　四、仓储绩效的改进……………208
　问题与思考…………………………210
项目六　仓储新技术及业务新模式……**215**
　任务一　仓储新技术及其应用……216
　　一、密集仓储……………………217
　　二、无人仓………………………223
　　三、冷链仓储……………………226
　任务二　仓储经营业务新模式……228
　　一、仓配一体化…………………228
　　二、前置仓………………………232
　　三、云仓…………………………234
　　四、金融仓储……………………237
　问题与思考…………………………240
附录…………………………………**242**
参考文献……………………………**244**

项目一 仓储认知

📖 项目目标

1. 知识目标
（1）掌握仓储、仓储管理的基本概念。
（2）理解仓储资源三种类别的划分与适用条件。
（3）理解仓储组织结构设置与仓储岗位安排。
（4）掌握主要仓储设施设备的功能及使用场合。
（5）理解库内布局与货位规划要求。

2. 技能目标
（1）能就企业实际情况分析并确认其仓储资源的类别及特点。
（2）能结合一般企业对仓管人员的要求做自我分析与评估。
（3）能按照规范操作的要求应用主要仓储设施设备。
（4）能正确识别仓库的货位布局与货位编码。

3. 素养目标
（1）能主动了解中国古代仓储的辉煌成就。
（2）在设备操作中具备安全意识。
（3）能以敬业奉献精神开展仓储工作。
（4）具备仓库布局的"大局观"。
（5）能完成个人仓储行业的职业生涯规划。

📖 重点难点分析

1. 重点分析
（1）仓储、仓储管理的基本概念。
（2）仓储相关岗位工作职责与要求。
（3）仓库货位布局与货位编码的识别。

2. 难点分析
（1）仓储资源三种类别的划分与适用条件。
（2）叉车、货架、托盘等主要仓储设施设备的应用。

本项目的思维导图

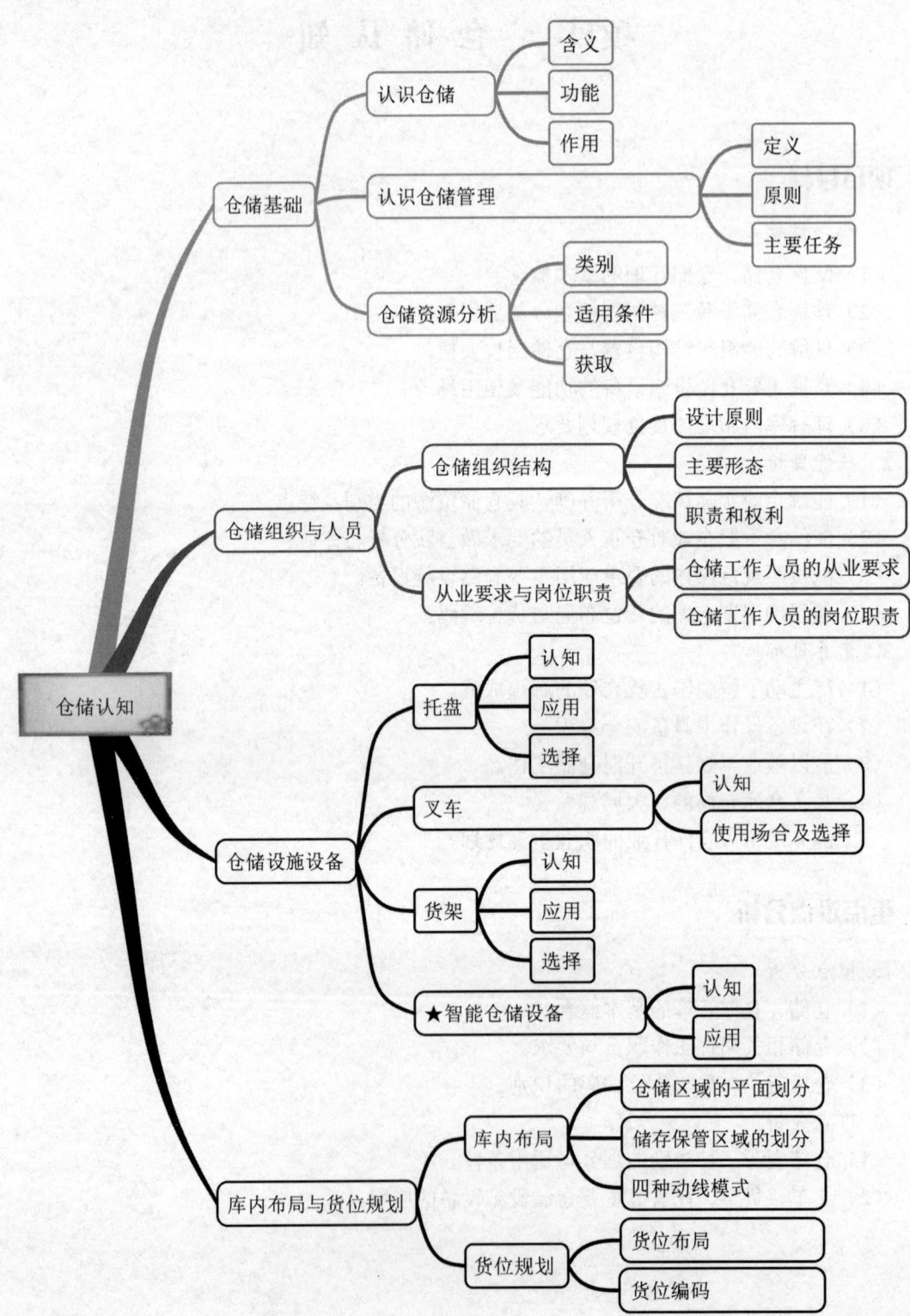

任务一 仓储基础

◆ 情境案例

小智、小商、小高是某高职院校现代物流管理专业的同班同学。经过两年多的课程学习，三名同学不但掌握了专业知识，提升了专业技能，还进一步加深了对中国共产党的认识，对中国共产党"团结带领全国各族人民全面建成社会主义现代化强国、实现第二个百年奋斗目标、以中国式现代化全面推进中华民族伟大复兴"的中心任务有着高度的认同。三名同学打算投身仓储行业，在仓储职业岗位上努力奋斗，为建设现代化产业体系、推动高质量发展、建成社会主义现代化强国贡献自己的力量。

在该校现代物流管理专业组织的校园专场招聘会里，有来自省内外的多家公司，其中多数公司提供了仓储类岗位，需求人数不等，岗位名称不完全一样，工作要求有一定相似之处，企业类别大不相同，有连锁型超市，有专做网络销售的童装企业，有生产电梯设备、物流设备的制造企业，还有几家专业从事仓储和本地配送的公司。

面对这样的情况，三名同学有些纠结，虽然这些企业都有仓储类职业岗位，但企业类别相差很大，对于未来的职业发展，他们也有些迷茫，因为他们曾经讨论过"选择和努力，哪个更重要"的问题。

接下来，他们会做出怎样的选择？又需要进行哪些方面的努力呢？

◆ 情境分析

这三名同学在校学习期间，通过专业学习、社会实践、参加竞赛等方式打下了扎实的专业基础，所以才会坚定仓储类职业发展方向，非常值得肯定。

仓储类职业岗位的"供给侧"的确有众多不同类别的企业，各企业的业务规模、业务特点都有一定差别，随之而来的是仓储职业发展空间也不一样。开始努力之前，确实需要先做好选择。为此，三名同学可以对企业的仓储资源情况、仓储业务情况、主业发展情况，甚至是所在行业的发展情况作进一步了解，以此判断未来的发展空间和努力方向。当然，还可以先进入企业实践起来，边实习，边努力，边选择。

通过本任务的学习，你将掌握仓储的基本概念，能够辨识企业仓储资源的类别，以及不同类型企业仓储部门的差异。

◆ 基础知识

一、认识仓储

（一）仓储的含义

《物流术语》（GB/T 18354—2021）中，对仓储（Warehousing）的定义是：利用仓库及相关设施设备进行物品的入库、储存、出库的活动。其中，"仓"是指仓库（Warehouse），是用于储存、保管物品的建筑物和场所的总称，可以是房屋建筑、洞穴、大型容器或特定的场地等，具有存放和保护货品的功能；"储"是指储存、储备，表示收存以备使用，具有收存、保管、交付使用的意思;"储存"(Storing)是指贮藏、保护、管理物品。

仓储是货品生产、流通过程中,因客户订单前置或企业生产预测前置,提前储备原材料、半成品、成品等而产生的,是连接生产、供应、销售的中转站。仓储和运输共同构成了现代物流系统的两大支柱,同时,仓储是企业供应链实物储存的核心,仓储的布局深刻影响着供应链的布局。

【资料1-1】仓储活动历史悠久

> 人类社会自从有剩余产品以来,就产生了储存。我国的仓储活动有着悠久的历史。考古学家在西安半坡村的仰韶遗址发现了许多储存食物和用具的窖穴。这些窖穴密集分布在居住区内,和房屋交错在一起,是我国发现最早的仓库雏形。古籍中也常出现"仓廪""窦窖"这样的词语,其中"仓廪"中的"仓"是专门藏谷的场所,"廪"是专门藏米的场所;"窦窖"是指储藏货物的地下室,椭圆形的叫"窦",方形的叫"窖"。这些词都用来表示储存货物的场所。由于古代把存放兵器的地方叫"库",后人便把"仓"和"库"结合使用,把储存和保管货物的建筑物或场所统称为"仓库"。如今,仓库是进行仓储活动的主要场所。

【资料1-2】湖州练市粮仓

(二)仓储在社会化大生产中的功能

1. 保证社会生产的顺利进行

现代社会生产的一个重要特征就是专业化和规模化,由于劳动生产率高、产量大,绝大多数货品不能被即时消费,需要经过仓储的手段进行储存,这样才能保证生产过程能够继续进行。另外,生产所使用的原料、材料等需要有合理的储备,才能保证及时供应,满足生产的需要。仓储本身是由生产率的提高造成的,同时仓储的发展又促进了生产率的提高。

2. 调整生产和消费的时间差别

消费需求的不确定性和货品的季节性与企业批量生产和季节性货品集中供给之间存在供需时差,通过仓储将批量生产的货品进行储存,持续向消费者提供,才能不断保证满足消费需求。另外,季节性货品如果即时推向市场销售,必然造成市场短时期内货品供给远远大于需求,造成货品价格大幅降低,甚至无法消费而被废弃;相反,非供应季节,市场供应量少而价高。通过仓储环节均衡地向市场供给,能稳定消费市场,有利于生产的持续进行。

3. 促进货品的保值增值

货品从生产到消费的过程都会发生物理和化学变化,只是快慢不一样而已。生产出的货品在消费之前必须保持其使用价值,这项任务就需要由仓储来承担,仓储需要根据货品的特性、储存要求和消防要求等进行货品的储存规划,最大限度地减少储存货品的变质损耗,以达到降低成本、满足客户需求、扩大市场规模,最终实现企业的经济效益和社会效益。在仓储环节,企业还可以根据用户对货品的消费偏好对货品进行流通加工,提高货品的附加值,以促进货品的销售,增加收益。

4. 衔接货品流通过程

货品从生产到消费，需要经过分散—集中—分散的过程，通常需要经过不同运输工具的转换运输。为了有效地利用各种运输工具，降低运输过程中的作业难度，实现经济运输，货品需要通过仓储进行候装、配载、包装、成组等。

5. 传递市场信息

任何货品的生产都必须满足市场的需求，生产者都要把握市场需求的动向。仓储量的变化是了解市场需求的极为重要的途径。仓储量减少、周转量加大，表明社会需求旺盛；反之则为需求不足。企业存货增加，表明其货品需求减少、竞争力降低或生产规模不合适。仓储环节所获得的市场信息更为准确和集中，信息反映快捷，信息成本低。现代企业特别重视仓储环节的信息反馈，将仓储量的变化作为决策的依据。

6. 提供现货交易的场所

企业转让存放于仓库内的货品时，购买人可以到仓库查验货品，取样化验，双方可以在仓库进行转让交割。国内众多的批发交易市场，就是既有货品存储功能的交易场所，又有货品交易功能的仓储。金融仓储就是在这样的条件下发展起来的。众多具有便利交易条件的仓储都提供交易活动服务，甚至形成有影响的交易市场。近年来发展的仓储式商店、前置仓等，就是仓储交易功能高度发展、仓储与商业密切结合的结果。

（三）仓储在物流系统中的作用

1. 整合运输和配载

由于运输费率存在随着运量的增大而减少的规模经济现象，尽可能大批量地运输是节省运输费用的最直接手段。将不断生产的货品集中成大批量进行运输，或者将多个供应商所提供的货品整合后进行运输，就需要通过仓储来实现。仓储的整合、轻重搭配等作业，不仅实现大批量运输、充分利用交通工具的运输空间，整合服务还可以由多个厂商共同使用，以降低仓储和运输成本。在整合中还可以对货品进行成组、托盘化等作业，使运输作业效率提高。运输服务商也通过仓储整合众多小批量托运的货品，实施运输配载，以便充分利用运输工具，降低物流成本。

2. 分拣和组合货品

通过整合运达消费地的货品，需要在仓库里根据流出时间、流出去向的不同进行分类、分拣，分别配载到不同的运输工具，配送到不同的目的地或消费者。在不同产地生产的系列货品，通过仓库加以组合，再提供给销售商。生产商要求分散的供应商把众多的零配件送到指定的仓库，由仓库进行虚拟装配组合，再送到生产线上进行装配。同时将众多小批量的货品组合成大的运输单元，从而降低运输成本。

3. 流通加工

流通加工是将货品加工工序从生产环节转移到物流环节中进行。由于仓储中货品处于停滞状态，在仓储中进行流通加工，既不影响货品的流通速度，又能实现货品及时满足市场不同客户的需要，甚至是消费变化的需要。流通加工包括货品包装、装潢包装、贴标签、上色、组装、定量、成型等。虽然流通加工成本通常比在生产地加工成本高，但能够及时满足销售需求、促进销售，还能降低整体物流成本，因此也得到了广泛应用。

4. 平衡生产和保证供货

仓储可以说是物流的时间控制开关。通过仓储的时间调整，货品按市场需求的节奏进行流动,满足生产与销售的需要。对一般商品、生产原材料适量地进行安全储备,是保证生产稳定进行和促进销售的重要手段,也是应对诸如交通堵塞、意外事故等偶发事件造成破坏的重要手段。

5. 存货控制

除了大型的、在现场装配的设备外,绝大多数普通货品很难达到"零库存",但存货就意味着占用流动资金,成本、保管费用也随之上升,并会产生耗损、浪费等风险,因此控制存货、降低成本是仓储管理的重要内容之一。存货控制就是对仓储中的货品存量进行控制,在现代供应链的语境下就是对整个供应链的存货控制。

二、认识仓储管理

(一) 仓储管理的定义

《物流术语》(GB/T 18354—2021) 中,对仓储管理 (Warehousing Management) 的定义是:对仓储及相关作业进行的计划、组织、协调与控制。本质上,仓储管理是仓储组织为充分利用仓储资源,并为客户提供高效的仓储服务所进行的计划、组织、协调和控制过程。这里的客户可以是仓储型物流企业所面对的客户,也可以是制造企业、商业企业的仓储部门所面对的内部客户。具体来说,仓储管理包括仓储资源的获得、经营决策、仓储营销、商务管理、作业管理、安全管理、人力资源管理、财务管理等一系列管理工作。本书重点介绍其中的仓储资源的获得、经营决策、仓储营销、商务管理、作业管理、安全管理等方面的内容。对于人力资源管理、财务管理等方面的内容,本书有少量涉及,建议重点学习相关的专业教材。

【资料1-3】仓库管理和仓储管理的区别

(二) 仓储管理的原则

1. 确保安全

这是仓储管理活动的首要原则。仓储活动中的不安全因素有很多,有的来自库存物,有的来自装卸搬运作业过程,还可能来自人为破坏。因此要特别加强安全教育、提高认识、制定安全制度、贯彻执行"安全第一,预防为主"的安全生产方针。关于仓储安全,将在项目五的任务二中重点讨论。

2. 优质服务

(1) 服务意识。服务是贯穿在仓储中的一条主线,从仓储定位、仓储具体操作到对储存货品的控制,都是围绕服务进行的。仓储管理需要围绕服务定位,围绕如何提供服务、改善服务、提高服务质量开展管理,包括直接的服务管理和以服务为原则的生产管理。作为仓储从业人员,需要具备服务意识,能够以敬业精神开展仓储业务。

(2) 平衡服务水平与经营成本。仓储的服务水平与仓储经营成本有着密切的关系,二者互相对立,即仓储服务水平与仓储经营成本存在着二律背反(也称效益背反)现象,因此,需要在降低成本和提高(或保持)服务水平之间维持一定的平衡。一般而言,较高的服务水平需要投入较高的经营成本。

3. 注重效率

效率是指在一定劳动要素投入量时的货品产出量。仓储活动劳动量的投入包括仓储设备及使用时间、仓储员工的数量及作业时间。仓储的效率体现在仓储场地利用率、仓容利用率、货品周转率、进出库时间、装卸车时间等指标上，应体现出"快进、快出、多储存、保管好、费用省"的十三字方针。关于仓储作业的相关效率要求，将在项目五的任务三中重点讨论。

仓储管理的核心是效率，即实现以最小的生产要素量投入获得最大的服务产出量。高效率地实现管理目标是管理艺术的体现，通过准确的核算、科学的组织，妥善地安排仓储场所和空间，优化仓储设备与人员组合，使部门与部门、人员与人员、设备与设备、人员与设备之间配合默契，使仓储作业过程有条不紊地进行。没有仓储活动的效率，就无法开展优质的服务，更不会有经营的效益。

4. 追求效益

企业经营的目的是追求利润的最大化，这是经济学的基本假设条件。利润是经济效益的表现，实现利润最大化需要做到经营收入最大化和经营成本最小化。在合法、合规、合情、合理的前提下，仓储部门以获得最大经济效益为目的进行组织和经营，并在获取最大经济效益的同时承担相应的社会责任，承担履行环境保护、维护社会安定的义务，努力为"实现人民对美好生活的向往"贡献力量，在取得最佳经济效益的同时兼顾社会效益。

（三）仓储管理的主要任务

1. 以市场经济手段获得最大的仓储资源

配置仓储资源应遵循市场经济资源配置的原则，即实现资源最大效益。仓储管理需要营造仓储机构的局部效益空间，吸引外部资源的进入。具体任务包括根据市场供求关系确定仓储的建设规模；依据竞争优势选择仓库的位置；以服务产品差别决定仓储专业化分工和确定仓储功能；以所确定的功能决定仓储布局；根据实际需求决定仓储设备配置。

2. 以整体优化为原则组织管理机构

管理机构是开展有效仓储管理的基本条件，是仓储管理活动的保证和依托。生产要素（特别是人的要素）只有在良好组织的基础上才能发挥作用，实现整体的力量。对于仓储组织机构的确定，应围绕仓储经营目标，依据管理幅度、因事设岗、责权对等的原则，建立结构简单、分工明确、互相合作的管理机构和管理队伍。关于仓储组织结构的内容，将在项目一的任务二中重点讨论。

3. 以高效、低耗为原则组织仓储作业

仓储作业包括货品入库、在库保管、出库等作业，具体包括入库时的货品验收、理货交接，在库期间的保管照料、质量维护、安全防护，出库时的拣货、包装等。仓储作业的组织应遵循高效、低耗的原则，充分利用仓储设备、先进的保管技术、有效的管理手段，实现仓储快进、快出，提高仓储利用率，降低成本，避免发生差、损、错事故。关于仓储作业，将在项目二中重点讨论。

4. 以不断满足需求为原则开展商务活动

对于仓储企业而言，商务活动是仓储管理中的对外经济联系，包括市场定位、市场营销、交易和合同管理、客户服务、争议处理等。仓储商务是仓储资源得到充分利用和获取仓储企业经营收入的重要保证。仓储管理者要掌握市场的发展变化，不断开拓创新，提供匹配客户需求的仓储服务。关于仓储经营及仓储业务新模式，将在项目四和项目六中重点讨论。

对于制造企业和商业流通企业内部的仓储部门而言，商务活动是与企业内部各部门之间的沟通和联系，能降低内部交易成本，实现企业整体效益的最优。

【资料1-4】物流企业、流通企业、生产企业对仓储管理的要求

三、仓储资源分析

（一）仓储资源的类别

1. 自建仓库型仓储

仓储资源三种类别的划分与适用条件

自建仓库型仓储即企业自己修建仓库进行仓储。自建仓库往往使用自营仓库的管理方式，所谓自营仓库（Private Warehouse），即由企业或各类组织自主经营和自行管理，为自身的物品提供储存和保管的仓库。

（1）自建仓库型仓储的优点。

1）更易管控仓储业务。由于企业对仓库拥有所有权，所以能够对仓储实施更大程度的管控，而且有助于与企业其他部门进行协调。

2）仓库使用更加灵活。这里的灵活并不是指能迅速增加或减少仓储空间，而是指由于企业是仓库的所有者，所以可以按照企业要求和货品的特点对仓库进行设计与布局。

3）降低长期仓储成本。如果仓库得到长期的充分利用，可以降低单位货品的仓储成本，在某种程度上这也是规模经济的体现。

4）树立企业良好形象。当企业将货品储存在自有自建的仓库中时，会给客户一种企业长期持续经营的印象，客户会认为企业经营十分稳定、可靠，是货品的持续供应者，有助于增强企业的竞争优势。

（2）自建仓库型仓储的缺点。

1）占用企业经营所需资金。仓库固定的容积和成本使得企业的一部分资金被长期占用。不管企业对仓储空间的需求如何，已建成仓库的容积是固定的，不能随着需求的增加或减少而扩大或减小。当企业对仓储空间的需求减少时，仍需承担仓库中未利用部分的成本；当企业对仓储空间有额外需求时，仓库又无法满足。更不用说投资建设仓库所需的大量资金投入及其相应风险了。

2）存在位置和结构的局限性。如果企业局限于使用自有仓库，则会由于位置、数量等的限制而失去战略性优化选址的灵活性；市场的大小、市场的位置和客户的偏好经常变化，如果企业在仓库结构和服务上不能适应这种变化，将失去许多商业机会。

2. 公共仓库仓储

公共仓库（Public Warehouse），是指面向社会提供物品储存服务并收取费用的仓库。这种仓库往往由国家或企业向社会提供，专门向客户提供相对标准的仓库服务，如托管、加工、运输等，因此又可称为"第三方仓库"。大部分使用公共仓库的是"周转量较低"的企业。公共仓库仓储也称租赁仓库仓储，即租赁其他组织已经建成的仓库，自行管理。采用这种方式，承租企业的费用比较简明，一般是按期支付租赁费用并承担仓储业务运行成本，而仓库的维护费

用由出租方负责。目前，包括安博中国、普洛斯、京东物流、第一产业集团、中国物流集团等企业均提供公共仓库。

（1）公共仓库仓储的优点。

1）节约企业资金，避免投资风险。从财务角度上看，公共仓库仓储最突出的优点是不需要企业做大量的固定资产投资，使企业避免财务风险。另外，只需支付相对较少的租金即可得到仓储服务，企业资金压力相对较小。

2）满足企业在库存高峰时的额外库存需求。如果企业的经营具有季节性，那么采用公共仓库仓储的方式将满足企业在销售旺季所需要的仓储空间，且没有仓库容量的限制。同时，仓储的成本将直接随着租赁仓库租金的变化而变动，便于管理者掌握。

3）可以使企业的经营活动更具有柔性。仓库租赁合同通常有一定期限，企业能在已知的期限内灵活地调整仓库的位置。另外，企业还可以根据仓库对企业经营的贡献，以及成本和服务质量等因素，延期或终止租赁合同。

（2）公共仓库仓储的缺点。

1）存在租金调整的风险。公共仓库的租金通常是根据企业在一定时期内租用仓储空间的大小来收取的，属于仓储成本，它会随市场供求情况发生变化，受市场上可供租赁的仓储空间的供给量和需求量的制约。当整个市场对仓库的需求量增加时，租赁仓库的租金必然增加，极端情况下甚至面临无合适仓库可租的情况。

2）存在税费风险。仓库租赁属于不动产租赁，适用的税率为增值税税率 9%。仓库被用作存储货物或设备，并且出租方提供了保管服务，那么这种租赁可能被视为仓储服务，仓储服务属于增值税现代服务中的物流辅助服务，增值税税率为 3%（小规模纳税人）或 6%（一般纳税人）。如果仓库所有者将仓库出租合同改为仓储合同，但实际并未提供保管服务，又按照仓储服务缴纳增值税，则有可能涉嫌虚偷税漏税，存在税费风险。

3. 第三方仓储

第三方仓储即合同仓储，是指企业将仓储等物流活动外包给独立的第三方仓储服务提供商，由其提供综合性仓储服务的业务模式。在物流业发达的国家，越来越多的企业转向利用第三方仓储来进行仓储管理。第三方仓储不同于一般的公共仓库仓储，实际经营中，第三方仓储企业可以为货主企业提供存储、卸货、拼箱、订货分类、现货库存、存货控制、运输调度、信息服务，以及货主要求的其他专门物流服务。

（1）第三方仓储的优点。第三方仓储除具备公共仓库仓储的一般优点外，还具有以下优点：

1）利于货主企业集中精力于核心业务。由于资源的有限性，货主企业将仓储业务外包给第三方仓储公司后，可以将主要精力集中于擅长的主业，不断打造自身的核心竞争力。同时，第三方仓储企业为了自身利益，也愿意不断投入并灵活运用新技术提升仓储服务效率，货主企业同样享受到服务改进的成果。

2）利于货主企业有效利用资源。利用第三方仓储比货主企业自建仓库仓储更能有效处理季节性产业普遍存在的货品淡旺季存储问题，能够有效地利用设备与空间降低货主企业的仓储成本。另外，由于第三方仓储企业的管理具有专业性、拥有更具创新性的仓储理念、掌握更多降低成本的方法，因此整体效率更高。

3）利于企业扩大市场。第三方仓储企业经过战略性选址，往往在各地广泛拥有仓库设施，配备专业化团队进行管理,货主在不同位置得到的仓储服务标准都是相同的。货主企业在促销现有货品或推出新货品时,可以利用短期第三方仓储的仓库网络,来考察货品的市场需求,扩大市场的地理范围。

（2）第三方仓储的缺点。

1）货主对仓储的控制能力降低。由于第三方的介入,企业自身对物流的控制能力下降,在双方协调出现问题的情况下,可能会出现物流失控的风险,从而使企业的客服水平降低。另外,由于外部服务商的存在,企业内部更容易出现相互推诿的局面,影响效率。

2）货主信息泄露风险。客户信息对货主企业而言是非常重要的资源,但第三方仓储企业出于专业服务的需要,掌握了大量客户信息,且第三方仓储不只面对一个货主企业,在同时为货主企业的竞争对手提供服务的时候,货主企业的商业机密被泄露的可能性增大。

3）连带经营风险。如果第三方仓储企业自身经营不善,则可能影响货主企业的经营,解除合作关系又会产生较高的转换成本,因此,货主企业应优选第三方仓储企业,逐步建立长期合作关系。

（二）仓储资源的成本比较与适用条件

1. 三种仓储资源的成本比较

如图 1-1 所示,公共仓库仓储和第三方仓储的成本只包含可变成本,随着存储总量的增加,租赁的空间就会增加;公共仓库仓储和第三方仓储一般按库存货品所占用的空间及所提供的其他仓储服务来收费,这样成本就与总的仓储业务量成正比,其成本函数是线性的,而自建仓库仓储的成本结构中存在固定成本和变动成本。公共仓库仓储或第三方仓储具有营利性质,因此比自建仓库仓储的可变成本增长速率高。当仓储业务量达到一定规模时,两条成本线相交,即成本相等。这表明在仓储业务量较低时,选择公共仓库仓储或第三方仓储较好;随着仓储业务量的增加,可以把固定成本均摊到大量存货中,因此自建仓库更经济。

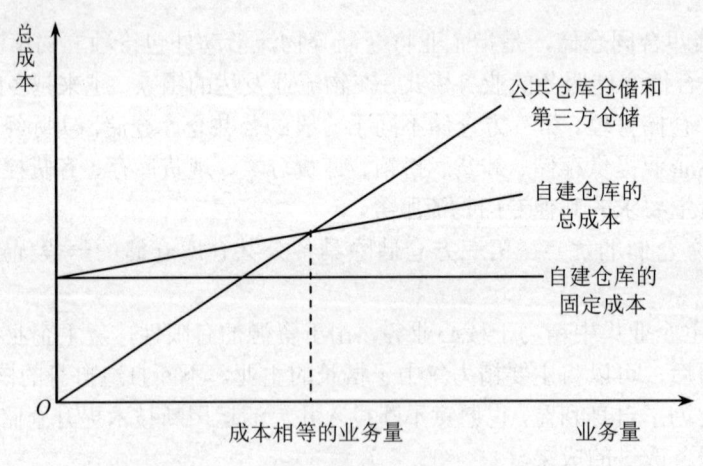

图 1-1 三种仓储资源的成本比较

2. 不同仓储资源的适用条件

企业选择何种仓储资源,主要由仓储业务量、需求的稳定性、市场密度三大因素决定,具体情况如表 1-1 所示。

表 1-1　仓储资源适用条件

仓储资源	仓储业务量		需求的稳定性		市场密度	
	大	小	是	否	集中	分散
自建仓库型仓储	√	×	√	×	√	×
公共仓库仓储	√	√	√	√	√	√
第三方仓储	√	√	√	√	√	√

（1）仓储业务量。由于自建仓库的固定成本相对较高，而且与使用程度无关，因此，只有在仓储业务量较高，使得自建仓库的仓储平均成本低于公共仓库仓储或第三方仓储的平均成本时，自建仓库型仓储才更经济；相反，当仓储业务量相对较低时，选择公共仓库仓储或第三方仓储更为明智。

（2）需求的稳定性。这是选择自建仓库与否的一个关键因素。如果企业具有多种产品线，形成相对稳定的仓储业务量，自建仓库型仓储的运作将更为经济；反之，采用公共仓库仓储或利用第三方仓储会使生产和经营更具灵活性。

（3）市场密度。当市场密度较大或供应商相对集中时，自建仓库将提高企业对供应链稳定性和成本的控制能力；相反，当供应商和用户较为分散而使市场密度较低时，在不同地区同时使用几个租赁仓库要比一个自有仓库服务一个很大的地区更经济。

从表 1-1 可知，自建仓库型仓储的前提条件非常高，公共仓库仓储和第三方仓储具有更大的灵活性，而且符合物流社会化的发展趋势。在许多时候，企业可以根据各个区域市场的具体情况分别采用不同的仓储资源。

（三）不同类型企业获取仓储资源的分析

1. 生产制造企业

生产制造企业通常会自行设立仓库，主要有原料仓（特别是一些关键性的零部件或原材料）、半成品仓和成品仓，仓储性质主要是存储型仓库，多数和厂房设置在一起。一般通过合同物流直接运送至客户，无需中转仓。在优化供应链布局时，会考虑在供应商密集的地方设置原料仓或半成品仓，在客户密集的地方设立成品仓，储备一定的库存，缩短供货周期。在生产基地之外的地方设置库存时，也会委托第三方仓储企业进行管理，如美的集团、海尔集团等。

2. 商业流通企业

大型的电商企业和连锁零售企业更具有自建相对封闭的仓储体系的需要，会投资建立自身的仓储和配送中心，强化管控，形成卓越的客户服务体验，但投资额度很大，回收期很长，但一旦形成就会产生巨大的壁垒门槛和效率优势。国内外的零售企业普遍使用连锁模式，如日本全国范围的连锁便利店有全家和 7-11；国内企业如唯品会、京东、物美，以及诸多的新茶饮企业，也在全国范围内广泛建设大型的仓储中心。

规模较小的流通企业，如三四线城市的超市，由于实力较弱，通常采用租赁仓库的形式，有的将仓储业务完全外包，即采用合同仓储。专业化的第三方物流企业会针对小规模流通企业的仓储需求开发仓储服务产品，提供定制化的仓储服务。

此外，从事电商渠道销售企业的仓储和传统零售企业的仓储也不完全一样。

【资料1-5】电商企业仓储与传统零售企业仓储的对比分析

3. 仓储型物流企业

仓储型物流企业，亦即通常意义的第三方仓储企业（以下简称"仓储企业"），通过自建仓库或租赁公共仓库为货主企业提供专业化的仓储服务。随着普洛斯等物流地产商的快速发展，以及云仓概念的兴起，仓储企业通过租用仓库、发展加盟仓库等多种形式轻资产化、网络化运行，这类企业有发网云仓、百世云仓等。此外，随着"仓配一体化"的推进，一些原来主要从事运输的物流企业也开始构建综合性仓储中心，如传化物流、宝供物流等。

【资料1-6】仓储型物流企业的分类标准

> 根据《物流企业分类与评估指标》（GB/T 19680—2013），仓储型物流企业应同时符合以下要求：
> （1）以从事仓储业务为主，具备一定规模。
> （2）可为客户提供分拨、配送、流通加工等服务，以及其他增值服务。
> （3）自有一定规模的仓储设施、设备，自有或租用必要的货物运输工具。
> （4）具备信息服务功能，应用信息系统可对仓储货物进行状态查询、监控。
> 关于仓储型物流企业的评估指标见附录A。

任务二　仓储组织与人员

◆ **情境案例**

结合调研情况及自身特长，经过慎重考虑，小智、小商、小高最终都有了心仪的企业。擅长CAD操作的小智去了一家物流设备制造企业的仓储部门；性格外向的小商与一家全国性商业企业的地方公司签订了协议，就职于仓储部门；吃苦耐劳的小高则去了一家区域性的仓储型物流企业。

进入企业一个月后，小智、小商、小高碰到一起，聊起了各自的仓储工作，发现实际工作与学校所学并不完全一样，特别是所在公司组织结构和岗位职责方面。小智所在的仓库归生产部管，但要经常跟供应商打交道，几乎是半个采购了；小高在仓储部的发货组，不但要负责拣货、发货，还要经常到门店去，不只是送货，还要实地查看门店的库存；小高则一直在做公司仓储部收货工作，工作内容比较单一，似乎并不需要很多的专业知识。

他们不禁产生了疑问，他们去的是"真的"仓储部门吗？在做"真的"仓储工作吗？在这样的岗位，他们能够为新时代中国特色社会主义建设、推进中国式现代化贡献力量吗？

◆ **情境分析**

不同类型的企业在设计组织结构时会有所不同，尤其制造企业的仓储部门，有些归属生产部门，有些归属采购部门，甚至有些归属行政部门。组织结构的设计围绕企业的主营业务，受到多种因素的影响。新入职仓储岗位后，更应该关注岗位职责、所在岗位与上下级以及与横向部门的业务关系。新时代大学生在新时代中国特色社会主义建设、推进中国式现代化进程中贡献自己的力量需要多方面的努力和实践。通过深入理解中国式现代化的内涵和要求、提升自身素质和能力、积极参与社会实践和创新创业、践行社会主义核心价值观、关注国家战略需求和地方发展等方面的努力，大学生可以为中国式现代化作出积极的贡献。

通过本任务的学习，你将明确不同类别企业仓储组织结构的设计和相关职业岗位的工作职责，进一步明确个人的职业发展规划，及在新时代社会主义建设中的个人定位。

◆ 基础知识

一、仓储组织结构

仓储组织结构

仓储组织就是按照预定的仓储管理目标，将仓储作业人员与仓储作业手段有效结合，履行仓储作业各环节的职责，为货品流通提供良好的存储服务。仓储组织结构是仓储组织的具体落实形式，即按照仓储活动的客观要求和仓储管理的需要，把与仓储有关的部门、环节、人和物尽可能合理地组织搭配起来，明确分工和工作职责，使他们的工作协调、有效地进行，加速货品在仓库中的周转，合理使用人力、物力，以取得最大的经济效益。

仓储组织结构是仓储活动有效进行的支撑，也是仓储岗位设置的依据，其本质是为实现仓储管理目标而采取的一种分工协作体系。仓储组织结构并不是一成不变的，应随着企业业务的发展而调整。

（一）仓储组织结构的设计原则

1. 任务与目标

仓储组织结构的设立，应以仓储任务和管理目标为依据，是为实现企业的最终目标服务的。每个部门或岗位都是企业组织结构的一部分，都与特定的目标有关，否则就没有存在的价值。企业的每一个部门或岗位，都不是随意设置的，而要为实现战略目标作出贡献。对实现企业战略目标没有实际意义的部门、岗位一律不能设，能为企业创造价值才有存在的价值。

2. 有效管理

要考虑管理层次和管理幅度两个问题。管理层次指企业自上而下或自下而上的管理阶梯。企业负责人和基层员工之间，层次过多，一般会造成信息失真，严重的还会歪曲或过时，因此，管理层次越少越好。管理幅度指部门负责人能够直接指挥下属的数目，通常认为，有效的管理幅度一般为7人左右。研究表明，管理层次与管理幅度在某一特定规模的组织内成反比关系。

3. 分工与协作

企业是一个有机的整体，各部门及岗位要分工明确，责任落实到岗位，更要相互协调。如仓储部门可以设置收货组、检验组、发货组、退货组等，不同小组承担不同的任务。同时，有分工，就必然有沟通、有合作，这就要求仓储从业人员具备一定的沟通能力和合作精神。

4. 权责对等

岗位职责是指员工在完成工作任务时应承担的责任和义务，而岗位权利是指员工在其职责范围内所拥有的决策权和授权范围。在任何工作中，责任与权利必须大致相等，否则就无法完成工作。例如，仓库主管要负责员工的培训工作，如果缺少培训设备、培训场地、培训经费，或其他各部门不配合等，就不易完成该项工作。

（二）仓储组织结构的主要形态

仓储组织结构可依据企业的类型、规模、经营范围和管理体制等的不同而选择不同的结构形式，设置不同的管理层次、职能工作组，安排不同的人员。

1. 按照仓储工作职能不同设计的组织结构

根据仓储业务的开展过程分解成多个环节，由相应的职能小组负责执行。例如，图1-2所示的组织结构是按照检验、出库、入库、保管、运输配送等设计组织结构。这种组织结构通常用于仓储型物流企业或商业流通企业的仓储部门。

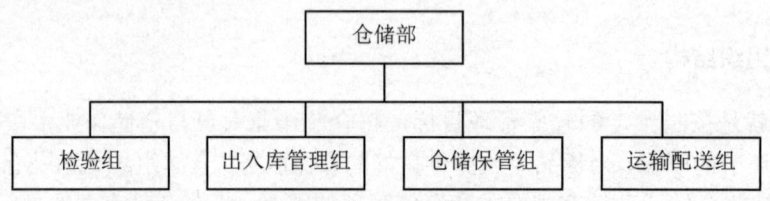

图1-2　按照仓储工作职能不同设计的组织结构

2. 按照存储对象不同设计的组织结构

根据企业生产、经营的需要，将不同的存储对象分别存放在不同的仓库并安排专人管理。例如，生产制造企业通常就原材料、辅料、备件、成品等分别安排业务小组并设计组织结构，不同的业务小组对应不同的生产需求，如图1-3所示。商业流通企业如超市，可将存储对象分为生鲜、日用百货等，分别设置业务小组。

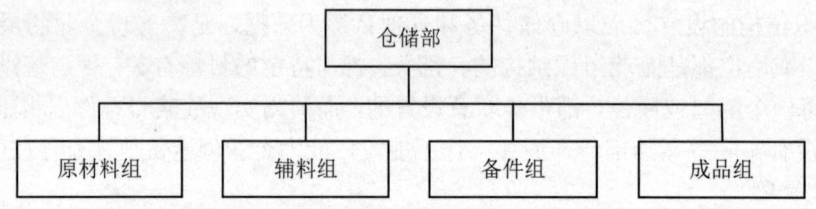

图1-3　按照存储对象不同设计的组织结构

3. 按照企业规模不同设计的组织结构

（1）小微型企业仓储部组织结构。对于小微型企业来说，因受限于业务量，仅安排专人管理仓库即可，应注意的是账、物需要分开管理，如图1-4所示。

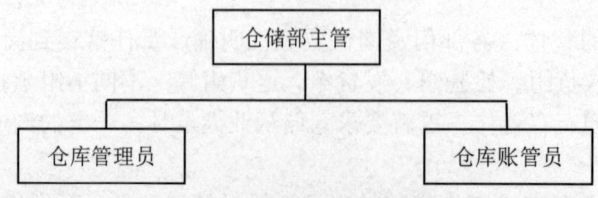

图1-4　小微型企业仓储部组织结构

（2）中小型企业仓储部组织结构。对于规模中等的企业来说，可以考虑按照仓储活动设计组织结构，如图1-5所示。这样的设计层级简单、职责清晰，更便于仓储活动的组织。

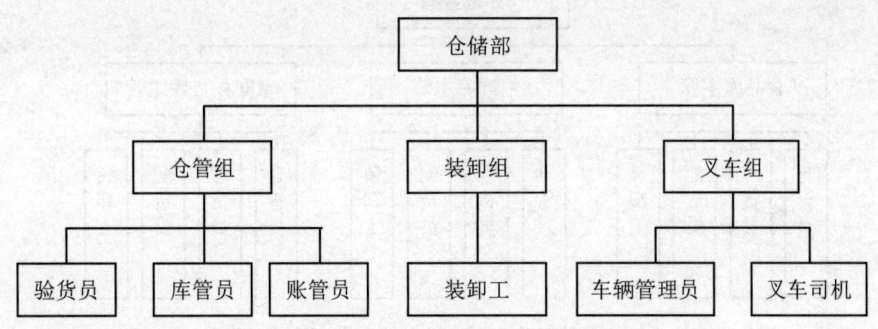

图1-5　中小型企业仓储部组织结构

（3）大中型企业仓储部组织结构。这类企业的仓储业务量更大，层级也更多，因此可以综合考虑各种因素来设计组织结构。

1）大中型制造企业的仓储组织结构。图1-6所示是结合了存储对象和工作职能设计的生产制造企业组织结构，其中涉及了分公司的仓库。

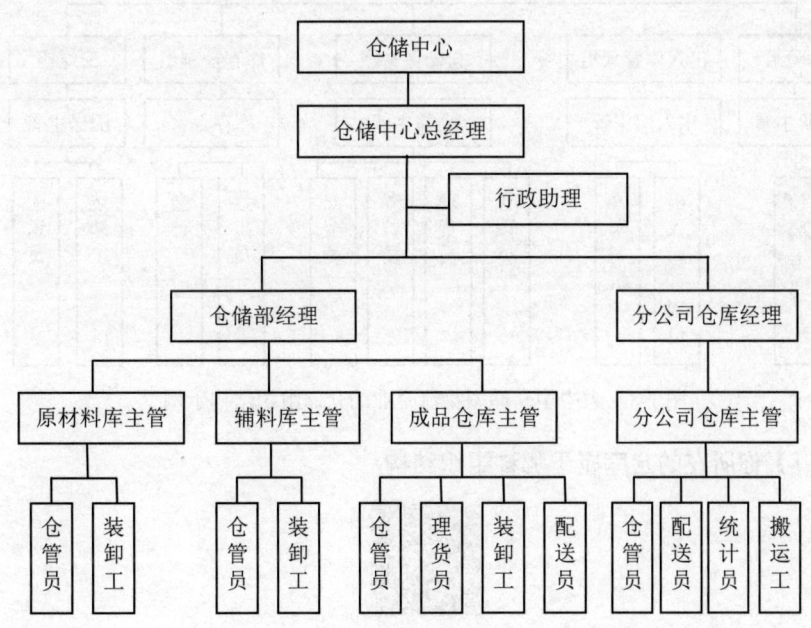

图1-6　大中型制造企业的仓储组织结构示例

2）大中型商业流通企业的仓储组织结构。图1-7所示是典型的商超类企业的仓储组织结构，其中按照货品类别的不同分别设计了食品库、生鲜库和家庭百货库。

3）大中型仓储型物流企业的仓储组织结构。图1-8所示是大中型仓储型物流企业按照细化了的仓储活动设计的仓储组织结构。当然，根据实际工作需要，生产制造企业的仓储部门也可以参照这样的设计方式。

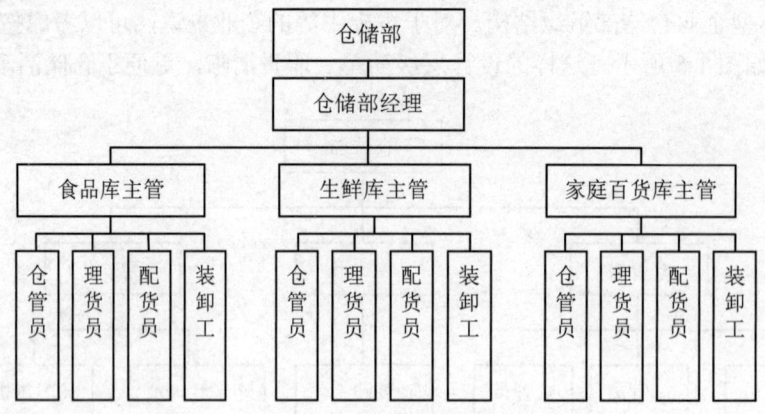

图 1-7 大中型商业流通企业的仓储组织结构示例

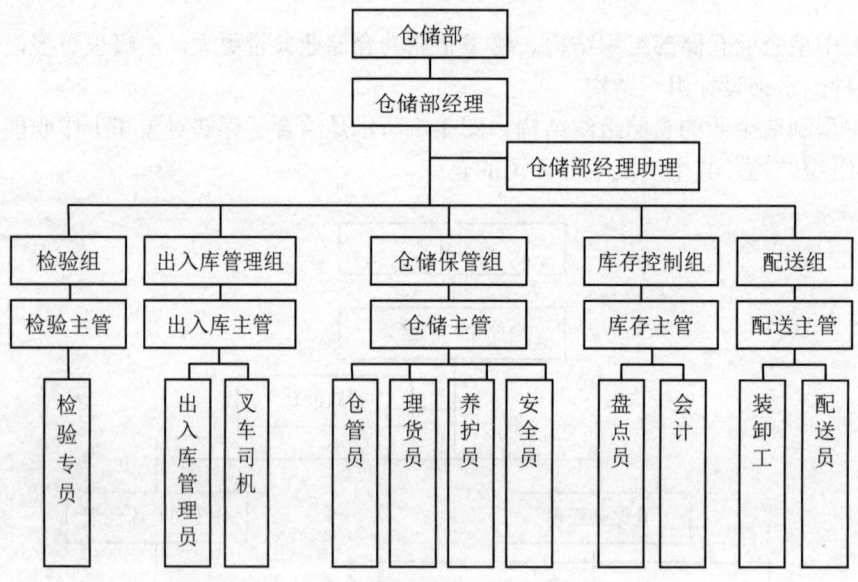

图 1-8 大中型仓储型物流企业的仓储组织结构示例

【资料 1-7】你所在的仓库属于哪种组织结构

（三）仓储部门的职责和权利

由于企业发展阶段、业务特点、管理习惯等的不同，企业仓储部门的职责和权利等也有不同，但大体上都包含下述内容。

1. 仓储部门应承担的职责

（1）各类仓储管理制度的制定与执行。

（2）仓储部中各项工作流程、操作标准的制定与执行。

（3）企业所采购的各类货品、产成品出入库前的检验。

(4) 各类货品、产成品的出入库管理。
(5) 进行仓储规划,合理利用仓容及各种资源,使各类货品摆放适当、位置合理。
(6) 合理存储和保管各类货品,控制库存,尽量减少存货损失。
(7) 对各类货品库存进行盘点与管理,为采购、生产等部门提供准确的库存数据。
(8) 合理处理呆滞料、废料,对验收不合格的货品拒绝出入库并提出处理意见。
(9) 叉车、托盘、货架等相关设施、设备的管理。
(10) 各类货品的分拣、拆包、理货、配货。
(11) 在库产成品的包装、打包工作。
(12) 各类货品的装卸、搬运等。
(13) 仓库消防、治安管理,避免出现安全事故。
(14) 其他仓储相关工作。

【实例1-1】某生产制造企业仓储部门的职责

2. 仓储部门应享有的权利
(1) 参与企业相关制度、政策的制定并提出相应建议。
(2) 对企业的库存管理、采购工作提出意见和建议。
(3) 拒绝手续不全、不合格货品出入库。
(4) 对不合格品、变质品、废品提出处理建议。
(5) 仓储部门内部组织机构建立、员工考核等。
(6) 参与对各分公司、分部(如果有)仓库管理人员的考核。
(7) 仓储部门内部员工聘任、解聘的建议权。
(8) 按企业相关制度对仓储部门内部员工违规行为进行处罚。
(9) 要求相关部门配合仓储工作。
(10) 自主开展仓储部门内部工作。
(11) 对影响仓储管理工作的人员提请处罚。
(12) 提交改进仓储管理制度、工作流程并获得答复。
(13) 其他相关权利。

二、从业要求与岗位职责

仓储工作人员的职责

(一) 仓储工作人员的从业要求

如上所述,不同企业的仓储组织结构不同,相应地,工作人员的工作职责也有一定差异,但从业要求大体相同。

1. 从业基本要求
(1) 学历水平。学历不代表能力,但学历代表了一定的文化水平和文化素质,反映学历拥有者系统地学完了某一层次、某一学科的知识,掌握了某种技能。通常情况下,仓储工作人员应有高中、中专及以上学历,仓储管理人员应具有大专以上学历。

（2）敬业精神。对于仓库的工作，只有具有敬业精神，才能做到讲效率、讲效益，才能认真贯彻执行有关仓储作业的要求，才能忠于职守、廉洁自律，并具有高度的责任感。除此之外，还要随着仓储技术的进步、仓储设备的更新、智能化仓储设备的应用，持续学习，为自己充电。在一般人看来，仓储并不是一个"高大上"的职业岗位，这就更需要仓储人员拥有职业自信，以工匠精神，认真对待每一项工作任务。

（3）吃苦耐劳精神。这主要是因为仓储作业具有如下特点：

1）作业过程不连续。入库的每一批货品不论时间的长短都要在仓库中储存一段时间，所以每一批货品从入库到出库并不是连续作业，而是间歇进行的，这就意味着，有业务的时候非常忙，而暂时没有业务时显得比较闲。

2）作业量不均。仓库每天的不同时段发生的作业量是有很大差别的，各月之间的作业量也有很大的不同，这主要是由入库作业和出库作业在时间上的不均衡和批量的大小不等造成的。业务繁忙的时候，可能面临临时性的晚上加班、周末加班等。对于商业流通企业的仓储作业人员，还可能面临节假日加班，或是电商平台促销期间的临时性加班。

3）作业对象复杂。除了专业性的仓库外，仓库的作业对象也是各式各样的，可以有成千上万的品种，不同作业对象要求不同的作业手段、方法和技术。对于可能涉及的危险品，作业时更要特别谨慎。

4）作业范围广泛。仓库作业环节大部分是在仓库范围内进行的，但也有一部分作业是在仓库以外的范围进行的，比如接运、配送等作业可能要在生产企业、中转仓库、车站或用户指定的地点进行，作业范围相当广泛。

2. 专业素质要求

（1）对仓库管理人员的专业素质要求。

1）具有丰富的货品知识。仓库管理人员要充分熟悉所保管的货品，掌握其理化性质和保管要求，能根据货品的特点有针对性地采取保管措施。

2）掌握现代仓储管理技术。仓库管理人员应了解和掌握仓储管理的相关技术和知识，并熟练运用这些技术，特别是现代信息技术、智慧仓储技术。

3）熟悉仓储设备及其性能。仓库管理人员应能合理且高效地安排和使用叉车等仓储设备；对操作叉车、行车等特种设备的仓储作业人员，要求其必须持有相应的资格证书。

4）具有较强的办事能力。仓库管理人员应能分轻重缓急、有条不紊地处理仓储事务。

5）具有一定的财务管理能力。仓库管理人员应能查阅财务报表，进行经济核算、成本分析，学会进行成本管理，能进行价格管理和决策。

6）具有一般管理者的素质。仓库管理人员应具有包括组织协调能力在内的一般管理能力，如风险评估能力、市场策划能力、管理控制能力、仓储项目管理能力；掌握一定的仓储管理方法，如货品价值分析、ABC 管理、目标管理、质量管理等的方法。

7）具备一定的商务能力。包括仓储营销、仓储服务知识，以及根据与客户沟通的情况起草合同、执行合同和处理一般合同纠纷等的专业知识和技能。

【实例1-2】某五金仓库主管日常工作

(2) 对仓库作业人员的专业素质要求。

1) 严格遵守仓库规章制度和工作规范,严格履行岗位职责,及时做好货品的入库验收、保管保养和出库发运工作;做到收有据、发有凭,及时准确登记销账,手续完备,账物相符,把好收、发、管三关。

2) 熟悉仓库的结构、布局、技术定额,熟悉货位规划及区域分布;熟悉堆码、苫垫技术,掌握堆垛作业的要求;在库容使用上做到妥善地安排货位,合理高效地利用仓容,堆垛整齐、稳固,间距合理。

3) 熟悉仓储物的特性、保管要求,能有针对性地进行保管,防止和避免货损货差,提高仓储质量;能熟练填写表账、制作单证,妥善处理各种单证业务;了解仓储合同的义务约定,完整地履行义务;妥善处理风、雨、雪、冷冻等自然灾害对仓储货品的影响,防止和减少损失。

4) 熟悉仓储成本管理方法,不断降低仓储成本。妥善保管好剩料、废旧包装。妥善保管苫垫材料、托盘、叉车等工具和设备,细心使用,促使其使用寿命延长;重视研究货品储存技术,提高仓储利用率,降低仓储物耗损率,提高仓储的经济效益。

5) 加强业务学习和训练,掌握计量、衡量、测试用具和仪器的使用方法;掌握分管货品的特性、质量标准、保管知识、作业要求和工艺流程;及时掌握仓储管理的新技术、新工艺,适应仓储自动化、现代化、信息化的发展,不断提高仓储的作业水平;了解叉车、货架等设备的性能和要求,及时提出设备维护、维修和保养要求。

6) 严格执行仓储安全管理的规章制度,时刻保持警惕,做好防火、防盗、防破坏、防虫鼠害等安全保卫工作,防止各种灾害和人身伤亡事故,确保人身、货品、设备的安全。

3. 身体素质要求

仓储相关岗位的工作具有活动面宽、地域范围广、流动性大等特点,甚至在某些情况下,仓管人员要值夜班并承担一定的搬运装卸任务,从而带来工作上的辛苦。所以仓管人员要身体健康,能坚持正常工作,吃苦耐劳、精力充沛。

(二) 仓储工作人员的岗位职责

岗位职责指一个岗位需要完成的工作职责以及应当承担的责任范围。岗位是组织为完成某项任务而确立的,必须归属到具体的工作人员。职责是职务与责任的统一,由授权范围和相应的责任两部分组成。仓储相关岗位包括仓储经理、仓库主管、仓库管理员、单证信息员、叉车驾驶员、运输调度员、理货员、分拣员、送货员、业务员、客服专员等。由于企业发展历程、所处阶段、业务特点、惯例等均有所不同,所以不同企业对仓储岗位的设置也不完全一样,岗位名称、岗位职责、上下级关系、任职资格等均有一定差异。

仓储职业岗位分析

在此,分别列举仓储型物流企业仓储岗位职责,以及制造企业、电子商务企业、商超企业配送中心等的仓储相关岗位职责的实例加以说明。从业人员在入职仓储相关岗位后,应关注所在企业的岗位职责、作业流程和工作要求并认真履行。

【实例1-3】某仓储型物流企业仓储岗位职责

【实例 1-4】某制造企业仓储相关岗位职责

【实例 1-5】某电子商务企业仓储相关岗位职责

【实例 1-6】某商超企业配送中心仓储相关岗位职责

【资料 1-8】仓管员应聘通常会遇到的面试问题及观测点

【资料 1-9】仓库管理员职业发展方向

任务三　仓储设施设备

◆ 情境案例

在校期间，小智、小商、小高不但参加过学校组织的大型物流设备展，见识过各式各样的仓储设备，而且在学校的智慧物流实训室开展过一些实际操作，比如用半自动打包机、胶带等对纸箱打过包，用地牛、堆高车等把堆码好纸箱的托盘放入货架的货位。进入企业才发现，企业所用的设备更多，尤其是货架、叉车、托盘，很多设备的品牌和型号与学校里的并不完全一样，比如小高所在公司就用过 1600mm×1200mm 的托盘，而小智所在公司甚至还配备了几台无人叉车。为了更好地了解所在部门的设备"家底"，小智、小商、小高打算在工作之余统计一下各型仓储设备，或许能在今后的工作中提出一些合理化的建议。

◆ 情境分析

仓储设施设备种类繁多，特点各异，企业会根据实际需求适当配备，以提高工作效率。作为仓储管理人员，有必要了解仓储设施设备的功能、特点，并掌握常用设备的操作方法。同时，能够紧跟仓储设施设备的发展动态，必要时可向企业提出采购建议，以不断改进仓储工作。

通过本任务的学习，你将掌握托盘、叉车、货架，以及智能仓储设备的特点、功能和适用范围；在具备校内外实训条件的情况下，要按作业规程认真操作一下上述设备。

◆ 基础知识

一、托盘认知及初步应用

（一）托盘认知

1. 托盘的概念

仓储设施设备之托盘认知及其应用

《物流术语》（GB/T 18354—2021）中对托盘（Pallet）的定义是：在运输、搬运和存储过程中，将物品规整为货物单元时，作为承载面并包括承载面上辅助结构件的装置。

托盘是为了使货品有效地装卸、运输、保管，将其按一定数量组合放置于一定形状的台面上，这种台面有供叉车从下部插入并托起的叉入口。在实际操作中，凡是满足上述基本结构的平台和在这种基本结构的基础上所形成的各种形式的集装器具均可称为托盘。

托盘是一种重要的集装器具，是物流领域适应装卸搬运机械化而发展起来的一种常用器具。托盘的发展总是与叉车同步，叉车与托盘共同使用形成的有效装卸搬运系统大大地促进了装卸搬运活动的发展，使装卸搬运机械化水平大幅提高，使长期以来在运输过程中的装卸搬运瓶颈得以改善。

2. 托盘的作用

（1）有利于货品单元化。将托盘与货品固定搭配，形成了托盘包装。托盘包装是以托盘为承载物，将包装件或货品堆码在托盘上，通过捆扎、裹包、胶粘等方法加以固定，形成一个搬运单元，以便用机械设备搬运，进一步形成托盘单元化包装、托盘单元化保管、托盘单元化装卸搬运、托盘单元化运输等。

（2）有利于物流系统化。托盘既具有搬运器具的作用，又具有集装容器的功能。托盘的出现还促进了集装箱和其他集装方式的形成与发展。托盘作为物流系统化的重要工具，对物流系统的建立和形成都具有重要作用。托盘已成为和集装箱同样重要的集装方式，形成了集装系统的两大支柱。

（3）有利于作业高效化。托盘是最基本的物流器具，被称为"活动的平台""可移动的地面"。它是静态货品转变成动态货品的载体，是装卸搬运、仓储保管、运输过程中均可利用的工具，与叉车配合利用可以大幅提高装卸搬运效率；用托盘堆码货品可以大幅增加仓库利用率；托盘一贯化运输可以节约作业时间，大幅降低成本。

3. 托盘的优缺点

（1）托盘的优点。

1）自重小。木质托盘、塑料托盘，乃至钢制托盘，无论是用于装卸、搬运，还是用于运输，其自重所占的比重都相对较小，因而搬运、运输所消耗的劳动强度较小，无效运输及装卸负荷相对较小。

2）返空容易。返空时占用运力较少；托盘造价不高，又很容易互相代用，互相以对方托盘抵补，这也便于托盘流转。

3）装盘容易。托盘大小相对固定，可实现自动装盘、码放，装盘后可采用捆扎、裹包、胶粘等技术处理，操作简便。

4）装载量适宜，组合量较大。

5）节省包装材料，降低包装成本。

（2）托盘的缺点。

1）保护货品性能不如集装箱。

2）露天存放困难，需要有仓库等设施。

3）托盘本身的回运需要一定的运力消耗和成本支出。

4）由于自身厚度及装卸所需操作空间，托盘必然要占用一定比例的仓储空间，尤其是用于货架存放时，这也导致普通货架的有效容积率仅能达到70%左右。

4. 托盘的种类

托盘按其基本形态可分为平托盘、柱式托盘、箱式托盘；按材料可以分为木制托盘、塑制托盘、钢制托盘、竹制托盘、塑木复合托盘等；按适用性可分为通用托盘和专用托盘。实际应用中，通常是不同分类方法所组合出来的类型。

（1）平托盘。平托盘是使用最广泛的一种，一般所说的托盘主要指平托盘。平托盘还可以进一步分类。

1）按台面分。按承载货品台面，平托盘可以分为单面使用型、双面使用型、单面四向型、单面使用四向型、双面使用双蝶型、单面单翼型、单面使用单翼型、双面使用四向型八种。

2）按叉车叉入方式分。按叉车叉入方式，平托盘可以分为单向叉入型、双向叉入型、四向叉入型三种。其中，单向叉入型只能从一个方向叉入，因而叉车操作时较为困难。四向叉入型可以从四个方向叉入，操作较为灵活。

3）按制造材料分。按制造材料，平托盘可以分为木制、钢制、塑料制、高密度合成板制四类。

- 木制平托盘制造方便，便于维修，本体也较轻，是使用最广泛的平托盘。
- 钢制平托盘用角钢等异型材焊接而成，最大的特点是强度高，不易损坏和变形，维修工作量小。钢制平托盘制成翼形平托盘比较有优势，不但可以利用叉车装卸，而且可以利用两翼吊具进行吊装作业。
- 塑料制平托盘采用塑料模具制成，一般为双面使用型，最大特点是本体重量轻，耐腐蚀性强，可着各种颜色分类区分。但塑料制托盘承载能力不如钢制托盘、木制托盘。
- 高密度合成板制平托盘是利用各种废弃物经高温处理压制而成的。由于它是用再生环保材料制成，因而具有抗高压、承重性能好、成本低的特点。而且，它避免了传统木托盘的木结、虫蛀、色差、湿度高等缺点，适合各类货品的运输，尤其是重货（化工、金属等类货品）成批运输，也是替代木托盘的最佳选择。

（2）柱式托盘。柱式托盘是在平托盘的四个角装上立柱构成的，目的是在多层堆码保管时保护最下层托盘货品。托盘上的立柱大多是可卸式，高度多为1200mm左右。立柱的材料多为钢制，耐负荷3t，自重30kg左右。这种托盘进一步演化，可从对角的柱子上端用横梁连接，使柱子成门框形。

柱式托盘的主要作用有两个：一是防止托盘上所置货品在运输、装卸等过程中发生塌垛；二是利用柱子支撑承重，可以将托盘货载堆高叠放，而不用担心压坏下部托盘上的货品。

（3）箱式托盘。箱式托盘是沿平托盘四个边由板式、栅式、网式等各种平面组成箱体。有些箱体上有顶板，有些箱体上没有顶板。箱板有固定式、折叠式、可卸式三种。这种托盘的特点是使包装简易并可将形状不规则的货品集装，防护能力强，可以有效防止塌垛，防止货损。

（4）轮式托盘。这是在柱式、箱式托盘下部安装小型脚轮，按上部构造物的形式分为固定式、可卸式和折叠式三种。这种托盘不但具有一般柱式、箱式托盘的优点，而且可利用轮子做小距离运动，不需要搬运机具就能实现搬运，所以轮式托盘有很强的搬运性。此外，轮式托盘在生产物流系统中还可以兼作作业车辆。

滚轮箱式托盘大多用于一般杂货的配送，装货面的大小为800mm×550mm，最大装载量为300kg。

（5）滑动板。滑动板是瓦楞纸、板纸、塑料制的板状托盘，也叫薄板托盘。和木质平托盘相比，滑动板有重量轻（每个约1.5kg）、充分利用保管空间（厚度在5mm以下）、价格低等优点。但是，装卸这种托盘需要带有特殊属具的叉车。

（6）特种专用托盘。由于托盘制作简单、造价低，所以针对某些较大数量运输的货品，都可制出装载效率高、装运方便、适于有特殊要求的某种货品的专用托盘，这类托盘在实际应用中种类不计其数，这里不再一一介绍。

（二）托盘的应用

1. 托盘的规格

托盘规格的标准化是实现托盘联运的前提，也是实现物流机械化、智能化和设施标准化的基础及产品包装标准化的依据。

国际标准化组织规定规格主要有1200mm×1000mm、1200mm×800mm（欧洲标准）、1140mm×1140mm（澳大利亚标准）、48in×40in（1219mm×1016mm，美国标准）、1100mm×1100mm（日本标准），此外还有1200mm×1600mm、1200mm×1800mm的大型非标托盘。

我国国家标准《联运通用平托盘 主要尺寸及公差》（GB/T 2934—2007）确定了1200mm×1000mm、1100mm×1100mm两种尺寸为标准规格托盘，在推行物流标准化过程中，以1200mm×1000mm规格为主（以上尺寸均为平面尺寸，公差为-6mm～+3mm），根据我国国家标准《联运通用平托盘 性能要求和试验选择》（GB/T 4995—2014），木托盘的基准含水率为20%±2%，塑料托盘的上述尺寸应在23℃±2℃温度环境下进行测量，如图1-9所示。需要注意的是，国家标准中并未规定托盘的高度，从实际应用来看，托盘的高度一般为100～200mm，以150mm居多。

托盘集合包装所集装的货品单元体积一般为1m³以上，高度在1100mm或2200mm，载重为500～2000kg。

以常见的塑料托盘为例，网格塑料川字托盘，长宽高尺寸规格为 1200mm×1000mm×

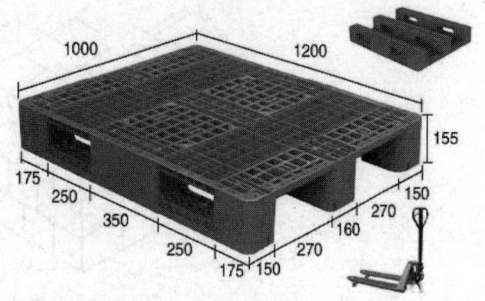

图1-9 托盘的尺寸（单位：mm）

150mm，如果不加钢管，自重约 14kg，动载一般为 1t，静载为 4t；如果加 3 根及以上的钢管，自重约 16kg 以上，动载一般为 1.5t，静载可达到 6t。

2. 四种常用装盘码垛方式

在托盘上放装同一形状的立体形包装货品，可以采取各种交错组合的办法码垛，以保证足够的稳定性。码放的方式有重叠式、纵横交错式、旋转交错式和正反交错式四种，如图 1-10 所示。

（1）重叠式。重叠式即各层码放方式相同，上下对应，适合底面为正方形的规则货品，如图 1-10（a）所示。优点是工人操作速度快，包装物四个角和边重叠垂直，承载力大；缺点是各层之间缺少咬合作用，稳定性差，容易发生塌垛。在货品底面积较大的情况下，采用这种方式可有足够的稳定性。一般情况下，重叠式码放再配以各种紧固方式，则不但能保持稳固而且保留了装卸操作省力的优点。

（2）纵横交错式。相邻两层货品的摆放旋转 90°，一层呈横向放置，另一层呈纵向放置，如图 1-10（b）所示。这种方式装完一层之后，利用转向器旋转 90°，层间有一定的咬合效果，但咬合强度不高。重叠式和纵横交错式适合自动装盘操作。

（3）旋转交错式。第一层相邻包装体都互为 90°角，两层间的码放又相差 180°，这样相邻两层之间咬合交叉，托盘货品稳定性较高，不易塌垛，如图 1-10（c）所示。缺点是码放难度较大，而且中间容易形成空穴，会降低托盘装载能力。

（4）正反交错式。同一层中，不同列的货品以 90°角垂直码放，相邻两层的货品码放形式是另一层旋转 180°，如图 1-10（d）所示。这种方式类似于房建筑砖的砌筑方式，不同层间咬合强度较高、相邻层之间不重缝，因而码放后稳定性很高，但操作较为麻烦。

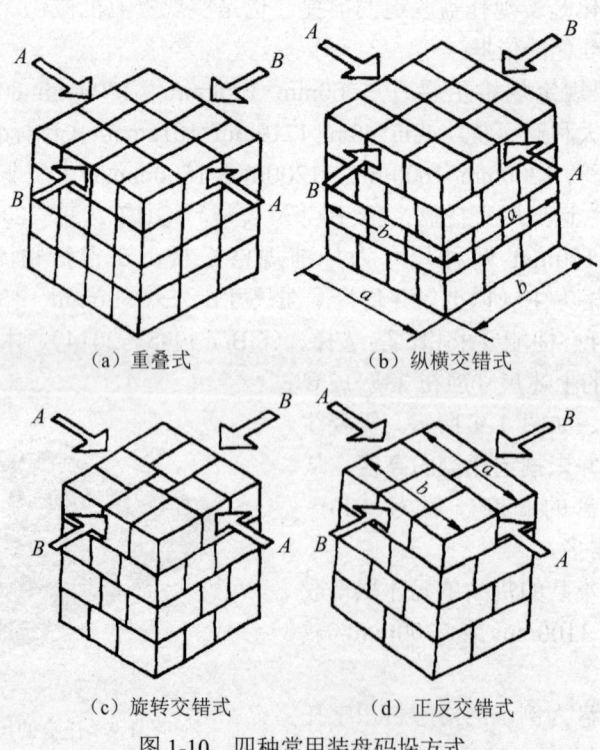

（a）重叠式　　　　　　（b）纵横交错式

（c）旋转交错式　　　　　（d）正反交错式

图 1-10　四种常用装盘码垛方式

在合理装盘码垛的基础上，还可以根据实际需要加以紧固。

【资料1-10】托盘的紧固方法

（三）托盘的选择

托盘的结构直接影响托盘的使用效率，不同托盘的适用场景也不一样，适合的结构能够充分发挥装卸搬运、存储高效作业的特点。因此，选择托盘时需要考虑主要用途。

1. 托盘作为地铺板使用

托盘装载货品以后不再移动，只是起到防潮防水的作用，可选择结构简单、成本较低的托盘，如简易的木托盘或简易的塑料托盘，但是使用时应该注意托盘的静载量。

2. 用于运输、搬运、装卸等

这类托盘由于要反复使用并且要配合叉车使用，因此对托盘的强度要求较高、动载要求较大，因此一般选择田字形或川字形结构的托盘。

3. 托盘装载货品后是否要堆垛

此时需要考虑选择单面托盘还是双面托盘。单面托盘由于只是一个承载面，不适合用于堆垛，否则容易造成下层货品的损坏。装载货品后需要堆垛的应尽量选择双面托盘。

4. 用于立体库的托盘

要考虑托盘的结构是否适合码放在货架上。由于只能从两个方向在货架上叉取货品，因此用于货架上的托盘应该尽可能选用四向叉入的托盘，这样便于叉车叉取货品，提高工作效率。此时，一般选择田字形结构的托盘。

二、叉车认知及初步应用

（一）叉车认知

1. 叉车的概念

仓储设施设备之叉车认知及其应用

《物流术语》（GB/T 18354—2021）中对叉车（Fork Lift Truck）的定义是："具有各种叉具及属具，能够对物品进行升降和移动以及装卸作业的搬运车辆。"

实际应用中，叉车又称为铲车，是物流领域中应用最广泛的装卸搬运设备。它以货叉作为主要的取货装置。叉车的前部装置装有标准货叉，可以自由地叉入托盘取货和放货，依靠液压、发动机、内燃机、电动机等装置升降，由滚轴、轮胎等行驶系统实现水平搬运。

叉车除了使用货叉以外，通过配备叉车属具还能用于散货和多种规格货品的装卸搬运作业。所谓叉车属具（Attachments of Fork Lift Trucks），是为扩大叉车对特定货品的作业而附加或替代原有货叉的装置，如货叉、铲斗、臂架、吊杆、货夹、抓取器等。

2. 叉车的基本结构

（1）安全架。保护操作员免于被掉落的对象击中的护架，当举升的货品超过操作员头部的高度时必须具备安全架。

（2）升降架。由一直立的槽型钢组合而成的升降装置，利用油压缸或电动的举升装置。升降架有一段式、二段式、三段式和四段式。

（3）货叉架。固定货叉和有关附件。货叉架组合通常会使用一个后挡板，以防止负载货品倾倒。

（4）货叉。搬运负载最必用的配件，一般是100~150mm宽、1000~1200mm长、40mm厚。最常使用的是牙叉侧移装置，利用手动或油压驱动，可调整牙叉的间距，以搬运不同规格的托盘。

（5）轴距。轴距即前后轮的距离。轴距决定操作及作业的特性，包括负载能力、旋转半径、直角堆放通道宽度、离地高度。

（6）负载重心距。负载重心到货叉架的距离，是决定负载能力的因素之一。当负载在4500kg以下时，标准负载重心距为0.6m，这已经成为叉车设计的工业标准。

（7）轮胎。分为硬胎和气胎。硬胎多用于室内；气胎多用于室外，行走速度较快。

（8）动力系统。室内叉车通常用电动式，室外多用内燃机式。

3. 叉车的特点和作用

叉车能够减轻仓储作业人员繁重的体力劳动。除了能提高作业效率、缩短车辆停留时间、降低作业成本以外，它还有以下特点和作用：

（1）通用性。叉车在物流的各个位置都有所应用，如仓库、车站、码头、港口等。叉车和托盘配合，其应用范围更广，同时可以提高作业的效率。

（2）自动化程度高。使用各种自动取物装置或在货叉与托盘配合的情况下，可以实现装卸工作的完全自动化，不需要工人的辅助体力劳动。它将装卸和搬运两种作业合二为一，作业的效率高。

（3）机动灵活性好。叉车外型尺寸相对较小，重量轻，能在作业区域内任意调动，适应货品数量及货流方向的改变，可机动地与其他起重运输机械配合工作，提高机械的使用率。

（4）可以"一机多用"。在配备并使用各种属具的条件下，可以适应各种品种、形状、大小的货品装卸作业。

此外，使用叉车能提高仓库容积的利用率，有利于开展托盘成组运输和集装箱运输，并且叉车成本低、投资少，能取得较好的经济效果。

3. 叉车的种类

为了更加清楚地认识叉车，可以按照不同的分类标准将叉车分成多个不同的类别。

（1）按举升高度分类。按举升高度分类，叉车可分为低举升叉车和高举升叉车。低举升叉车的举升高度是100~150mm，由操作者站立操作，手动低举升叉车由人力做水平及垂直的移动，而电动低举升叉车以电瓶提供动力做举升及搬运动作。手动操作速度慢、费力且易造成作业员受伤。因此，尽管电动叉车的成本较高，但应用愈发普遍。高举升叉车的举升高度可达12m，在操作时有步行、站立和坐式三种。

（2）按所用动力分类。按所用动力分类，叉车可分为内燃机式叉车和蓄电池式叉车。内燃机式叉车有汽油内燃叉车和柴油内燃叉车之分，前者多用于1~3t的起重载荷，后者多用于3t以上的起重载荷。蓄电池式叉车一般用于2t以下的起重载荷。

（3）按结构特点分类。按结构特点分类，叉车可以分为平衡重式、前移式、插腿式、伸缩臂式、侧面叉车等。

（4）按使用环境分类。按使用环境分类，叉车通常可分为室内用和室外用两类。室外用的叉车通常为大吨位柴油、汽油、液化气叉车，如用于码头或集装箱转运站的集装箱叉车、吊车。室内叉车则主要为蓄电池式叉车。

（二）叉车的使用场合及选择

当前，国内外的主要叉车生产商，国内如杭叉、合力、诺力等，国外如林德、永恒力等，均可提供数百种规格的叉车，通常可将这些不同规格的叉车分成四个系列。下面依次介绍这四个系列的叉车，并分析各类型的特点、操作特点及其适用场合。

1. 低举升托盘叉车

低举升托盘叉车的行走速度通常限制在 5km/h 以下，单向搬运距离在 100m 以内。如果搬运距离太长，次数频繁，作业人员容易疲劳，降低作业效率。低举升托盘叉车通常可以分为手动液压托盘叉车（Hand Pallet Trucks）和电动托盘叉车（Power Pallet Trucks）两种。

（1）手动液压托盘叉车。手动液压托盘叉车俗称"地牛"，如图 1-11 所示，由于不产生火花和电磁场，因而特别适用于汽车装卸及车间、仓库、码头、车站、货场等地的易燃、易爆和禁火货品的装卸运输。该叉车具有升降平衡、转动灵活、操作方便等特点。小巧灵活的体型使手动托盘叉车几乎适用于任何场合。但是由于是人工操作，当搬运 2t 左右较重的货品时比较吃力，所以通常用于 15m 左右的短距离频繁作业，尤其是装卸货区域。

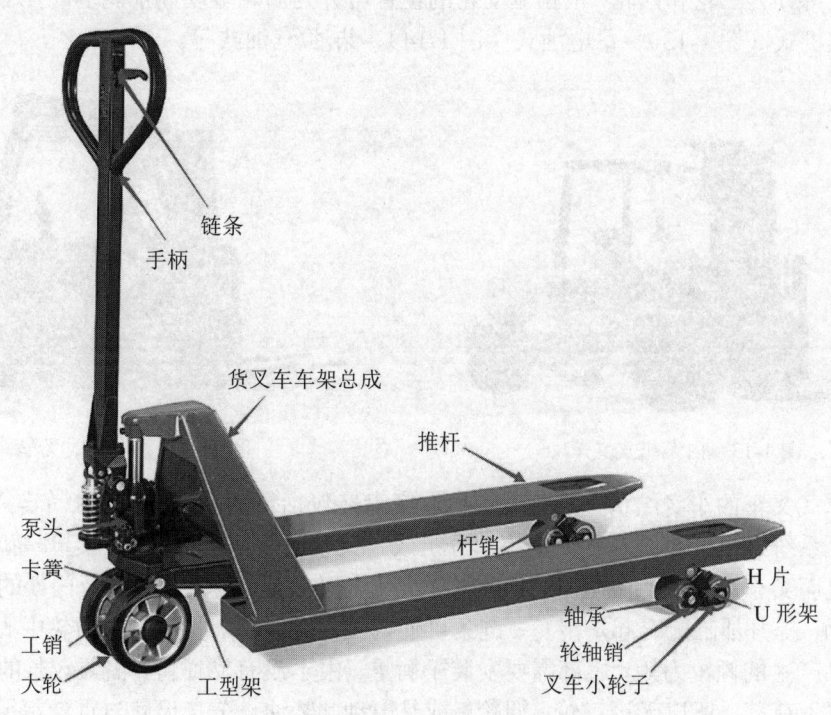

图 1-11 手动液压托盘叉车及主要部件名称

（2）电动托盘叉车。电动托盘叉车又分为电动液压托盘叉车和全电动托盘叉车（图 1-12）。前者为"电动行走，液压起升"，后者为"电动行走，电动起升"，两种叉车均适用于中等重量的短距离运输，具有加长型货叉的电动叉车可同时搬运 2 个或 4 个托盘。当平面搬运距离在 30m 左右时，步行式的电动托盘叉车无疑是最佳选择，行驶速度通过手柄上的无级变速开关控制，跟随操作人员步行速度的快慢，在降低作业人员疲劳度的同时保证了操作的安全性。如主要运搬路线距离在 30~70m 之间时，可以采用带折叠式踏板的电动托盘叉车，驾驶员站立驾驶，相比于步行式的电动托盘叉车，作业速度可提高 60%左右，但这样的叉车对驾驶员的专业技能提出了较高要求。

图 1-12　全电动托盘叉车

2. 平衡重式叉车

平衡重式叉车（Electric Counter Balance Truck）是使用范围最广、用量最大的叉车。根据车轮的数量可分为三轮和四轮，根据驱动轮的位置可分为后轮驱动和前轮驱动，还可以根据动力分为内燃机式（图 1-13）、蓄电池式（图 1-14）、柴油/汽油式等。

图 1-13　内燃机式叉车　　　　　　　　　图 1-14　蓄电池式叉车

平衡重式叉车的车身结构主要由发动机、底盘（包括传动系、转向系、车架等）、门架、叉架、液压系统、电气系统及平衡重等部分组成。叉车门架一般为两级，起升高度为 2~4m。当堆垛很高而叉车总高受到限制时，可采用三级或多级门架。货叉的升降及门架的倾斜一般采用液压驱动，提升油缸配合起重滑轮、链条可使货叉加速升降。货叉位于前轮中心线以外，为了克服货品产生的倾覆力矩，尾部需要安装平衡重。由于没有支撑臂，需要较长的轴距与较大的配重来平衡荷载，所以无论三轮、四轮，或是电动、柴油，车身尺寸与重量都很大，需要较大的作业空间。同时，货叉直接从前轮的前方叉取货品，对容器没有任何要求。底盘较高，使用橡胶胎或充气胎，使其具有很强的爬坡能力与地面适应能力。因此平衡重式叉车普遍用于装卸货及室内外搬运。

需要特别说明的是，平衡重式叉车属于特种设备，需要在市场监督管理局下属的特种设备检测中心（研究院）进行注册和挂牌（场内牌照）并接受年检。驾驶平衡重式叉车，需要持有特种设备作业资格证书，该证书由各地市场监督管理局下属的特种设备检测中心（研究院）组织考核和颁发。

3. 前移式叉车

自 1953 年德国 Jungheinrich 博士发明前移式叉车（Reach truck）（图 1-15）以来，这一系列的设备已逐渐成为室内高架存取的主要工具。当前，前移式叉车最大提升高度已达到 11.5m 以上，载重范围从 1t 升到 2.5t，并且发展出用于存取长、管件的多向前移式叉车，室内外通用型前移式叉车等特殊用途叉车。

图 1-15 前移式叉车

前移式叉车结合了有支撑臂的电动堆垛机与无支撑臂的平衡重式叉车的优点，当门架（欧洲设计多为门架前伸，美国设计多为货叉前伸）前伸至顶端，荷载重心落在支点外侧时，相当于平衡重式叉车门架完全收回后，荷载重心落在支点内侧，即相当于电动堆垛机。这两种性能的结合使前移式叉车在保证操作灵活性及高荷载性能的同时，体积与自重不会增加很多，最大限度地节省作业空间。

前移式叉车最具效益的操作高度为 6~8m，相当于建筑物高度在 10m 左右，此高度也是目前最常见的卖场、配送中心、物流中心、企业中心仓库的建筑高度。在此高度范围内，操作人员视线可及，定位快捷，效率较高。当操作高度大于 8m 时，使用前移式叉车在叉取定位时需慢速仔细，通常可以加装高度指示器、高度选择器、摄像头等辅助装置。

因库内作业的地面条件较好，故一般采用实心轮胎，车轮直径也比较小。在取货或卸货时，货叉随着门架前移到前轮以外。但运行时，门架缩回到车体内，保证叉车整体平衡。蓄电池既能提供动力，还能起到一定的平衡重作用。车体尺寸较小，转弯半径也小。在巷道内作业时，巷道宽度比平衡重式叉车小得多，从而可提高仓库面积利用率。

4. 高架堆垛机

如果仓库面积较小、高度较高、需要很大的储存量及较高的搬运效率，同时又不想花费巨大的投资在自动仓库上，那么高架堆垛机（High Rack Stacker）是最佳、几乎也是唯一的选择。高架堆垛机最主要的特点是货叉可三向旋转，或直接从两侧叉取货品，在巷道中无须转弯，因此所需的巷道空间是最小的；最大提升高度超过 14m，巷道宽度在 1600mm 左右，载重量最大为 1.5t，在烟草、制药、电子电器等行业使用普遍。

高架堆垛机可分为上人式和不上人式两种，驾驶舱作为主提升随门架同时上升称为上人式，优点是在任何高度都可以保持水平操作视线，保证最佳视野以提高操作安全性。同时由于操作者可以触及货架任何位置的货品，故可以同时用于拣货及盘点作业。

为了使高架堆垛机在通道内始终保持直线行驶，有磁导和机械式导引两种方式。由于磁导必须在巷道中央切割埋上磁导线，容易破坏地坪并且不易搬迁调整，故目前使用最多的是机械式导引。采用机械式导引需要与货架配合，在巷道的两侧安装钢轨，通过车身导轮及其他辅助装置导入巷道并沿直线行驶。

【实例1-7】叉车的选择

三、货架认知及其应用

（一）货架认知

1. 货架的概念

仓储设施设备之货架认知及其应用

在仓储设备中，货架是指专门用于存放成件货品的保管设备。《物流术语》（GB/T 18354—2021）中对货架（Rack）的定义是：由立柱、隔板或横梁等结构件组成的储物设施。

货架种类特别多，在仓库中几乎无处不在。近几年，随着物流量的大幅增加，企业对物流的重视程度不断提高，物流设备市场需求不断上升，带动了货架行业的发展。仓库功能的改善以及管理水平的提高，不仅要求数量众多、功能完善的货架，而且要求货架与机械化、自动化相适应，因而根据自身需求选择货架也是企业必须考虑的问题。

2. 货架的优点

（1）有效利用仓库空间。货架是一种架式结构物，使用货架可以充分利用仓库空间，从而提高仓库容量的利用率，扩大仓库的储存能力，这是货架最基本的作用。

（2）利于减少货品损失。货架能够让存入其中的货品相互之间不挤压，减少货品的损耗，保证货品本身的功能，减少货品的损失。

（3）存取方便。货架中的货品存取十分方便，便于清点及计量，可做到先进先出。

（4）便于保证存储货品的质量。使用货架便于采取防潮、防尘、防盗、防破坏等措施，提高货品存储的质量。

（5）利于实现机械化及自动化作业。货架的结构及功能有利于实现仓库的机械化及自动化作业，从而为仓库的管理带来了非常大的帮助。

3. 货架的种类

随着现代信息技术、材料技术、自动化技术等的不断进步，货架技术也在不断发展。货架的种类多种多样，根据不同的划分方式可以分为不同的类型。

（1）按货架发展形态分。按货架发展形态，可以分为传统式货架和新型货架。传统式货架包括层架、层格式货架、抽屉式货架、橱柜式货架、U形架、悬臂架、棚架、鞍架、气罐钢筒架、轮胎专用货架等。新型货架包括旋转式货架、移动式货架、装配式货架、调节式货架、托盘货架、进车式货架、高层货架、阁楼式货架、重力式货架、壁挂式货架。

（2）按货架的制造材料分。按货架的制造材料，可以分为钢货架、钢筋混凝土货架、木制货架、钢木合制货架等。

（3）按货架结构分。按货架结构，可以分为层架、层格架、橱架、抽屉架、悬臂架、三角架、栅型架等。

（4）按货架可移动性分。按货架可移动性，可以分为固定式货架、移动式货架、旋转式货架、组合货架、可调式货架、流动储存货架等。

（5）按货架高度分。按货架高度，可以分为低层货架（高度在 5m 以下）、中层货架（高度在 5～15m）、高层货架（高度在 15m 以上）。

（6）按货架载重量分。按货架载重量，可以分为重型货架（每层货架载重量在 500kg 以上）、中型货架（每层货架载重量为 150～500kg）、轻型货架（每层货架载重量在 150kg 以下）。

（7）按货架与仓库的结构关系分。按货架与仓库的结构关系，可以分为整体结构式（货架直接支撑仓库屋顶和围墙）、分体结构式（货架与建筑物是两个独立系统）。

（8）按照货架构造分。按照货架构造，可以分为组合可拆卸式货架、固定式货架。组合可拆卸式货架具有轻便、灵活、适用范围广等特点，固定式货架具有牢固、承载大、刚性好等特点。

（9）按存取作业方式分。按存取作业方式，货架可以分为以人工或叉车存取货架、以自动化设备配合存取货架、自动存取货架。以人工或叉车存取货架包括托盘货架、驶入/驶出式货架、流动式货架、可移动式货架、积层式货架、悬臂式货架、窄道式货架、可携带式货架、后推式货架等；以自动化设备配合存取货架包括垂直旋转式货架、水平旋转式货架等；自动存取货架包括整体式自动仓库货架、分体式自动仓库货架等。

（二）货架的应用

1. 层架

层架由立柱、横梁、层板等部件构成，层间用于存放货品。层架的应用非常广泛。

（1）层架的分类与规格。按层架存放货品的重量分类，层架可以分为重型、中型和轻型；按层架结构特点分类，层架有层格式、抽屉式等类型。

普通轻型层架，也称为轻型隔板货架，如图 1-16 所示，主要适合人工存取作业，其规格尺寸及承载能力都与人工搬运能力相适应，长度为 1200mm、1500mm、1800mm 等，宽度为 450mm、600mm、800mm 等，高度为 1200mm、1500mm、1800mm、2000mm 等。

（2）层架的特点及用途。轻型层架一般采用装配式，结构简单，灵活机动，承载能力较差，适用于人工存取轻型或小件货品，且存放货品数量有限的情形，是人工作业仓库的主要储存设备。

中重型层架一般采用固定式层架，牢固、结实，承载能力强，便于储存大件或中重型货品，能够配合叉车等使用，而且能充分利用仓容面积，提高仓储能力。

层格式货架每格原则上只能放一种货品，不易混淆，层间光线暗，存放数量少，主要用于规格复杂、多样，必须互相间隔开的货品。

抽屉式货架主要用于存放中小型模具，通常每层承载量小于 500kg，相对而言，重型抽屉式货架可用于存放特重型模具和货品，还可以存放比较贵重或怕尘土、怕湿的小件货品。

2. 托盘货架

托盘货架专门用于存放堆码在托盘上的货品，其基本形态与层架类似。这也是目前仓库中常用的货架之一。

（1）托盘货架的结构。目前多采用杆件组合，不仅拆装容易，层间距还可依码货高度调整。如图 1-17 所示，这种货架的立柱深度一般为 800～1100mm，货架高度可达 11m，横梁长度一般为 2300mm、2500mm、2700mm、3300mm 等，叉车通道一般为 2200～3800mm。

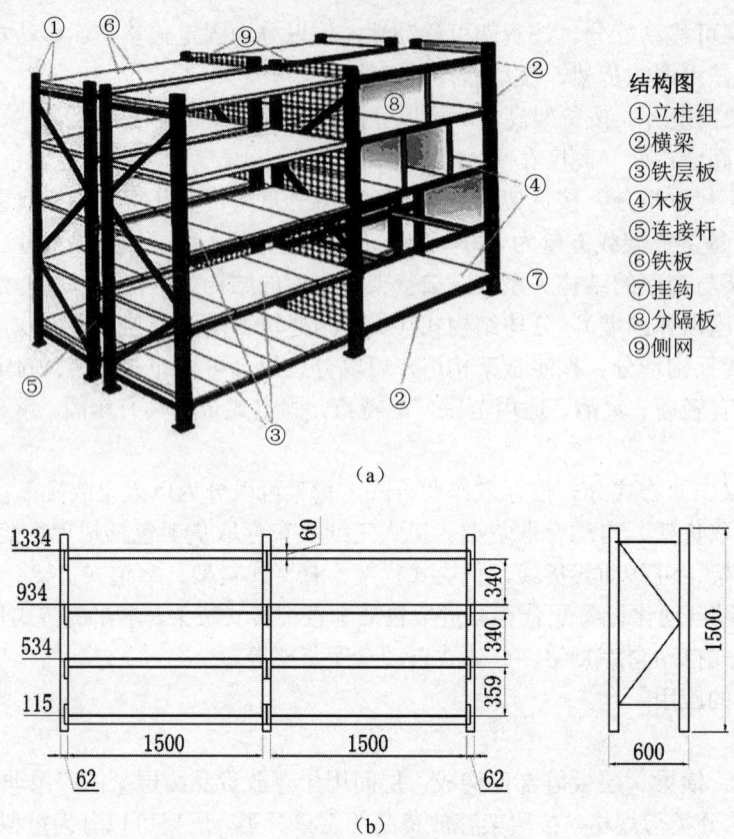

图 1-16 轻型隔板货架（单位：mm）

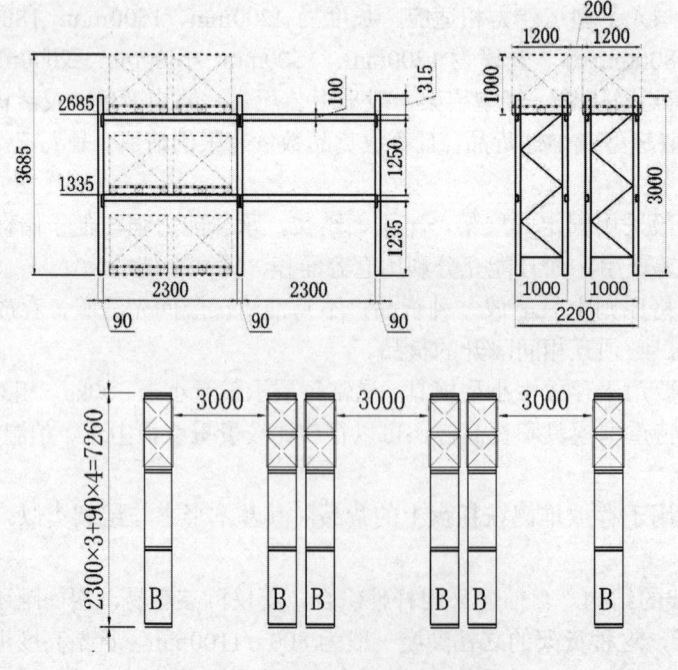

图 1-17 托盘货架（单位：mm）

托盘货架用材多为钢材，可做单排型连接，也可做双排型连接，如图1-18所示。

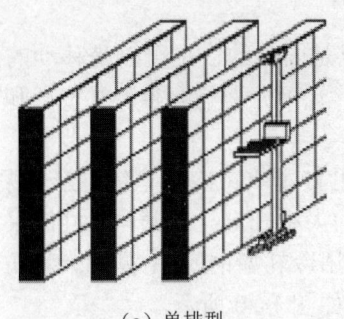
（a）单排型

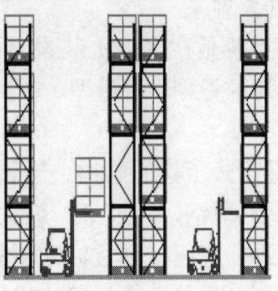
（b）双排型

图1-18 托盘货架连接方式

（2）托盘货架的特点及用途。托盘货架结构简单，可调整组合，安装简易，费用经济；出入库不受先后顺序的限制，可做到先进先出；储物型态为托盘装载货品，实现机械化存取作业；仓容利用率高；在各行各业中有着广泛的应用。

3. 阁楼式货架

阁楼式货架是在已有的工作场地或货架上建一个中间阁楼，以扩大存储空间，可做二、三层阁楼，宜存取一些轻泡及中小件货品，适用于多品种大批量或多品种小批量货品；人工存取货品，货品通常由叉车、液压升降台或货梯送至二楼、三楼，再由轻型小车或液压托盘车送至某一位置。

（1）阁楼式货架的结构。阁楼式货架利用钢架和楼板将空间间隙隔为两层或三层，下层货架结构支撑上层楼板。在仓库面积有限的情形下，可做立体规划，有效地充分利用空间，如图1-19所示。

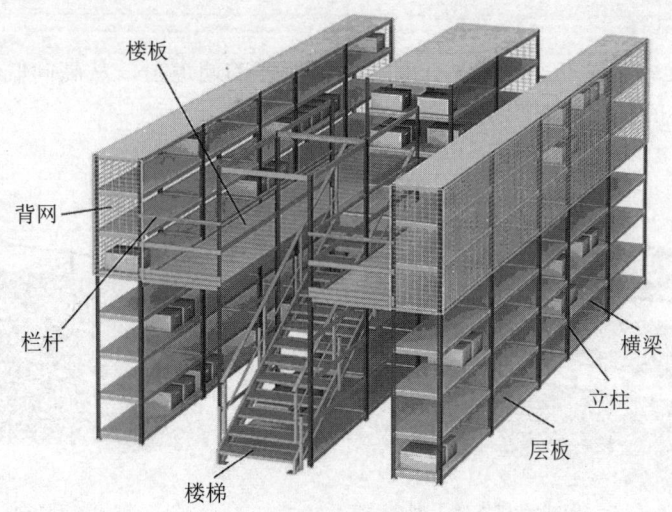

图1-19 阁楼式货架结构

（2）阁楼式货架的特点和用途。阁楼式货架能够提升仓储高度，有效增加空间利用率；又有上层货架适合储放轻量货品，因而不适合重型搬运设备行走；此类货架存取作业效率低，仅适用于仓库场地有限而存放货品品种很多的仓库，以及存期较长的中小件货品，货品的型态最好是托盘、纸箱、包、散杂物等。

4. 悬臂式货架

悬臂式货架是在立柱上装设悬臂构成的，悬臂可以是固定的，也可以是移动的，根据承载能力可分为轻量型、中量型、重量型三种，根据结构形式可分为单面悬臂式货架和双面悬臂式货架。

（1）悬臂式货架的结构。悬臂式货架的立柱多采用 H 型钢或冷轧型钢，悬臂采用方管、冷轧型钢或 H 型钢，其尺寸一般根据所存放物料尺寸的大小确定；悬臂与立柱间采用插接式或螺栓连接式，底座与立柱间采用螺栓连接式，底座采用冷轧型钢或 H 型钢。为防止物料损伤，常在悬臂上加垫木质衬垫或橡胶带以起保护作用，如图 1-20 所示。

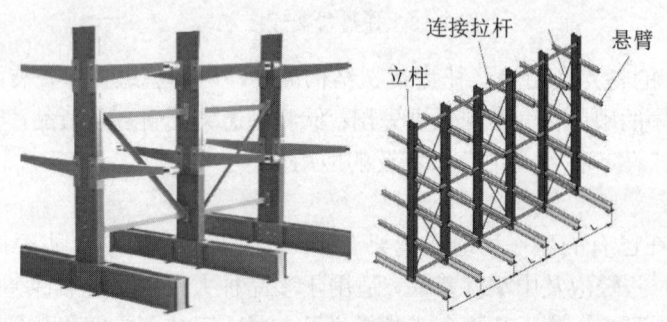

图 1-20　悬臂式货架

（2）悬臂式货架的特点及用途。此类货架适用于长形物料和不规则物料的存放；适用于人力存取操作，不便于机械化作业；一般需要配合叉距较宽的搬运设备，如叉距较大的侧面式叉车，由此货架高度通常在 2.5m 以内，如由叉车存取货则可高达 6m，这使仓库的空间利用率低，仅能利用 30%～50%。悬臂长度在 1.5m 以内，每臂载重通常在 1000kg 以内。

5. 箱式流利货架

其原理是利用货品的自重，使货品在有一定高度差的通道上，从高向低处运动，从而完成进货、储存、出库的作业，如图 1-21 所示。

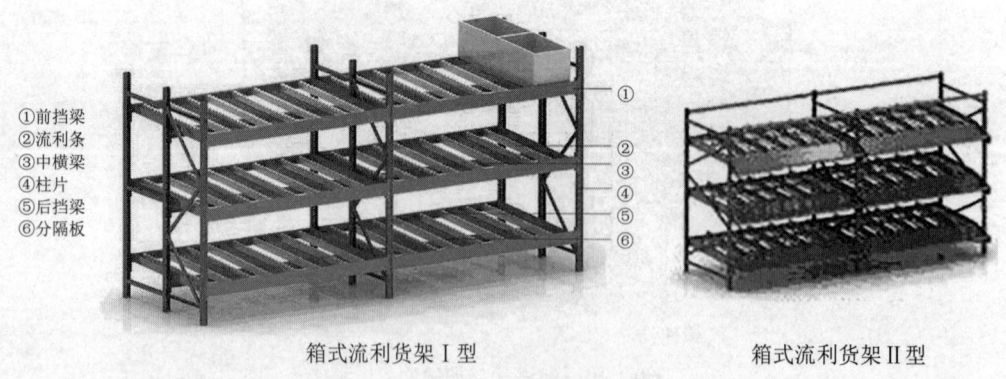

图 1-21　箱式流利货架

（1）箱式流利货架的结构。与一般层架从正面看基本相似，但是其深度比一般层架深得多。每一层隔板成前端（出货端）低后端（进货端）高的一定坡度。有一定坡度的隔板可制成滑道形式，货品顺滑道从高端向低端滑动，也可制成滑轨、辊子、滚轮，以提高货品的运动性能，尽量将坡度做得小一些。

（2）箱式流利货架的特点及用途。一是专业、高效、安全性高，箱式流利货架的拣货端与入货端分离，能提高作业效率和作业的安全性。二是保证货品先进先出，并且方便拣货，作为分拣式货架普遍应用于仓储中心作业中，如果辅以电子标签，则作业效率能够进一步提升。这种货架主要用于大批量、少品种储存货品的存放或仓储中心的拣选作业中。

（三）货架的选择

货架的种类很多，要综合考虑货品特性、存取性、入出库量、搬运设备、库房结构等多个因素来选择合适的货架，同时应考虑货架安全等因素。

1. 货品特性

储存货品的外形、尺寸直接关系到货架规格的选定，储存货品的重量直接影响到选用哪种强度的货架。另外，还要预估总储位的数量，这就必须考虑企业未来若干年的成长需求。

2. 存取性

存取性与储存密度是一对矛盾体。也就是说，为了得到较高的储存密度，则可能牺牲货品的存取性。有些种类的货架可得到较好的储存密度，但储位管理较为复杂，也不易做到先进先出；自动立体仓库可往上发展，存取性与储存密度俱佳，但投资成本较高，一般企业很难承受。因此选用货架，可说是各种因素的折中，也是一种策略的应用。

3. 入出库量

入出库量是非常重要的数据，是货架选择需要考虑的重要因素。某些货架虽有很好的储存密度，但入出库量却不高，仅适合于低频率的作业。

4. 装卸搬运设备

货架的存取作业通常要用装卸搬运设备来完成，因此选用货架也需要考虑装卸搬运设备。叉车是最为通用的装卸搬运设备，而货架通道的宽度会直接影响到叉车的选用。另外，从货架的高度来说，还需要考虑叉车的举升高度及举升重量。不同规格的货架，所应配备的操作方式及叉车等设备也有所不同，如图1-22所示。

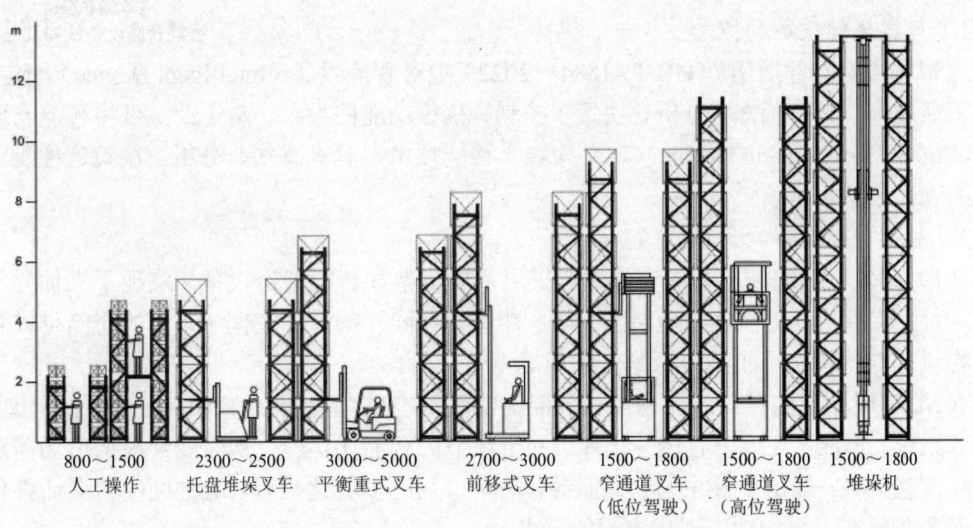

图1-22　不同规格货架的操作方式及所选叉车设备（单位：mm）

5. 库房结构

货架的选用还须考虑库房结构。库房的梁下有效高度决定货架高度，而梁柱位置会影响货架的配置。地面承受的强度、地面平整度也与货架的设计及安装有关。另外，还需考虑防火设施和照明设施的安装位置。具体选择时可参考表 1-2。

表 1-2 部分通用货架的适用范围

货架种类		主要适用范围
层架	层格式	存放规格复杂多样、容易搞混、需相互隔离的货品
	抽屉式	比较贵重或怕尘土、怕湿的小件货品
托盘货架		适用于存放整托盘货品
阁楼式货架		适用于各种类型货品的存放，上层放轻量货品，可有效利用空间
悬臂式货架		适用于长条状或长卷状货品
箱式流利货架		适用于存放小而不重的物品，如零件箱和周转箱

【资料 1-11】选择仓储设备时先选什么

传统的仓库设计，通常是先有建筑物，再考虑其中的布局规划及仓储设备，这样常常会造成投资上的浪费。目前的高标仓（配备高标准仓储物流设备的仓库）对叉车、托盘、货架等则是统筹规划设计。所以，在仓储系统初期设计及设备选型时，除了要考虑各型叉车的特点和适用环境外，还要结合企业自身的条件对各种因素综合考虑，如托盘、地坪、出入库频率等。

四、智能仓储设备认知及应用

（一）智能仓储设备认知

1. 智能仓储设备的概念

智能仓储设备认知及应用

《智慧物流服务指南》（GB/T 41834—2022）中对智能设备（Intelligent Device）的定义是：融合智能技术，具有感知、分析、决策、控制、执行功能的设备。基于此，可将智能仓储设备（Intelligent Warehousing Device）定义为融合智能技术，具有感知、分析、决策、控制、执行功能的仓储设备。

2. 智能仓储设备的优势

（1）有效利用空间。智能仓储通过采用多层货架和智能搬运设备，实现了立体化的仓储管理，大大节省了仓储空间，提高了空间利用率。在同样的仓库空间下，智能仓储可以存放更多的物料，有效解决了土地资源紧张的问题。

（2）实现动态储存。智能仓储设备能够实现动态储存，配合 ERP（企业资源计划）、其他业务系统，形成"入库—存储—出库"的全环节的智能化运作，从而能够根据市场需求的变化迅速调整策略，提供个性化的仓储服务，满足市场的多样化需求。这种高度的灵活性使智能仓储设备在形态上更加适应现代物流的需求。

（3）提高业务效率。AGV自动货架、自动存取机器人、码垛机器人等设备的运用，实现了快速存储、拣货、出库，不需要过多的人工干预，有效缩短了物流链的时间，提高了仓储效率。智能仓储系统可以自动进行库存管理和跟踪，降低了仓储管理的流程和成本，进一步提升了仓库的运作效率。

（4）降低仓储成本。智能仓储设备通过减轻对人力资源的依赖降低了人工成本。同时，通过对存储物品的分类管理实现了仓储空间的最大化利用，进一步降低了仓储成本。这种成本节约不仅体现在人力成本的降低上，还包括运营和管理成本的减少。

（二）智能仓储设备的应用

1. 智能AGV小车

智能AGV小车将条形码技术、无线局域网技术和数据采集技术结合起来，在叉车上配备无线车载终端，可将货物输送到指定的上料机或下料机上面，将企业管理系统延伸到操作人员的手上或叉车上，使仓库的搬运工作更加轻松。

智能仓储发展趋势

智能AGV小车具有定位精度高、实用性强和输送方式灵活等特点，定位精度高达±5mm，无需任何施工和外设装置，可以智能应对车间的不同高度进出料需求。它具有无需培训即可轻松操作的特点，针对性开放部分端口和支持第三方命令方便集成开发。智能AGV小车如图1-23所示。

图1-23　智能AGV小车

2. 自动化立体仓库（AS/RS）

《自动化立体仓库 设计规范》（JB/T 9018—2011）中对自动化立体仓库（Automated Storage and Retrieval System，AS/RS）的定义是：以钢结构货架、堆垛机和搬运设备构成的存取单元货物并可自动化作业的仓库。"

自动化立体仓库（AS/RS）是所有的仓储设备当中，自动化集成度非常高的仓储系统，具有提高空间利用率、便于形成先进的物流系统、适配特殊存储环境（如冷库）、提升仓储质量、有效衔接生产与库存等特点，可为企业提供从仓储、自动化运输、自动化生产到成品配送的完整物流自动化解决方案。

3. 多层穿梭车

多层穿梭车是用于执行往复搬运任务的小车，通过在仓储货架系统中的导轨上往复运动来完成托盘货物或料箱货物的运输。多层穿梭车具有拣货效率高、适用于广泛的货物类型、可到达仓库任意位置、可拓展性强等特点，因此被广泛应用于各类仓库当中。多层穿梭车如图1-24所示。

图 1-24　多层穿梭车

穿梭车系统根据货物输送单元的类型可分为托盘式穿梭车和料箱式穿梭车，根据功能上的不同可分为两向穿梭车、子母穿梭车和四向穿梭车。穿梭车系统在装载和存储形式上也有单工位单深度、单工位双深度、单工位多深度、双工位多深度、多工位等多种变化。

4. 智能拆垛、码垛机械手

智能拆垛、码垛机械手借助 3D 视觉和深度学习算法，实现机器人手臂作业的自我训练、自我校正，无需箱形和垛形的数据库维护。智能拆垛、码垛机械手通过 3D 深度摄像头识别顶层货物轮廓，首次拾起一个箱子时，它就建立一个关于外形箱子模型，并基于这个模型加快对下一个箱子的识别。智能拆垛、码垛机械手具有适用性强、自动化程度高、运行成本低、模块化设计降低设备成本、设备稳定性高的优势，应用范围越来越广。智能拆垛、码垛机械手如图 1-25 所示。

图 1-25　智能拆垛、码垛机械手

5. 自动输送、分拣设备

（1）滚筒式输送机。分为动力式和无动力式。无动力式呈一定坡度，使货物靠自身重力从高端移动到低端；动力式由一系列排列整齐的具有一定间隔的辊子组成，驱动装置将动力传给滚筒，使其旋转，通过滚筒表面与输送物品表面间的摩擦力输送物品。

（2）链条式输送机。链条式输送机以链条为牵引和承载体输送物料，输送能力大，主要输送托盘、大型周转箱等。输送链条结构形式多样，并且有多种附件，易于实现积放输送，可用作装配生产线或作为物料的储存输送。

（3）交叉带分拣机。由主驱动带式输送机和载有小型带式输送机的台车连接在一起，当货品移动到所规定的分拣位置时，台车转动皮带，完成把货品分拣送出的任务。因为主驱动带式输送机与台车上的带式输送机呈交叉状，所以被称为交叉带分拣机，如图 1-26 所示。交叉带分拣机具有分拣速度快、上件操作简单、分拣货物准确率高、定制灵活性强、交付周期短、性价比高等特点，因此在快递行业得到了快速发展。

图 1-26　交叉带分拣机

6. AR 设备

AR 技术将真实世界和虚拟世界的信息进行"无缝"集成，AR 眼镜自动识别库房环境，定位待拣货物位置，并自动规划拣选路径，建立线路导航，作业人员能以最短的时间到达目标拣选货位，通过 AR 眼镜自动扫描货物条码，作业人员能准确获取商品，解放双手，大幅提高拣选作业效率。AR 设备的视觉效果如图 1-27 所示。

图 1-27　AR 设备的视觉效果

【实例 1-8】智能立体仓库降本又增效

任务四　库内布局与货位规划

◆ **情境案例**

小智所在公司的仓库规模并不大，品类也比较单一，服务对象主要是生产部门和销售部门，所以小智很快就弄清楚了整个库内布局，找货也很快。小商和小高就辛苦一些，小商所在的仓库有大约 8000m^2、上万个 SKU（最小存货单位），虽然有一定的专业基础，但有点"路盲"的小商花了好长一段时间才真正熟悉了整个仓库的布局和货位分布；小高所在公司有 6 个单体仓库，仅是小高所在仓库就有 3000m^2，负责 20 多个客户的仓储和配送业务，不时地还有一些新的供应商送来新的货品，不得不灵活安排货位。

他们有一个共同的感受，就是了解库内布局和货位规划，具备仓库整体意识，对于做好仓储业务非常有帮助。

◆ **情境分析**

面对上千甚至上万平方米的仓库，以及其中所储存的成千上万种货品，仓库"新人"很容易"找不到北"，如果能够先行了解整个库内布局以及所使用的货位规划方法，再根据具体业务的要求开展工作，则更加容易"上手"。

通过本任务的学习，你将在进入仓储相关职业岗位后，能够看懂仓库布局图，迅速熟悉仓库布局、工作区域划分等工作环境，尽早进入工作状态。

◆ **基础知识**

一、库内布局

仓储库内布局

（一）仓储区域的平面划分

仓储区域的平面划分不仅包括库区的划分、建筑物等平面位置的确定，还包括运输线路的组织与布置、库区安全防护、绿化和环境保护等内容。

仓储区域的平面划分首先是按作业功能进行分区，即根据仓库各种建筑物的性质、要求、运输关系、安全要求等，将性质相同、功能相近、联系密切，对环境要求一致的建筑物分成若干组；然后结合仓库用地内外的具体条件，合理地进行功能分区。仓库总平面布置应能考虑到充分、合理地利用机械化、自动化、智能化设备进行作业。

仓储区域一般可以划分为仓储作业区、辅助作业区、行政办公区、库内通道等，在划定各个区域时必须注意使不同区域所占面积与仓库总面积保持适当的比例。货品储存的规模决定了主要作业场所的规模。同时，仓库主要作业的规模又决定了各种辅助设施和行政办公区的大小。各区域的比例必须与仓库的基本职能相适应，保证货品接收、发运和储存保管场所尽可能占最大的比例，以提高仓库的利用率。

1. 仓储作业区

仓储作业区是仓库的主体，仓库的主要业务和货品保管、检验、包装、分类、整理等都在这个区域里进行,主要建筑物包括仓库、货场、月台(通常配置一定大小的雨棚),以及加工、整理、包装场所等。仓库作业区的布置要考虑到尽量缩短货品搬运的距离、充分利用仓库面积等。仓储作业区的面积则应根据货品仓储量、货品规格品种、一次收发批量、供货方和用户的数量、收发作业效率、仓库的设备情况、收发货的均衡性、发货方式等确定。

2. 辅助作业区

在辅助作业区内进行的活动是为主要业务提供各项服务,如设备维修、加工制造、各种物料和仓储设备的存放等。辅助作业区的主要建筑物包括维修加工、动力车间、车库、工具设备库、物料库等。仓储作业区与辅助作业区分开的目的是避免在辅助作业区内发生的灾害事故危及存货区域。

3. 行政办公区

行政办公区是仓储区域的重要组成部分,承担着管理、协调和监督仓储日常运作的重要任务。行政办公区一般布置在仓库的主要出入口处并与作业区用隔墙隔开。这样既方便工作人员与作业区的联系,又避免非作业人员对仓库作业的影响和干扰。组成部分一般包括私人办公室、开放式办公区、会议室(培训室)等。

4. 库内通道

货品出入库和库内搬运要求库内、库外交通运输相互衔接,并与库内各个区域相贯通。库内通道的布置是否合理,对于仓库组织仓储作业和有效利用仓库面积有很大的影响。库内通道的配置应符合仓库各项业务的要求,方便货品入库储存和出库发运,还应适应仓库各种设备的使用特点,方便装卸、搬运、运输等作业操作。库内道路的规划必须与仓库、货场和其他作业场地的配置相互配合,减少各个作业环节之间的重复装卸、搬运,避免库内迂回运输。各个仓库、货场要有明确的进出、往返路线,避免作业过程中相互干扰和交叉,以防止因交通阻塞影响仓库作业。在满足各项作业需要的前提下,应尽可能减少道路占用的面积。

仓库内的通道,分为运输通道(主通道)、作业通道(副通道)和检查通道。

(1)运输通道。运输通道供装卸搬运设备在库内行走,其宽度主要取决于装卸搬运设备的外形尺寸和装载单元的大小。宽度一般为1.5~3m。如果使用叉车作业,其通道宽度可以通过计算求得。当装载单元的宽度不太大时,可利用下式计算:

$$A1=P+D+L+C$$

式中,$A1$ 为通道宽度,P 为叉车外侧转向半径,D 为货品至叉车驱动轴中心线的间距,L 为货品长度,C 为转向轮滑行的操作余量。

(2)作业通道。作业通道是供作业人员存取搬运货品的行走通道,其宽度取决于作业方式和货品的大小。当通道内只有一人作业时,其宽度可按下式计算:

$$A2=B+L+2C$$

式中,$A2$ 为作业通道的宽度,B 为作业人员身体的厚度,L 为货品的最大长度,C 为作业人员活动余量。

一般情况下,作业通道的宽度为1m左右。

(3)检查通道。检查通道即供仓库管理人员为检查库存货品的数量及质量而行走的通道,其宽度只要能使检查人员自由通行即可,一般为0.5m左右。

【资料 1-12】库内通道的设计要点

（二）储存保管区域的划分

由于仓库的类型、规模、经营范围、用途各不相同，各种仓储货品的性质、养护方法也截然不同，因而分区的方法有多种，需要统筹兼顾、科学规划。在规划分区之前需要了解入出库货品的情况，如货品的品种、数量、流向、储存期、储存条件和设备要求等。一般分区方法有下述几种。

1. 按货品的种类和性质分区

按照货品的自然属性，把怕热、怕光、怕潮、怕冻、怕风等具有不同自然属性的货品分区。凡同类货品，性质相近又有连带消费性的，可尽量安排在同一库区、库位进行储存，如床上用品和睡衣、拖鞋可存放在同一库区。但若性质完全不同，并且互有影响、互不兼容、不宜混存的货品，则必须严格分库存放。

2. 按货品的危险性质分区

货品的危险性质主要是指易燃、易爆、易氧化，具有腐蚀性、毒害性、放射性等。仓库应根据货品的危险特性进行分区，以免相互接触，发生燃烧、爆炸、腐蚀、毒害等严重恶性事故。例如化学品、危险品和一般货品、食品，绝不能混杂存放在同一仓库或同一库区，必须严格分区。这种方法主要适用于特种仓库。

3. 按货品的发运地分区

对于储存期较短、吞吐量较大的中转仓库或待运仓库，可按货品的发运地区、运输方式、货主进行分区。通常可先按运输方式，如公路、铁路、水路、航空划分，再按到达站、点、港的线路划分，最后按货主划分。这种分区方法虽不划分货品的种类，但性能不兼容、运价不同的货品，仍应分开存放。

4. 按仓储作业的特点分区

超长的、较大的、笨重的货品，应与易碎的、易变形的货品分区存放。进出库频繁的货品，应存放在车辆进出方便、装卸搬运容易、靠近库门的库区。而储存期较长的货品，则应储存在仓库深处或多层仓库的楼上。

5. 按仓库的条件及货品的特性分区

一般情况下，怕热货品应存放在地下室、低温仓库、阴凉通风的货棚内；负荷量较小的、轻的货品，可存放在楼上仓库，而负荷量较大的、笨重的货品应存放在底楼库房内。

（三）库内布局的四种动线模式

动线是建筑与室内设计的用语之一；人在室内室外移动的点，连起来就成为动线。在仓储管理中，一般认为是货品的验收入库、储存保管、流通加工、备货拣选、出库发货等形成的库内动线。如果把仓库比作一个人的话，动线就好像人身体内的血管一样，无论上、下、左、右都必须保持畅通，不能有任何阻塞的地方。

动线设计要遵循不迂回（防止无效搬运）、不交叉（避免动线冲突，搬运不安全）、行走距离最短等原则来进行精确计算，但是由于方法复杂，所以在实际操作中，往往根据货品整体的入出库特性选择合适的动线模式。

下面介绍几种典型的库内布局动线模式。

1. U 型动线

在仓库的一侧有相邻的发货区和收货区，形成类似"U"字形的作业路线，如图 1-28 所示。这种动线设计经常用于有单侧收发货区的情况，库内使用同一通道供车辆出入，适合越库作业的进行，易于控制和安全防范，另外可以在建筑物三个方向进行空间扩张。

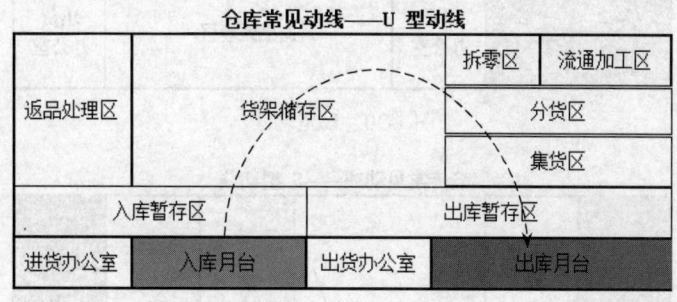

图 1-28　U 型动线

2. I 型动线

发货区和收货区设置在仓库相对的两侧，形成了类似"I"字形的作业路线，如图 1-29 所示。这种动线设计可以应对收发货高峰同时发生的情况，常用于接收相邻加工厂的货品或用不同类型的车辆来收货和发货。

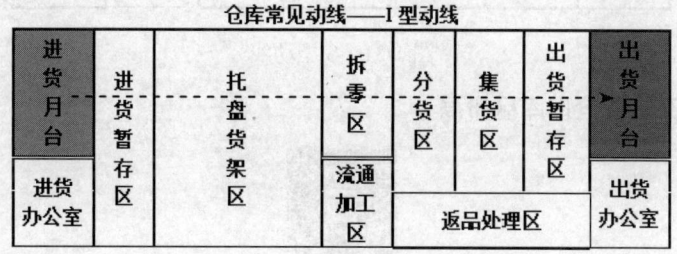

图 1-29　I 型动线

3. L 型动线

货品的收货区和发货区设置在仓库相邻的两侧，形成了类似"L"字形的作业路线，如图 1-30 所示。需要快速处理货品的仓库通常采用 L 型动线，L 型动线把货品出入仓库的路径缩至最短。L 型动线可以应对收发货高峰同时发生的情况，也适合越库作业的进行，可同时处理"快流"及"慢流"的货品。

4. S 型动线

发货区和收货区设置在仓库相对的两侧，货品可以在仓库里完成流通加工等作业，形成了类似"S"字形的作业路线，如图 1-31 所示，在宽度不足的仓库中，需要经过多步骤处理的货品一般采取此种动线，以满足多种流通加工等处理工序的需要，同时这种动线可与 I 型动线结合在一起使用。

此外，在规模较大的仓库中，还会根据仓储作业需求采用组合动线，如"L 型动线"与"L 型动线"组合为"T 型动线"；也有仓库采用"X 型动线""O 型动线"。

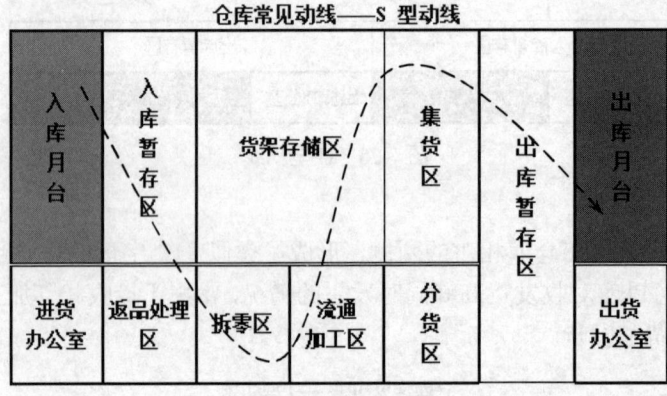

图 1-30　L 型动线

图 1-31　S 型动线

【实例 1-9】某电商仓库库区布局

二、货位规划

（一）货位布局

1. 货位的平面布局

货位的平面布局是指对货区内的货垛、通道、垛间距、收发货区等进行合理的规划，并正确处理它们的相对位置。平面布置的形式可以概括为垂直式和倾斜式。垂直式布局是指货垛或货架的排列与仓库的侧墙互相垂直或平行，具体包括横列式布局、纵列式布局和纵横式布局；倾斜式布局是指货垛或货架与仓库侧墙或主通道成 60°、45°、30°夹角，具体包括货垛倾斜式布局和通道倾斜式布局。

（1）横列式布局。横列式布局是指货垛或货架的长度方向与仓库的侧墙互相垂直，如图 1-32 所示。这种布局的主要优点是主通道长且宽、副通道短、整齐美观、便于存取查点，如果用于仓库布局，还有利于通风和采光；缺点是仓容利用率降低。

货位规划

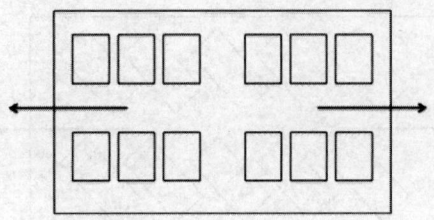

图 1-32　横列式布局

（2）纵列式布局。纵列式布局是指货垛或货架的长度方向与仓库侧墙平行，如图 1-33 所示。这种布局的优点主要包括可以根据库存货品在库时间的不同和进出频繁程度安排货位，在库时间短、进出频繁的货品放置在主通道两侧，在库时间长、进出不频繁的货品放置在里侧；缺点是不利于通光、采光和机械化作业。

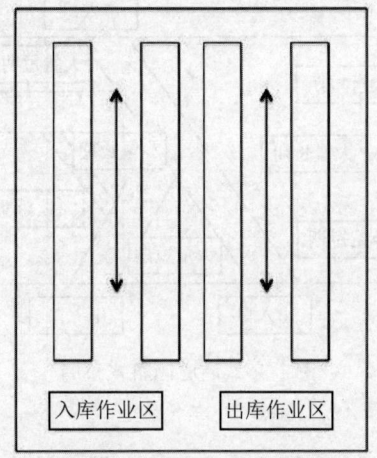

图 1-33　纵列式布局

（3）纵横式布局。纵横式布局是指在同一保管场所内，横列式布局和纵列式布局兼而有之，如图 1-34 所示。纵横式布局可以综合利用两种布局的优点。

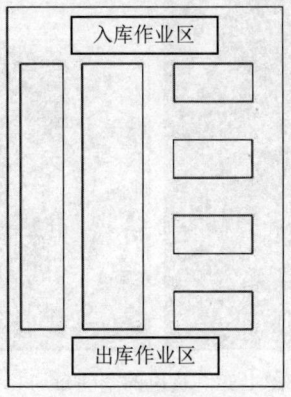

图 1-34　纵横式布局

（4）货垛倾斜式布局。货垛倾斜式布局是横列式布局的变形，如图 1-35 所示。它是为便于叉车作业、缩小叉车的回转角度、提高作业效率而采用的布局方式。

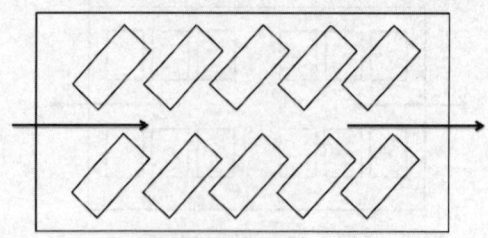

图 1-35　货垛倾斜式布局

（5）通道倾斜式布局。通道倾斜式布局是指仓库的通道斜穿保管区，把仓库划分为具有不同作业特点的区域，如大量存储和少量存储的保管区等，以便进行综合利用，如图 1-36 所示。这种布局形式，仓库内形式复杂，货位和进出库路径较多。

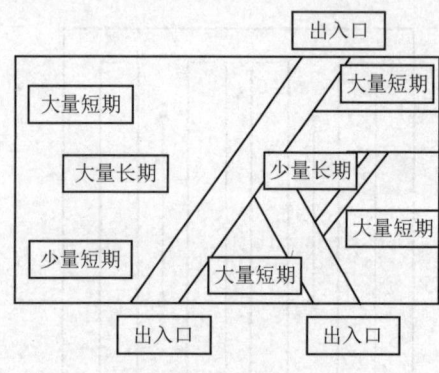

图 1-36　通道倾斜式布局

2. 货位的空间布局

空间布局是指货架、货位等在仓库立体空间中布局，目的在于充分有效地利用仓库空间。空间布局的主要形式有就地堆码、上货架存放、架上平台（典型例子如阁楼库，如图 1-37 所示）、空中悬挂等。

图 1-37　货位的空间布局

（二）货位编码

当前，仓库中所储存的货品动辄数千种，货位动辄上万个，要在这么多的货位中准确找到对应的货品并非易事。如果能按照某种规律给每个货位设计一个编码，找货品时只需要按照货位编码找到相应的货位，就能轻松完成任务。所谓货位编码，是指将仓库范围内的房、棚、场，以及库房的楼层、仓间、货架、走道、支道等按地点、位置顺序编列号码，并做出明显标示，以便货品进出库可按号存取。

1. 货位编码要求

做好货位编码工作，应该从不同仓库条件、货品类别和批量整零的情况出发，搞好货位画线及编码秩序，以符合"标志明显易找，编排循规有序"的要求，如图1-38所示。

图1-38　货位编码现场

（1）标志设置。货位编码的标志设置要因地制宜，采取适当方法，选择适当位置。例如仓库标志，可在仓库外挂牌或写在库门上；货品货位标志，可竖立标牌；多层建筑仓库的走道、支道、段位的标志，一般都刷置在水泥或油漆地坪上，但存放粉末类、大件笨重类货品的仓库，其标志也有印置在天花板上的；水泥地坪的简易货棚内的货位标志，可利用柱、墙、顶、梁刷置或悬挂标牌。

（2）标志制作。目前，仓库货位编码的标志五花八门，有的以甲、乙、丙、丁为标志，有的以A、B、C、D为标志，也有的以东、南、西、北和地名为标志。统一使用阿拉伯数字制作货位编码标志，简单、易识别。若以字母和数字的组合为标志，则更加清晰明了。实际上，有不少仓库就使用了这种编码方式。

另外，制作仓库和走道、支道的标志，可在阿拉伯数字外，辅以圆圈，再用不同直径的圆表示不同通道。例如仓库标志圆的直径为24cm；走道、支道标志圆的直径为16cm。走道、支道标志还可以在圆圈上附加箭头指示标志，在圆圈上用白漆刷上阿拉伯数字。

（3）编码顺序。仓库范围的房、棚、场以及仓库内的走道、支道、段位的编码，基本上都以进门的方向左单、右双或自左而右的规则进行。

（4）段位间隔。段位间隔的宽窄，取决于储存货品批量的大小，遵从大时宽、小时窄的原则进行。

2. 货位编码方法

（1）仓库编码。对于库房、货棚、货场齐备的仓库，在编码时，对房、棚、场应有明显区别，可加注"棚一"或"场一"等字样。无加注字样者，即为库房的编码。对于库房编码可以使用"三号定位"，即使用三个数字号码表示，如果以个位数指仓间编码、十位数指楼层编码、百位数指仓库的编码，则编码142就是1号库4楼2号仓间。

（2）货场货位编码。一是按照货位的排来编排号，再在排号内顺序编码；二是不编排号，采取自左至右或自前至后的方法顺序编码。

（3）货架货位编码。对仓库里多排货架的编码，可采用"四号定位"，即分别用库区、货架排数、货位的层数、货位的列数来编码，如6-15-2-4，即为第6库第15排货架第2层第4列所对应的货位。通常情况下，排数从入口处往出口处依次为01排、02排、……，层数从下往上依次为01层、02层、……，列数从主通道往里依次为01列、02列、……。

注意：同一货位通常只能存放一种货品，而一种货品可以存放在多个货位上。

【实例1-10】某公司仓库货位的"四号定位"编码（图1-39）

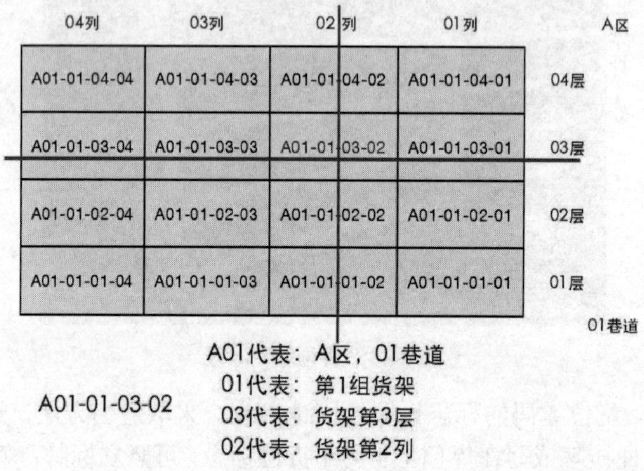

图1-39 某公司仓库货位的"四号定位"编码

3. 货位编码注意事项

（1）正确填写货位编码。入库货品在完成堆垛后，仓管员必须准确无误地在仓储账页和货卡上填写存货位置，以供账务员（业务会计）签发存货凭证。如货品移位后，要及时更改货卡和仓储账页的货位编码。

（2）熟悉货位编码的位置。仓管员必须熟悉其保管区内库房（棚、场）走道、支道及段位的编码位置，以便拣货时按货位编码的顺序迅速找到货品，按出库的先后顺序依次发货，并做到"拣货不走回头路"。

（3）仓库走道、支道不宜经常变动。仓库走道、支道经常变更位置，不仅会打乱原来的货位编码，而且可能要调整仓库照明设备，因此不宜轻易变动。

（4）绘制货位编码平面布置图。为了方便管理，绘制货位编码平面布置图，不但可以全面反映库房和货场的货品储存分布状况，而且可以及时掌握货品储存动态，便于仓库调整安排。

问题与思考

一、单选题

1. 仓储经营者以其拥有的仓储设施向全社会提供专业化仓储服务的仓储行为称为（   ）。
   A. 企业自营仓储   B. 合同仓储   C. 公共仓储   D. 战略储备仓储

2. 仓储最基本的任务是（　　）。
   A．流通调控　　　B．数量管理　　　C．质量管理　　　D．货品储存
3. 根据客户的需要，为客户提供超出常规的仓储服务或者是采用超出常规的服务方法提供的服务称为（　　）。
   A．仓储经营　　　　　　　　　B．仓储增值服务
   C．仓储基本服务　　　　　　　D．仓储商务服务
4. 直接影响仓库规模的因素是（　　）。
   A．库区场地条件　　　　　　　B．仓库业务性质
   C．仓库商品储存量　　　　　　D．仓储技术条件
5. （　　）易于成型，造型统一美观，自重较轻，耐腐蚀，易冲洗，使用寿命长，但成本较高，是目前正迅速发展的平托盘。
   A．木托盘　　　B．塑料托盘　　　C．金属托盘　　　D．纸托盘

二、多选题

1. 以下能体现仓储在社会化大生产中的功能的有（　　）。
   A．现货交易的场所　　　　　　B．传递市场信息
   C．衔接产品流通过程　　　　　D．调整生产和消费的时间差别
2. 仓储区域一般可以划分为（　　）。
   A．仓储作业区　　　　　　　　B．辅助作业区
   C．行政办公区　　　　　　　　D．库内道路
3. 库内布局常见的四种动线模式是指（　　）。
   A．I 型动线　　　　　　　　　B．U 型动线
   C．S 型动线　　　　　　　　　D．L 型动线
4. 仓储作业的特点有（　　）。
   A．作业过程不连续　　　　　　B．作业量不均
   C．作业对象复杂　　　　　　　D．作业范围广泛
5. 仓储管理的基本原则包括（　　）。
   A．优质服务　　　　　　　　　B．注重效率
   C．确保安全　　　　　　　　　D．讲求效益

三、资料题

1. 某企业需要建一栋 6000m² 左右的计算机售后备品备件仓储中心（净高约 9m），物料进出类型如下：
   （1）10%的物料为贴纸螺丝、塑料垫等小料件，一包数百个，以后分若干批次出货。
   （2）90%的物料为箱装物料，箱尺寸不一，部分货能整托盘进货，出货时，同一物料很少以整托盘为单位，多数情况下为 A 料 2 箱、B 料 9 箱、C 料 5 箱等。
   试为该企业列举所需要的货架、叉车、托盘等仓储设备的类别并说明理由。
2. 列举某仓储企业宣传片中出现的至少六种不同种类的仓储设备，并说明出现的时间（如几分几秒）以及该设备的特点及适用范围。

四、技能训练题

1. 查找至少三家知名企业当前的仓储类岗位入职要求（最好有岗位说明书或者相对具体的工作要求），对照上述要求，结合自身情况，分析适合哪一种仓储类职业岗位。

2. 在制造业、商业流通业以及仓储企业中，你会选择哪一类企业的仓储部门作为就业方向？请说明具体理由。

3. 分组就近调研仓储型物流企业、制造企业的仓储部门或商业流通企业的仓储部门，分析其现有功能设计。

4. 未来的仓储技术发展对仓储行业、仓储职业将产生哪些方面的影响？你有哪些应对策略？

★五、课程思政实践题

1. 立足中国式现代化的总体目标要求，从我国仓储业目前的主要矛盾、短板与弱项，及未来高质量、绿色化、智能化发展的市场需求出发，结合自身情况，以仓库管理员为初始岗位，撰写一份仓储职业生涯规划书。

2. 当前，我国不少地方还有保存完整的仓库遗址，简要列举如下：河南洛阳含嘉仓和回洛仓、河北深州盈亿义仓、陕西渭南丰图义仓、江苏太仓海运仓、浙江杭州余杭四无粮仓、浙江杭州富义仓、浙江宁波永丰库、浙江湖州练市粮仓。

各位同学可以在学习之余，上网查阅上述遗址资料，有条件的情况下，可至上述仓库遗址调研学习，近距离感受中国古代粮仓文化。

项目二　仓　储　业　务

📖 项目目标

1. 知识目标
（1）掌握入库业务的作业流程和作业要求。
（2）掌握在库业务的作业要求。
（3）掌握出库业务的作业流程和作业要求。
2. 技能目标
（1）能按照入库业务的作业流程和作业要求完成入库作业。
（2）能按照在库业务的作业要求完成货品存放、保管与养护、盘点、检查等工作。
（3）能按照出库业务的作业流程和作业要求完成出库作业。
3. 素养目标
（1）具备业务操作的执行力。
（2）能按章办事、按制度办事。
（3）能尝试就所遇到的问题提出创新性解决办法。

📖 重点难点分析

1. 重点分析
（1）货品接运与货品验收作业及作业要求。
（2）货品在库盘点作业及作业要求。
（3）分拣作业及作业要求。
（4）入库、出库作业流程及其严格执行。
2. 难点分析
（1）货品验收过程中常见问题及其处理。
（2）盘点作业方法及作业要求。
（3）分拣作业方式及其选择。
（4）出库过程中常见问题及其处理。

本项目的思维导图

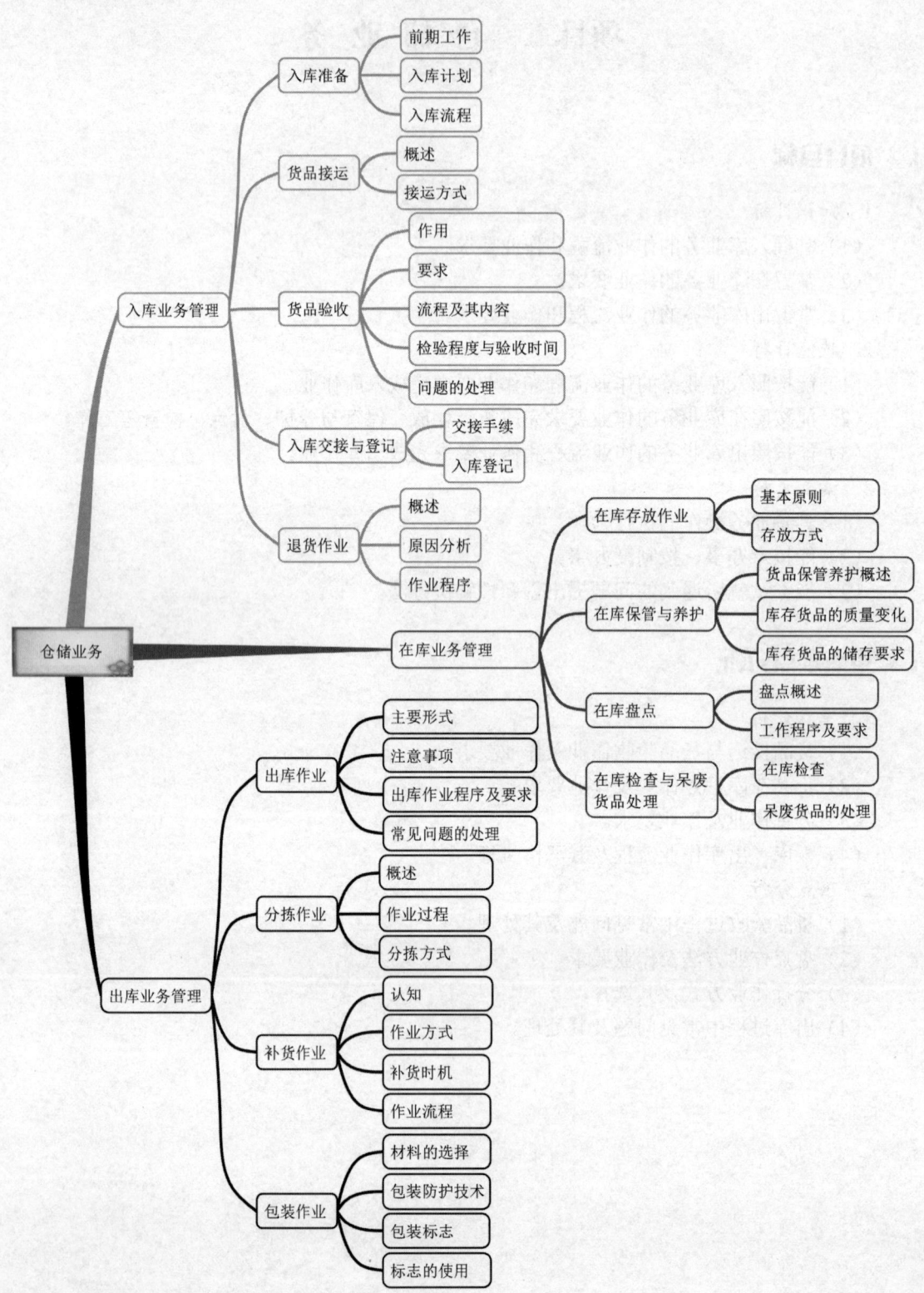

任务一　入库业务管理

◆ **情境案例**

小商时常听小智诉苦。同为仓管员，小商只需要按公司对入库业务流程的要求，在接到供应商的送货通知后，做好入库准备，供应商送货到库后，再做好数量检验，即可安排叉车工送货上架。而小智的入库业务做得并不顺畅，倒不是说入库业务流程不清晰，只是其中的检验环节实在太麻烦了。拿最常见的电动机检验来说，供应商送来电动机后，小智和同事首先要做数量验收，核对规格数量后，放入待检区，等待品管部的质检员来做质量检验，这也是麻烦的开始。质检员根据到货的数量，按公司规定随机抽取若干台电动机进行质检，质检时间少则两三天，多则一两周，这段时间里，小智的电动机入库业务只能暂停，不但要随时应对质检员的其他要求，还要应对供应商的不断催促。其实，小智能够体谅质检员的工作，毕竟质检工作不是那么简单的，从外观检验到直流电阻测量、接线情况检查、绝缘电阻测定试验、耐强电压试验、匝间绝缘试验、空载试验、堵转试验等，一个疏忽，就给质量不合格的电动机办理了入库手续，必然会产生一系列连锁反应，不但影响自己公司的效益，还可能影响下游客户的满意度。所以，小智一点也不敢怠慢，一直严格按照公司入库业务流程及操作要求认真完成每一项工作。

◆ **情境分析**

货品入库是仓储业务的第一步，标志着仓储业务的正式开始，入库业务的水平直接影响到整个仓储业务的效率与效益，因此必须给予足够的重视。不同类别企业的入库业务流程大致相同，区别主要在于具体的工作要求，比如上述检验工作。

通过本任务的学习，你将能够处理一般情况下的收货入库任务，对于货品的验收作业，需要具备一定的货物学知识，尤其是有一定技术含量的货物更需如此，可在日常学习中多加积累。

◆ **基础知识**

入库业务通常来自企业的采购合同或与客户企业签订的仓储合同，是履行采购合同或仓储合同过程中的一个环节，对于制造企业来讲，入库业务既包括外购件、原材料的入库，也包括生产部所完成的成品的入库。入库业务是仓储业务的开始，是根据货品进入库、场、站的情况进行接运、卸货、搬运、清点、检查、检验、整理、堆码、办理入库手续等一系列工作的总称。入库业务具体分为货品入库准备、货品接运、货品验收、入库交接和登记。

一、入库准备

（一）前期工作

1. 入库申请

入库业务之入库准备

入库申请是生成入库作业计划的基础和依据，是存货人（供应商）对仓储服务产生需求并向仓储部门发出需求通知，即送货通知单。从作业流程来说，退货申请也是一种入库申请。送货通知单是存货人给仓库的一个委托，即存货人向仓储部门提出入库申请的书面形式，在一批货品由司机送达仓库前告知仓库,仅仅起到预报入库信息的作用。

送货通知单的内容可包括编号、日期、订单号、供应商(存货人)、承运单位、联系人、货品编号、货品属性、货品件数、货品重量、包装材质及规格、存放要求等信息。这些信息是仓储部门做好入库作业计划的重要基础。

仓储部门接到申请后,对此项业务进行评估,并结合自身业务状况作出反应:接受此项业务,制订入库作业计划,做好各项准备工作;拒绝该项业务,并向相关方作出合理解释。

2. 作业准备

(1)加强日常业务联系。仓储部门根据储存情况,经常与存货方、业务部门、生产厂或承运方联系,了解即将到库货品的情况,掌握入库货品的品种、类别、数量和到库时间,据此安排入库的准备事项。一般来说,货品入库,存货方或业务部门要提前(至少一天)通知仓储部门,以便做好接货的各项准备工作,仓储部门对业务部门安排储存的货品不得挑剔。

(2)妥善安排仓容。接到入库申请并确认无误后,应根据入库货品的性能、数量、类别,结合分类保管的要求,核算所需的货位面积(仓容),确定存放位置以及必要的验收场地。对于新货品或不熟悉货品的入库,要事先向存货方详细了解货品的性质、特点、保管方法和有关注意事项,以便货品入库后做好保管与养护工作。

(3)合理组织人力。根据货品入库的数量和时间,做好收货人员和搬运、堆码等工作安排。采用机械操作的要定人、定机,事先安排作业序列,做好准备。

(4)准备验收和装卸搬运的机具。为保证入库作业的顺利进行,根据入库货品验收内容和方法,以及货品的包装和重量,准备齐全清点、验收货品数量、质量、包装、装卸、堆码等所有的用具。要做到事先检查,保证准确有效。

(5)准备苫垫、劳保用品。根据入库货品的性能、数量和储存场所的条件,核算所需苫垫用品的数量,对于底层仓间和露天场地存放货品,更应注意苫垫用品的选择和准备。同时根据需要准备好劳保用品。

(二)入库计划

入库计划,即入库作业计划,是入库作业的依据。具体而言,入库计划是指仓储部门在接收货品之前,根据本部门和存货人等内外部实际情况,权衡存货人需求和仓库存储可能性,提出的具体入库作业安排。为仓储业务活动制订计划,有利于科学、合理地安排好仓储业务,这也是仓储主管的主要职责之一。

1. 入库计划的作用

(1)利于安排仓容,提高仓容利用率。采用事先计划的方式预先掌握准备存入仓库的货品品种、数量、包装、体积等情况,对如何安排这些货品做好充分的准备,使仓库能根据货品的入库时间腾出满足货品储存要求的空间,以使有限的仓库容量得到合理的调度。

(2)便于人员、设备的合理调配。入库作业计划有助于方便地了解未来一段时间内货品进出仓库时所需组织的入库作业,根据这些作业的要求,管理者有时间事先筹划好对各作业环节的人员、设备和其他资源的安排,使企业资源得到充分合理的利用并发挥最佳效能。

(3)利于降低仓储费用。仓储资源得到合理使用,能减少因工作安排上的混乱所造成的种种浪费。费用的节约将增加企业的经济效益。

2. 影响入库作业计划编制的因素

(1)供应商的送货方式。这将直接影响到入库作业的组织和实施。

1）每天平均送货的供应商数量及最大量。入库作业时应充分考虑每天送货供应商的数量和均衡性，以做到人员安排的合理性，以及设施设备等资源配置的合理性与经济性。

2）送货的车型与车辆台数。送货的车型主要影响卸货月台的合理安排，以及卸货方式是采用人工卸货还是机械卸货。同一或邻近时间到达仓库的车辆的台数直接影响作业人员的配置和作业设备、作业方式的选择。

3）每台车平均卸货的时间。每台车平均卸货的时间是用来衡量入库作业效率的重要指标，每台车平均卸货的时间越短，服务水平就越高，对设施设备机械化、自动化的程度要求就越高。

4）货品到达的高峰时间。货品到达的高峰时间是制定作业人员轮班轮岗的重要依据，要合理安排不同班次的作业人数，以做到作业人员的作业量和劳动强度的均衡性，既可以降低成本又可以保证服务水平。

5）货品的装车方式。散货装车，卸货时应充分利用货品自身的重力；件杂货且经过配装，则卸车以人工为主，尽量采用不落地的装卸搬运方式；以单元形式装车，则尽可能选择机械作业方式。

6）货品的转运方式。如果是直达转运，则无需卸车和入库；如果是直通转运，则需卸车，而无需入库；如果是储存分拣转运，则需要卸车和入库；如果是流通加工转运，则不但需要卸车和入库，还需要分拣和加工。

（2）货品的种类、特性与数量。货品的种类、特性与数量直接影响到接货方式、人员安排、装卸搬运及其他仓储设施设备的配备、库区货位的分配、苫垫材料的选择等。

1）每天平均送达的货品品种。平均每天送达的货品品种越多，货品之间的理化性质差异也就越大，对作业环节影响越大。

2）单位货品的尺寸与重量。单位货品的尺寸与重量对装卸搬运、堆码上架、库区货位的确定等作业会产生影响。

3）货品的包装形态。货品包装形态的差异会对装卸搬运工具与方式、库区货位的确定、堆存状态产生影响。

4）货品的保质期。货品保质期的长短直接影响货品的在库周期，保质期短的货品入库存储宜选用重力式货架，以严格保证"先进先出"，延长货品后续的销售周期和消费周期。

5）货品的 ABC 类别。A 类货品一般放在方便入出库的位置，如靠近入口、出口的地方，或是货架的底层。关于 ABC 分类方法，详见项目三任务二的 ABC 重点控制法。

6）装卸搬运方式。入库货品的形态决定货品入库时的装卸搬运作业方式。仓储企业在进行人员配置、装卸搬运设备的选择时，应充分考虑仓储对象的形态，以形成经济、合理的科学决策。

（3）仓库设备及存储方式。仓库的存储方式通常分为货架储存和就地堆垛。运用货架储存，仓库设备的利用程度较高，叉车、传送带、货架储位的可用性就是入库作业需要考虑的因素，而就地堆垛的存储方式以人工装卸居多。若仓库设备先进，而且均为货架储存，其操作简单，现场干净整齐，仓容利用率高；若仓库设备简陋，基本依赖人工操作，现场一般比较混乱，仓容利用率低，管理难度大。

同时要考虑货品在库期间的作业状态，是否需要拆捆、开箱、拆零、再包装等，以便为入库安排提供帮助。

3. 入库作业计划的主要内容

入库计划编制人员应科学分析到库货品的品种、规格、数量、包装状态、包装体积、到货时间、货品存期、货品理化特性和保管要求、仓库存储能力、仓储设备条件，编制合理的作业计划，并将作业计划下达到各相应的作业人员。

（1）明确接运方式、送货车辆到达的时间及送货车型。
（2）货品的数量、包装形式、规格等。
（3）货品所需占用的仓容大小和货位安排（应考虑货品的 ABC 类别）。
（4）为了方便装卸、搬运，计划车辆的停放位置（月台）。
（5）安排货品的暂存位置。
（6）确定入库作业的业务小组。

【实例 2-1】仓位需求数量的计算

平面库货位需求测算　　立体库货位需求测算

（三）入库流程

企业类型不同，入库流程不同，即便是同一种类型的不同企业，根据业务需求，入库流程也会有所不同。仓储作业人员应熟练掌握所在公司的业务流程、操作规范，并认真执行，做到知行合一。仓储管理人员还应掌握流程图的绘制方法，能够根据业务描述绘制出流程图，在积累了一定工作经验的情况下，能对已有业务流程进行优化，能根据客户需求设计新的业务流程。此处以企业入库流程为例来做说明。

【实例 2-2】某仓储企业的入库流程（图 2-1）

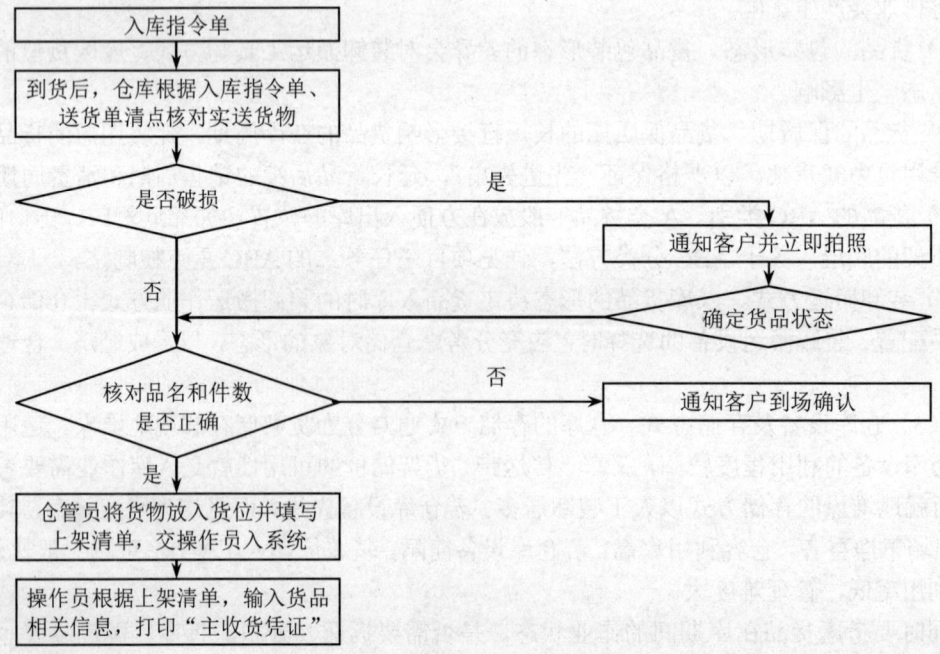

图 2-1　某仓储企业的入库流程

【实例2-3】某电子商务企业采购订单入库流程（图2-2）

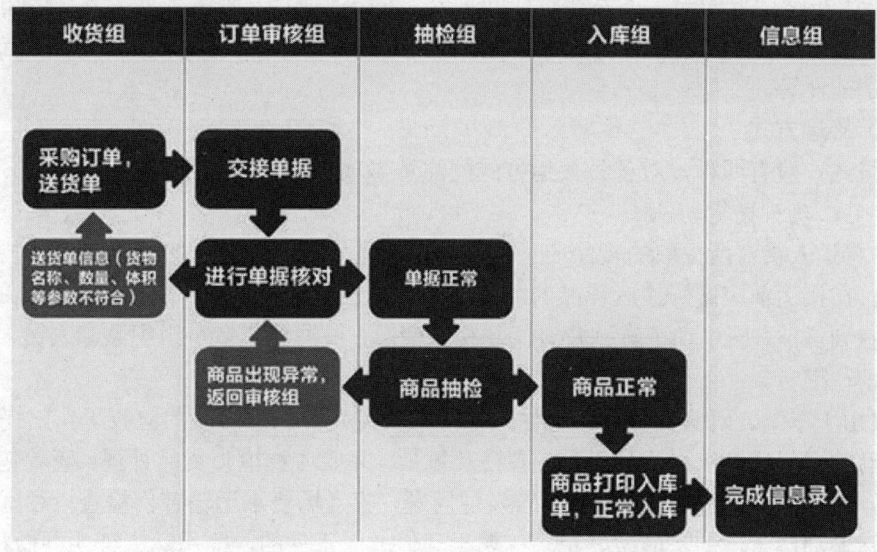

图2-2 某电子商务企业采购订单入库流程

【资料2-1】果蔬入库注意事项

入库业务之货品接运

二、货品接运

（一）货品接运概述

货品接运是入库的第一道作业环节，也是仓储部门直接与外部发生的经济联系。其主要任务是及时而准确地提取货品，要求手续清楚、责任分明，为验收工作创造有利条件。接运工作是仓储业务活动的开始，是货品入库和保管的前提，接运工作的质量直接影响货品的验收和入库后的保管与保养。

货品到达仓库的形式不同，除了小部分由收货方直接到发货方提货，再运回收货方仓库外，大部分要经过铁路、公路、水运、空运和短途运输等进行转运。凡经过承运方转运的货品，均需经过接运后才能进行入库验收。因此，在接运由承运方转运的货品时，必须认真检查，分清责任，取得必要的证件。做好货品接运业务管理的主要意义是防止把在运输过程中或运输之前已经发生的货品损害和各种差错带入仓库，减少或避免经济损失，为后续的验收和保管保养工作创造良好的条件。

货品接运可在车站、码头、仓库或专用线进行。接运时，仓库人员首先应进行验单，检查随货品同时到达的送货单，按照送货单开列的收货方、货品名称、规格、数量、交货日期等内容，与货品的各项标志逐项进行核对。在验单过程中应注意，如果发现错送，应当拒收并退回发货方。对于一时无法退回的货品，必须在清点后另行存放，并且要及时做好记录，通知发货方，待以后处理。如果核对无误，可进行卸载。

由于接运工作直接与承运方接触,所以做好接运工作还需要熟悉承运方的要求和制度。例如,发货人与承运方的交接关系和责任的划分,铁路或航运、海运等承运方在运输中应负的责任,收货人的责任,铁路或其他承运方编制普通记录和商务记录的范围,向承运方索赔的手续和必要的证件等。

(二)接运方式

接运方式一般有四种,对各种接运方式的注意事项分别叙述如下。

1. 车站、码头提货

(1)接运人员对所提取的货品应了解其品名、型号、特性和一般保管知识、装卸搬运注意事项等。在接运前应做好接运货品的准备工作,如装卸运输工具、腾出存放货品的场地等。接运人员在到货前,应主动了解到货时间和交货情况,根据到货多少组织装卸人员、设备和车辆,按时前往提货。

(2)由于车站、码头提货的特殊性,接运人员尤其要注意货品的验收工作。提货时应根据运单及有关资料详细核对货品名称、规格及数量,并要注意检查货品外观,查看包装、封存是否完好,有无玷污、受潮、水渍等。若发现问题,应当场要求运输部门检查,对短缺损坏情况,凡属运输部门责任的,应做好记录;属于其他方面责任的,需承运人证明并做相应记录,并由承运人签字。注意记录事项和实际情况要相符。

(3)在短途运输中,要做到不混不乱,避免碰坏损失。危险品应按照危险品搬运规定办理。

(4)货品到库后,接运人员应与仓管员密切配合,尽量做到验收、入库、堆码、上架成一条龙作业,从而缩短入库验收时间,及时完成内部交接手续。

2. 仓库自行接货

仓库接受货主委托直接到供货方提货时,应将接运与检验工作结合起来同时进行。仓库根据提货通知,了解所提货品的性能、规格、数量,准备好提货所需的设备、工具、人员,配合仓管员在供方当场检验质量、清点数量,并做好验收记录,接货与验收合并一次完成。

3. 库内接货

这是目前最为常见的接运方式,即存货方或供货方自行或委托第三方将货品直接送到仓储部门收货的仓库,这种情况下,一般由仓管员或验收人员直接与送货人办理交接手续,当面验收并做好记录。若有差错,应填写记录,由送货人员签字证明,据此向有关部门提出索赔。

4. 专用线接货

(1)接到专用线到货通知后,应立即确定卸货货位,力求缩短场内搬运距离;组织好卸车所需要的设备、人员及有关资料,做好卸车准备。

(2)车皮到达后,引导对位,进行检查。看车皮封闭情况是否良好(即卡车、车窗、铅封、苫布等有无异状),根据运单和有关资料核对到货品名称、规格、标志,并清点件数;检查包装是否有损坏或有无散包;检查是否有进水、受潮或其他损坏现象。在检查中发现异常情况,应请承运方派员复查,做出普通或商务记录,记录内容应与实际情况相符,以便交涉。

(3)卸车时要注意为货物验收和入库保管提供便利条件,分清车号、品名、规格,不混不乱;保证包装完好,不碰坏、不压伤,更不得自行打开包装。应根据货品的性质合理堆放,以免混淆。卸车后应在货品上标明车号和卸车日期。

（4）编制卸车记录，记明卸车货位规格、数量，连同有关证件和资料尽快向仓管员交代清楚，办好内部交接手续。

三、货品验收

货品验收是按照验收业务作业流程，对入库货品进行数量和质量检验的经济技术活动的总称。验收的主要任务是查明到货的数量和质量状态，为入库和保管打基础，防止仓库和货主遭受不必要的经济损失，同时对供货方的货品质量和承运方的服务质量进行监督。

（一）货品验收的作用

所有到库货品，必须在入库前进行验收，只有验收合格才能正式入库。货品验收的必要性体现在：一方面，各种到库货品来源复杂，渠道繁多，从结束其生产过程到进入仓库前，经过一系列储运环节，受到储运质量和其他各种外界因素的影响，质量和数量可能发生某种程度的变化；另一方面，各类货品虽然在出厂前都经过了检验，但有时会出现失误，造成错检或漏检，使一些不合格货品按合格货品交货。

1. 验收是做好货品保管保养的基础

货品经过长途运输、装卸搬运，包装标志容易损坏、散失，没有包装的货品更容易发生变化。这些情况都将影响到货品的保管。所以，只有在货品入库时，将货品实际状况搞清楚，判明货品的品种、规格、质量等是否符合国家标准或供货合同规定的技术条件，数量上是否与供货方附来的凭证相符，才能分类分区按品种规格分别进行堆码存放，才能针对货品的实际情况采取相应的措施进行保管保养。

2. 验收记录是仓库提出退货、换货和索赔的依据

货品验收过程中，若发现货品数量不足、规格不符或质量不合格时，仓库检验人员做出详细的验收记录，据此由业务部门向供货方提出退货、换货，或向承运责任方提出索赔等要求。倘若货品入库时未进行严格的验收，或没有做出严格的验收记录，而在保管过程中，甚至在发货时才发现问题，就会使责任不分，丧失理赔权，从而带来不必要的经济损失。所以，货品只有经过严格的检验，分清货品入库前供货方及各个流转运输环节的责任后，才能将符合合同规定、符合企业生产需要的货品入库。

3. 验收是避免货品积压，减少经济损失的重要手段

保管不合格品，是一种无效的劳动。对于一批不合格货品，如果不经过检查验收，就按合格货品入库，必然造成货品积压；对于计重货品，如果不进行检斤验数，就按有关单据的供货数量付款，当实际数量不足时，就会造成经济损失。

4. 验收有利于维护企业利益

当前，货品的品种规格不断增加，产地和厂家等情况更为复杂，必须依据货品验收工作的程序与制度，严格认真地做好验收工作；否则，数量与质量方面的问题就不能被及时发现。若超过索赔期，即使发现问题，也难以与供货方或承运方交涉，这就会给企业造成重大损失。

（二）验收工作的要求

货品验收是一项技术要求高、责任心要求高、组织严密的工作，关系到整个仓储业务能否顺利进行，所以必须做到及时、准确、严格、经济。

1. 及时

到库货品必须在规定的期限内完成验收工作。这是因为，货品虽然到库，但是未经验收的货品不能入库入账，不能供应给用料部门。只有及时验收，提交检验报告，才能尽快办理入库手续，及时满足用料部门的需要，加快货品和资金周转。货品的托收承付和索赔都有一定的期限，验收时发现货品不合规定要求，要提出退货、换货或赔偿等要求，均应在规定的期限内提出；否则，供方或责任方不再承担责任，银行也将办理拒付手续。

2. 准确

验收的各项数据或检验报告必须准确无误。验收的目的是要弄清货品数量和质量方面的实际情况，验收不准确，就失去了验收的意义。而且，不准确的验收会给人以假象，造成错误的判断，引起保管工作的混乱，严重者还会危及营运安全。

3. 严格

仓库有关各方都要严肃认真地对待货品验收工作。验收工作的好坏直接关系到各方利益，也关系到以后各项仓储业务的顺利开展，因此仓库应高度重视验收工作，直接参与人员更要以高度负责的精神来对待这项工作。

4. 经济

多数情况下，货品在验收时不但需要检验设备和验收人员，而且需要装卸搬运机具及相应工种工人的配合。这就要求各工种密切协作，合理组织调配人员与设备，以节省作业费用。此外，验收工作中，尽可能保护原包装，减少或避免破坏性试验，也是提高作业经济性的有效手段。

（三）验收作业流程及其内容

验收作业流程包括验收准备、核对凭证和实物检验三个环节。

1. 验收准备

仓库接到到货通知后，应根据货品的性质和批量提前做好验收前的准备工作，大致包括以下内容：

（1）人员准备。安排好负责质量验收的技术人员或用料部门的专业技术人员，以及配合数量验收的装卸搬运人员。

（2）资料准备。收集并熟悉待验货品的有关文件，如技术标准、订货合同等。

（3）器具准备。准备好验收用的检验工具，如衡器、量具等，并校验准确。

（4）货位准备。确定验收入库时的存放货位，计算和准备堆码苫垫材料。

（5）设备准备。大批量货品的数量验收，必须要有装卸搬运设备的配合，应做好设备的申请调用。

此外，对于特殊货品的验收，如毒害品、腐蚀品、放射品等，还要准备相应的防护用品。

2. 核对凭证

入库货品应具备以下凭证：

（1）送货通知单和订货合同副本，这是仓库接收货品的凭证。

（2）供货方提供的材质证明书、装箱单、磅码单、发货明细表等。

（3）承运方提供的运单，若货品在交接时发现有残损等情况，还要有承运方提供的货运记录或普通记录，作为向责任方交涉的依据。

核对凭证，也就是将上述凭证加以整理全面核对。送货通知单、订货合同要与供货方提供的所有凭证逐一核对，相符后才可进行下一步的实物检验。

3. 实物检验

所谓实物检验，就是根据有关技术资料的要求，按照一定的方法对实物进行数量和质量检验。

（1）数量检验。数量检验是保证货品数量准确的不可缺少的重要步骤，一般在质量检验之前，由仓库保管职能机构组织进行。

按货品性质和包装情况，数量检验分为三种形式，即计件、检斤、检尺求积。

1）计件。对以件数供货或以件数为计量单位的货品进行数量检验时的清点件数。一般情况下，计件货品应全部逐一点清。固定包装物的小件货品，如果包装完好，打开包装对保管不利，因此国内货品只检查外包装，不拆包检查（贵重货品除外）；进口货品按合同或惯例办理。

2）检斤。对以重量供货或以重量为计量单位的货品进行数量检验时的称重。金属材料、化工产品多数是检斤验收。按理论换算重量供应的货品，先通过检斤，如金属材料中的板材、型材等，然后按规定的换算方法换算成重量验收。对于进口货品，原则上应全部检斤，但如果订货合同规定按理论换算重量交货，则应该按合同规定办理。所有检斤的货品都应填写磅码单。

3）检尺求积。对以体积为计量单位的货品，如木材、竹材、砂石等，先检尺，再求体积所做的数量检验。凡是经过检尺求积检验的货品，都应该填写磅码单。

在做数量检验之前，还应根据货品来源、包装好坏或有关部门规定，确定对到库货品是采取抽验还是全验方式。在一般情况下数量检验应全验，即按件数全部进行点数，按重量供货的全部检斤，按理论换算重量供货的全部先检尺，后换算为重量，以实际检验结果的数量为实收数。

（2）质量检验。质量检验旨在确保仓库中存储的货品达到或超过预定的质量标准。仓库常用的质量检验方法主要有下述三种。

1）感官检验。通过视觉、听觉、触觉、嗅觉等人的感觉器官进行检验。这种检验方法主要用于货品外观检验，是仓储部门常用的质量检验方法。

- 视觉检验：在充足的光线下，利用双眼观察货品的状态、颜色、结构等表面状况，检验货品的包装外形或装饰有无缺陷；检查货品包装的牢固程度；检查货品有无损伤、有无变形，以及破损、脱落、变色、破碎等损害情况；检查货品是否被雨、雪、油污等污染，有无潮湿、霉腐、生虫等。同时检验货品标签、标志是否具备、完整、清晰等，标签、标志与货品内容是否一致。
- 听觉、触觉、嗅觉、味觉检验：通过摇动、搬运操作、轻度敲击货品的声音，或利用手感鉴定货品的细度、光滑度、黏度、柔软程度等来判定有无结块、干涸、融化、受潮，或通过货品所特有的气味、滋味判定是否新鲜，有无变质。

外观有缺陷的货品，有时可能影响其质量，所以对外观有严重缺陷的货品，要单独存放，防止混杂，等待处理。凡经过外观检验的货品，都应该填写"检验记录单"。

【资料2-2】不同类别货品感官检验的具体要求

2）测试仪器检验。利用各种专用测试仪器进行货品性质测定，如含水量、密度、黏度、成分、光谱等测试。在外观检验的基础上，还应配合这种检验方式常见于制造企业，通常由专门的质检部门负责，按既定的操作规程进行，仓储部门需要做好配合工作。

3）运行检验。主要用于对电器、大型设备等的检验，检查操作功能是否正常，常见于制造企业，并由专门的质检部门负责。

【资料2-3】纸张入库验收及简易检测方法

（四）检验程度与验收时间

1. 检验程度

检验程度是指对入库货品实施数量和质量检验的数量，分为全验和抽验。原则上应采用全验的方式，对于大批量、同包装、同规格、较难损坏的货品，包装严密，拆开包装之后容易损及货物质量的或不易恢复原包装的货品，质量较高、可信赖的可以采用抽验的方式检验。但是在抽查中发现不符合要求的较多时，应扩大抽查范围，甚至全验。

（1）数量检验的程度。以重量交货的货品，在验收时一律按净重计数验收。不带包装和不定尺交货的，一律过磅计重；带包装交货的，毛重检斤率为100%，回皮率为5%~10%，清点率为100%；有标量或按标准定量包装交货的，按标量抽验，抽验率为5%~10%；按理论换算计重交货的，定尺货品检尺率为10%~20%，非定尺货品检尺率为100%，且要注意单位的换算；贵重金属材料，不论是否有包装，均100%过净重。

以件数交货的货品，在验收时全部点清件数，带有附件的和成套的机电设备，不仅要清点主件和主机，还要清点附件和部件、零件和工具；定量小包装的货品，若包装完好，可抽验5%~15%，在抽验范围内无差错，则全批合格，若有差错则应全部拆箱点查。

不按件也不按重量交货的货品，应按合同规定的计量方法验收。数量验收中采取检斤称量方式时，每种货品都有一个合理的允许磅差。

（2）质量检验的程度。一般情况下，对带包装的金属材料，抽验5%~10%，无包装的金属材料全部目测查验；入库量10台以内的机电设备，验收率为100%，100台以内，抽验不少于10%；运输、起重设备100%查验；仪器仪表外观质量缺陷查验率为100%；易于发霉、变质、受潮、变色、污染、虫蛀、机械性损伤的货品，抽验率为5%~10%；外包装质量缺陷检验率为100%；对于供货稳定，信誉、质量较好的厂家，特大批量货品可以采用抽查的方式检验质量，对部分极为优质的供应商甚至可以采用免检的方式。

2. 验收时间

货品的数量、外观质量应在入库时进行检验；货品的内在质量，应在合同约定的时间之内进行检验，或者按照仓储惯例在入库10天之内进行检验；进口货品的检验应在到货后的30天之内进行。

（1）验收开始时间。货品和验收单及有关资料全部到齐之日起开始计算时间。无法验收的混杂货品，与货主商定验收办法之日起计算时间。

（2）验收终了时间。货品验收完毕，入库单签出之日为终了时间。签出的入库单要在当天送交统计员，延时送出的要按送到之日改填入库的签出日期。

（3）验收天数。一般按入库单计算，一单一批。对于批量较大的货品，如需分割验收，必须经货主同意，由货主分割批数，开具配套的分割入库单，仓库根据分割的入库单计算验收天数。

（4）当日收、签单验收天数的计算。当日下达入库单，当日签返的，按一天计算。

（5）节假日验收天数的统计。计算验收天数要扣除法定节假日，但不扣除每周公休日。

（五）验收中发现问题的处理

货品验收中，可能会发现诸如证件不齐、数量短缺、质量不符合要求等问题，凡验收中发现问题等待处理的货品，应该单独存放、妥善保管，防止混杂、丢失、损坏，同时应区别不同情况，及时处理。

1. **数量短缺**

数量短缺在规定磅差范围内的，可按原数入账；凡超过规定磅差范围的，应查对核实，做成验收记录和磅码单交业务部门会同货主向供货方办理交涉；凡实际数量多于原发料量的，可由业务部门向供货方退回多发数或补发货款。在货品入库验收过程中发生的数量不符情况，可能是因为发货方在发货过程中出现了差错，误发了货品，或者是在运输过程中漏装或丢失了货品等。在货品验收过程中，如果对数量不进行严格的检验，或由于工作粗心，忽视了货品数量的短缺，就会给仓库造成直接的经济损失。

2. **质量不符合规定**

凡质量不符合规定的，应及时向供货方交涉退货、换货事宜，或征得供货方同意代为修理，或在不影响使用的前提下降价处理。货品规格不符或错发时，可根据企业要求，先将规格无误的予以入库，将规格有误的提交验收记录给业务部门办理换货。

3. **证件问题**

证件未到或不齐时，应及时向供货方索取，到库货品应作为待检验货品堆放在待验区，待证件到齐后再进行验收；证件未到之前，不能验收，不能入库，更不能发料。"送货通知单"或其他证件已到，在规定的时间未见货品到库时，应及时向业务部门反映，以便查询处理。

4. **发生损坏**

凡属承运方造成的货品数量缺少或外观包装严重残损等，应凭接运提货时索取的"货运记录"向承运方索赔。实践中，往往是由支付运费的一方来索赔，其他相关各方应给予密切关注和积极配合。

5. **价格不符**

凡价格不符的，供货方多收部分应该拒付，少收部分经过检查核对后应主动联系，及时更正。

四、入库交接与登记

入库货品验收无误后，即可办理交接手续并建立仓库台账；随后，可按入库计划的安排进行堆码、搬运至货位（上架）等作业。

入库业务之入库交接与登记

关于入库的货位安排、上架等，在入库计划部分已有所提及；关于堆码作业，将在下一个任务的"在库存放作业"中进行详细说明。

（一）交接手续

交接手续是指仓库对收到的货品向送货人进行的确认，表示已接收货品。办理完交接手续，意味着划分清运输、送货部门和仓库的责任。完整的交接手续包括三个步骤。

1. 接收货品

仓库通过理货、查验货品，将不良货品剔出、退回或者编制残损单证等明确责任，确定收到货品的确切数量、货品外观状态良好。

2. 接收文件

接受承运人送交的货品资料、运输的货运记录、普通记录等，以及随货在运输单证上注明的相应文件，如图纸、准运证等。

3. 签署单证

仓库与存货人或承运人共同在送货人交来的送货单、交接清单上签字，各方签署后留存相应单证。提供相应的入库、查验、理货、残损单证，事故报告由送货人或承运人签署。这一步骤标志着仓库已接收货物，并且各方责任已经明确。

（二）入库登记

1. 登账

货品入库，仓库应建立详细反映货品仓储的明细账，登记货品入库、结存的详细情况，用以记录库存货品动态和入库过程。登账的主要内容有货品名称、规格、数量、件数、累计数或结存数、存货人、批次、金额，注明货位号或运输工具、收（发）货经办人。使用了仓储管理系统（WMS）的仓库，将入库信息直接录入系统即可。

2. 立卡

货品入库或上架后，仓库管理人员需要根据入库货品资料、接收货品情况制作料卡，这一工作称为立卡。料卡又称为货卡、货牌，插放在货架上货品下方的货架支架上或摆放在货垛正面明显位置。料卡的主要内容有货位号、货品名称、规格、批号、来源、进货日期、存货人、该垛数量、（接货人）制单人等。此外，具有不同特点的仓库可以设置其他项目。智能化仓储实现了电子化料卡，能够给仓储作业带来极大的便利。

3. 建档

仓库应对所接受仓储的货品建立存货档案，以便货品管理和保持客户联系，也为将来可能发生的争议保留凭据。同时有助于总结和积累仓库管理经验，研究仓储管理规律。存货档案应按一货一档设置，将该种货品入库、保管、交付的相应单证、报表、记录、作业安排、资料等的原件或复印件存档。存货档案的内容主要包括：

（1）货品技术资料、合格证、装箱单、质量标准、送货单、发货清单等。

（2）货品运输单据、货运记录、残损记录、装载图等。

（3）送货通知单、验收记录、磅码单、技术检验报告。

（4）保管期间的检查、保养作业、通风、除湿、翻仓、事故等直接操作记录，存货期间的温度、湿度、特殊天气的记录等。

（5）交接签单、检查报告等。

（6）回收的仓单、货垛牌、仓储合同、存货计划、收费存根等。

（7）其他有关该货品仓储保管的特别文件和报告记录。

【实例2-4】某家电销售公司入库作业规范

退货作业

五、退货作业

（一）退货作业概述

退货作业是指仓储部门按订单或合同将货品发出后，由于某种原因，客户将货品退回仓库所产生的活动。

退货作业既存在于生产制造企业和商业流通企业的仓储管理过程中，也存在于仓储型物流企业的仓储管理中。一般而言，退货作业是客户服务的一部分，一定程度上是企业为了维持较高的客户服务水平而必须开展的作业活动。某知名电子商务公司，承诺无条件退货，甚至成立了专门的客退部门来处理退货。

由于退货作业是将货品退回仓库的，所以从作业内容上来看，退货作业属于入库作业这个类别，只是与常规入库作业的程序和要求有一定区别。此外，不同企业，对退货作业的要求有一定的差别。

（二）退货原因分析

1. 协议退货

与仓库订有特别协议的季节性货品、试销货品、代销货品等，待协议期满后，剩余货品仓库予以退回。

2. 质量问题

对于不符合质量要求的货品，收货方提出退货，仓库应按一定的作业程序予以退换。

3. 搬运途中损坏

货品在搬运过程中造成包装破损或污染，仓库将予以退回。

4. 货品过期

食品及有保质期的货品在送达收货方时或销售过程中超过货品的有效保质期，仓库予以退回。

5. 货品送错

送达客户的货品不是订单所要求的货品，如条码、品项、规格、重量、数量等与订单不符，都必须退回。

6. 无理由退货

一般是指七天无理由退货。根据《中华人民共和国消费者权益保护法》第二十五条，经营者采用网络、电视、电话、邮购等方式销售商品，消费者有权自收到商品之日起七日内退货，且无须说明理由，但下列情况除外：消费者定做的，鲜活易腐的，在线下载或者消费者拆封的音像制品、计算机软件等数字化商品，交付的报纸、期刊。

此外，国家市场监督管理总局与中央广播电视总台联合发出倡议，倡议广大实体店经营者自愿参与"七日线下购物无理由退货承诺"，积极完善售后服务体系，希望实体店经营者积极行动起来，主动承诺，认真践诺，为营造安全放心的消费环境、增强消费对经济发展的基础性作用作出贡献。

无论哪种形式、哪种途径，这些退回的货品最终都将回到仓库，由仓储部门进行处理。

（三）退货作业程序

1. 接受退货

仓库接受退货要有规范的程序与标准，如什么样的货品可以退、由哪个部门来决定、信息如何传递等。

仓库的业务部门接到客户传来的退货信息后，要尽快将退货信息传递给相关部门，运输部门安排取回货品的时间和路线，仓库人员做好接收准备，质量管理部门人员确认退货的原因。一般情况下，退货由送货车带回，直接入库。批量较大的退货，要经过审批程序。

2. 重新入库

对于客户退回的货品，仓库的业务部门要进行初步的审核。由于质量原因产生的退货，要放在不良品区，以免和正常货品混淆。退货货品要进行严格的重新入库登记，及时输入企业的信息系统，核销客户应收账款，并将退货信息通知货品供应商。

3. 财务结算

退货发生后，对整个供应系统造成的影响是非常大的，如对客户端的影响、仓库在退货过程中发生的各种费用、货品供应商要承担相应货品的成本等。

如果客户已经支付货品费用，财务要将相应的费用退给客户。同时，由于销货和退货的时间不同，同一货品价格可能出现差异，同质不同价、同款不同价的问题时有发生，所以财务部门在退货发生时要进行退回货品货款的估价，将退货货品的数量、销货时的货品单价以及退货时的货品单价信息输入企业的信息系统，并依据销货退回单办理扣款业务。

4. 跟踪处理

退货发生时，要跟踪处理客户提出的意见、统计退货发生的各种费用、通知供应商退货的原因并退回生产地或履行销毁程序。退货发生后，首先要处理客户端提出的意见。由退货所产生的货品短缺、对质量不满意等客户端的问题是业务部门要重点解决的。退货所产生的物流费用比正常送货高得多，所以要认真统计、及时总结，将此信息反馈给相应的管理部门，以便制定改进措施。退回仓库的货品要及时通知供应商，退货的所有信息要传递给供应商，如退货原因、时间、数量、批号、费用、存放地点等，以便供应商能将退货货品取回，并采取改进措施。

【实例2-5】某童装公司服装仓储季末退货处理

任务二　在库业务管理

◆ 情境案例

小高一直很庆幸自己的仓管员工作比较轻松，同事关系融洽，入库作业简单，发生横向业务联系的部门也不多，即便是有一些存货，在仓库里的时间也不太久，很快就会发运出去，直到某个周一的上午，小高所在部门接到 A 公司的盘点要求。A 公司是小高所在公司的大客户，近几年给公司贡献的利润占公司总利润的 30%以上。由于公司领导层间的信任，且小高所在公司提供的仓储服务水平一直较高，所以即便小高所在仓库一直保有 A 公司平均上百万元的库存，A 公司也一直未曾提出盘点。而这次的盘点要求是由 A 公司一名高管的离职引发的，这名高管一直负责与小高所在公司的业务联系。小高所在公司从上至下高度重视此次盘点，具体盘点任务落实给了小高所在部门的主管，要求在一周内完成盘点工作，并提交一份盘点报告。

◆ 情境分析

　　盘点是在库业务管理中的一项重要工作。盘点的时间节点有很多，多数企业是将定期盘点和不定期盘点相结合进行的，像上述案例中，A 公司长期不提出盘点的情况是非常少见的。此外，盘点过程中还会兼顾对在库货品的检查，对发现的问题也需要进行及时、妥善的处理。

　　通过本任务的学习，你将掌握在库存放、货品保管与养护、在库盘点、在库检查等作业的具体要求，对货品的保管和养护作业还需要具备一定的货物学知识，这需要在日常学习中不断积累。

◆ 基础知识

一、在库存放作业

（一）存放的基本原则

1. 分区分类存放

分区分类存放是仓库保管的基本要求，是保证货品质量的重要手段。

（1）不同类别的货品分类存放，甚至需要分区分库存放。

（2）不同规格、不同批次的货品要分位、分堆存放。

（3）残损货品要与原货分开。

（4）完成分拣的货品应分位存放，以免混串。

（5）不同流向、不同经营方式的货品也要分类存放。

（6）灭火方式不同的货品要分开存放。

仓储货位优化　　在库存放作业

2. 适当的搬运活性

为了减少作业时间、次数，提高仓库物流速度，应根据货品作业的要求，合理选择货品的搬运活性。对搬运活性高的货品应摆放整齐，以免堵塞通道，浪费仓容。

【资料 2-4】搬运活性指数

3. 货垛稳固，尽可能码高

为了充分利用仓容，存放的货品要尽可能高，使货品占用最小的储存面积。尽可能码高，包括采用码垛码高和使用货架在高处存放，以充分利用空间。货品码垛必须稳固，避免倒垛、散垛，要求叠垛整齐、放位准确，必要时采用稳固方法，如垛边、垛头采用纵横交叉叠垛，使用物料加固等。同时，只有在货垛稳固、不损坏货品的情况下才能码高。

4. 面向通道，不围不堵

仓库必须留出相应的通道，方便货品的进出和消防用途。面向通道包括两方面：一是码垛存放货品的正面（货品的正面是指标注主标志的一面）尽可能面向通道，以便查看；二是所有货品的货垛、货位都有一面与通道相连，处在通道旁，以便能对货品进行直接作业。只有在所有货位都与通道相通时，才能保证不围不堵。面向通道、不围不堵的堆码现场如图2-3所示。

图2-3　面向通道、不围不堵的堆码现场

5. 货品堆码应留出适当的距离

货品堆垛时，不能依墙、靠柱、碰顶、贴灯，不能紧挨旁边的货垛，必须留有一定间距，即所谓"五距"。根据公安部发布的《仓储场所消防安全管理通则》（GA 1131—2014）（见附录I），墙距、柱距、顶距、灯距和垛距等"五距"要求是强制执行标准。

在库存放的五距详解

（1）墙距。为了防止仓库墙壁和货场围墙上的潮气对货品的影响，也为了散热通风、消防工作、建筑安全、收发作业，货垛必须留有墙距，"物品与墙之间的距离不小于0.5m"。墙距可分为仓库墙距和货场墙距，其中仓库墙距又分为内墙距和外墙距。内墙距是指货品离没有窗户墙体的距离，此处潮气相对小些；外墙距是指货品离有窗户墙体的距离，这里湿度相对大些。

（2）柱距。为了防止仓库柱子的潮气影响货品，也为了保护仓库建筑物的安全，必须留有柱距。"物品堆垛与柱之间的距离不小于0.3m"。

（3）顶距。货垛堆放的最大高度与仓库、货棚屋顶横梁间的距离，称为顶距。顶距便于装卸搬运作业，能通风散热，有利于消防工作，有利于收发、查点。"堆垛上部与楼板、平屋顶之间的距离不小于0.3m（人字屋架从横梁算起）。"

（4）灯距。货垛与照明灯之间的必要距离，称为灯距。为了确保储存货品的安全，防止照明灯发出的热量引起邻近货品燃烧而发生火灾，货垛必须留有足够的安全灯距。"灯距应不少于0.5m。"

（5）垛距。货垛与货垛之间的必要距离，称为垛距，常以支道作为垛距。垛距能方便存取作业，起通风、散热的作用，方便消防工作。"物品堆垛与堆垛之间的距离不小于1m。"

【实例2-6】某公司仓库货品摆放及规划的原则

（二）存放方式

确定货品的存放方式时，应综合考虑货品的特性、包装形状和方式，货品质量，方便作业、充分利用仓容，以及仓库的具体条件。

1. 货架存放

货架存放适用于小件、品种规格复杂且数量较少、包装简易或脆弱、易损害不便堆垛的货品，特别是那些自身价值较高，需要经常进行点数的货品。常用的货架有多层隔板货架、多层托盘货架等，部分特殊货品需要用到悬臂架、橱柜架、U形架、板材架、栅格架、钢瓶架等。

2. 散堆存放

散堆存放适用于没有外包装、堆放在露天场所的大批货品，如煤炭、矿石、黄沙等，也可用于库内少量存放的谷物、碎料等散装货品。

3. 堆垛法存放

对于有包装（如箱、桶、袋、箩筐、捆、扎等）的货品，包括裸装的计件货品，宜以堆垛的方式进行储存。堆垛法存放能充分利用仓容，使仓库内货品整齐，便于保管和作业。前面已提到在托盘上码垛的重叠式、交错式等，这里再介绍几种堆垛法存放的方式。

【资料2-5】码垛、堆垛、堆码、码放词语释义

（1）重叠式。重叠式也称直堆法，即一件压一件，逐件、逐层向上重叠堆码的堆码方式。为了保证货垛稳固安全，在码到一定层数（一般为5层）后，应改变方向继续向上码放，或者长宽各减少一件继续向上码放（俗称四面收半件）。这种方法操作便捷，但稳定性较差，适用于袋、箩筐、箱装货品，以及平板、片式货品等。

（2）交错式。交错式有纵横交错式、正反交错式、旋转交错式三种方式。货品码放时每层都改变方向，将长短一致、宽度排列能够与长度相等的货品，一层横放、一层竖放，交错堆码，形成方形垛。

（3）仰俯相间式。对上下两面有大小差别或凹凸的货品，如槽钢、钢轨、箩筐等，将货品仰放一层，再反一面俯放一层，仰俯相间相扣。该方法码垛稳定性很好，但操作不便。

（4）压缝式。将底层并排摆放，上层放在下层的两件货品之间。如果每层货品都不改变方向，则形成梯形；如果改变每层货品的方向，则类似于纵横交错式。

（5）宝塔式。宝塔式堆垛与压缝式堆垛类似，但压缝式堆垛是在两件物体之间压缝上码，宝塔式堆垛则在四件物体的中心上码，逐层缩小，如电线电缆。

（6）通风式。货品在堆码时，每件相邻的货品之间都预先留出空隙，以便通风。层与层之间采用压缝式或纵横交错式。此法适用于对通风要求较高的货品的堆垛。

(7) 衬垫式。码垛时，在每层或每间隔几层货品之间夹进衬垫物，利用衬垫物使货垛的横断面平整，货品互相牵制，以加强货垛的稳固性。衬垫物需要视货品的形状而定。此法适用于四方整齐的裸装货品，如无包装电动机、水泵等。

(8) 直立式。直立式为货品保持垂直方向码放的方法，适用于不能侧压的货品，如玻璃、油桶、油毡、塑料桶等。

(9) 栽柱式。在货垛的两旁栽上两至三根木柱或钢棒，然后将材料平铺在柱中，每层或间隔几层在两侧相对应的柱子上用铁丝拉紧，以防倒塌。此方法多用于金属材料中的长条形材料，如圆钢、中空钢。

(10) "五五化"。"五五化"堆垛就是以五为基本计算单位，堆码成各种总数为五的倍数的货垛，以五或五的倍数在固定区域内堆放，使货品"五五成行、五五成方、五五成包、五五成堆、五五成层"，堆放整齐，上下垂直，过目知数，流动后零头尾数要及时合并。此法便于货品的数量控制、清点盘存。

【资料 2-6】"五五化"堆垛

【资料 2-7】不同类别货品的堆存方式

二、在库保管与养护

在库保管与养护

(一) 货品保管养护概述

1. 货品保管养护的概念

在货品储存过程中，对货品所进行的保养和维护工作，称为货品保管养护。货品保管养护是仓储管理的基本任务，库存损耗是衡量仓储管理水平的重要指标。货品保管养护是一项综合性、科学性的应用技术工作。货品由生产部门进入流通领域后，需要分别对不同性质的货品在不同储存条件下采取不同的技术措施，以防止其质量劣化。"预防为主，防治结合"是货品保管养护的基本方针。

货品保管养护的方法来源于实践，通过把实践成果上升到理论再指导实践才会让保管养护技术不断得到提高、创新和发展。由于构成的原料不同、性质各异，货品受到相关自然因素影响而发生质量变化的规律与物理、化学、生物、微生物、气象、机械、电子、金属学等多门学科有密切的联系。

2. 货品保管养护的目的

货品保管养护的目的就是了解货品在储存期间发生质量劣化的影响因素和变化规律，研究并采取相应的控制技术，以维护其使用价值，保障企业经济效益的实现。同时，还要研究并制定货品的安全储存期限和合理的损耗率，以提高仓储管理水平。

3. 货品保管养护的任务

对于仓储管理人员来说，货品保管养护的基本任务就是面向库存货品，认识和掌握各种库存货品变化的规律和相关行业知识，根据库存数量、发生质量变化速度、危害程度、季节变化，按轻重缓急分别研究并制定相应的组织管理和技术管理措施，针对货品的不同特性，积极创造适宜的条件，有效地抑制外界因素的影响，最大限度减缓和控制货品的变化速度与程度，维护库存货品的使用价值和价值，最大限度地避免和减少货品损失，节约费用开支，降低保管损耗，为企业创造经济效益和社会效益。

（二）库存货品的质量变化

1. 影响货品质量变化的因素

货品发生质量变化，必然是由某种因素引起的。为了保养好货品，确保货品的安全，必须找出导致变化的因素。通常引起货品变化的因素有内因和外因两种。内因是变化的根据，外因是变化的条件。

（1）影响货品质量变化的内在因素。导致货品发生质量变化的内在因素很多，主要包括货品的物理性质、化学性质、结构等，这些因素之间是相互联系、相互影响的统一整体，工作中绝不能孤立对待。

（2）影响货品质量变化的外在因素。货品存储期间的质量变化，主要是货品内部运动或生理活动的结果，但与储存的外在因素有着密切关系。这些外在因素主要包括空气中的氧气、日光、温度、湿度、微生物和昆虫、卫生条件、有害气体等。

2. 货品质量变化的类型

货品在仓储过程中的质量变化归纳起来有物理机械变化、化学变化、生化变化及其他生物引起的变化。

（1）货品的物理机械变化。这是指货品在外力的作用下，发生形态变化，这种变化只改变货品本身的外表形态，不改变其本质，没有新物质的生成，并且有可能反复进行的质量变化现象。物理机械变化的结果不是数量损失，就是质量降低，甚至使货品失去使用价值。货品常发生的物理机械变化有货品的挥发、溶化、熔化、渗漏、串味、冻结、沉淀、破碎与变形等。

（2）货品的化学变化。货品的化学变化与物理变化有本质的区别。它是构成货品的物质发生变化后，不仅改变了货品的外表形态，也改变了货品的本质，并且有新物质生成，且不能恢复原状的变化现象。货品化学变化过程即货品质变过程，严重时会使货品失去使用价值。货品的化学变化形式主要有氧化、分解、水解、化合、聚合、裂解、老化、曝光、锈蚀等。

（3）生化变化及其他生物引起的变化。生化变化是指有生命活动的有机体货品，在生长发育过程中，为了维持它的生命，本身所进行的一系列生理变化。例如粮食、水果、蔬菜、鲜鱼、鲜肉、鲜蛋等有机体货品，在储存过程中受到外界条件的影响和其他生物作用，往往会发生这样或那样的变化。这些变化主要有呼吸作用、发芽、胚胎发育、后熟、霉腐、虫蛀等。

（三）库存货品的储存要求

货品保管养护不仅是技术问题也是管理问题，更是一门综合性应用科学。对于普通货品的保管养护工作，维持它们的质量、数量、包装的完好，重要的不是技术措施的保证，而是管理水平的高低。制定必要的管理制度和操作规程并严格执行，是各项管理工作的基础。做好货品保管养护，应做好下述几方面的工作。

1. 严格验收入库货品

要防止货品在储存期间发生各种不应有的变化，首先在货品入库时就要严格验收，弄清货品及其包装的质量状况。例如，对吸湿性货品要检测其含水量是否超过安全水平，对其他有异常情况的货品要查清原因，针对具体情况进行处理和采取救治措施，做到防微杜渐。

2. 适当安排储存场所

由于不同货品性能不同，对保管条件的要求也不同，分区分类、合理安排存储场所是货品养护工作的一个重要环节。例如，怕潮湿、易霉变和易生锈的货品应存放在较干燥的仓库里；怕热、易溶化、发黏、挥发、变质或易发生燃烧、爆炸的货品应存在温度较低的阴凉场所；一些既怕热又怕冻，且需要较大湿度的货品应存放在冬暖夏凉的楼下仓库或地窖里。此外，性能相互抵触或易串味的货品不能在同一仓库混存，以免相互产生不良影响。尤其对于化学危险品，要严格按照有关部门的规定，分区分类安排储存地点。

3. 妥善进行堆码苫垫

阳光、雨雪、地面潮气对货品质量影响很大，要切实做好货垛遮苫和垛下苫垫的隔潮工作，如利用石块、枕木、垫板、苇席、油毡或采用其他防潮措施。存放在货场的货品，货区四周要有排水沟，以防积水流入垛下；货垛周围要遮盖严密，以防雨淋日晒。货垛的垛形与高度应根据各种货品的性能和包装材料，结合季节气候等情况妥善处理。

【资料 2-8】垛形

4. 控制仓库温湿度

仓库的温度和湿度对货品质量变化的影响极大，也是影响各类货品质量变化的重要因素。一般来说，库内潮湿有两大原因，一是由外界渗入室内的"水分"，相当于渗漏水；二是为空气冷凝的"潮"，表现为连不可能渗漏的地方都有均匀水珠。仓库中，各种货品由于其本身特性的不同，对温、湿度有一定的适应范围，有安全湿度和安全温度的要求，超过这个范围，货品就易发生不同程度的变化。因此，仓库应根据库存货品的性能要求，适时采取密封、通风、吸潮和其他控制与调节温、湿度的方法，力求把仓库温、湿度保持在适合货品储存的范围内，以维护货品质量安全。温湿度计如图 2-4 所示。

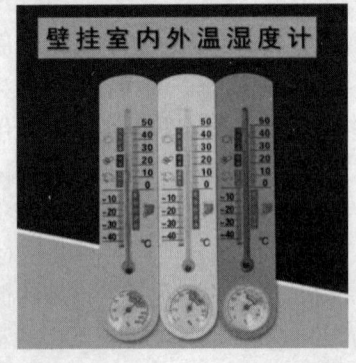 

图 2-4　温湿度计

【资料 2-9】仓库的温湿度控制

5. 认真进行货品在库检查

做好货品在库检查，对维护货品质量具有重要作用。库存货品质量发生变化，如不能及时发现并采取措施进行处理，就会造成损失，甚至扩大损失。因此，对库存货品的质量情况应进行定期或不定期检查。检查应特别注意货品的温度、水分、气味，以及包装物的外观、货垛状态是否有异常。关于在库检查，在本任务的"四、在库检查与呆废货品处理"中还有更为详细的介绍。

6. 做好仓库清洁卫生

储存环境不清洁，容易引起微生物、虫类寄生繁殖，危害货品。因此，对仓库内外环境应经常清扫，铲除仓库周围的杂草、垃圾等物，必要时使用药剂杀灭微生物和潜伏的害虫。对容易遭受虫蛀、鼠咬的货品，要根据货品性能和虫、鼠生活习性及危害途径，及时采取有效的防治措施。

三、在库盘点

在库盘点

（一）盘点概述

1. 盘点的概念

《物流术语》（GB/T 18354—2021）中，盘点（Stock Checking）的定义是：对储存物品进行清点和账物核对的活动。在仓储过程中不断地进行着入库、出库、调库活动，经过一段时间后，各环节的操作误差会导致理论的库存数与实际的库存数存在一定的差异。为了有效地控制和掌握货品的数量和质量，必须定期或不定期地进行盘点。

借助盘点工作可以查出在作业环节和管理中存在的问题，通过问题的解决提高管理水平，减少经济损失。

2. 盘点的目的

（1）查清实际的库存数量。通过盘点，清点实际库存数量，经过盈亏分析及处理，使账面数量和实际库存数量保持一致。账面库存数量与实际库存数量不符的主要原因通常是收发作业中产生的差错，如记录库存数量时多记、误记、漏记，作业中导致的货品损坏、遗失，验收与出库时清点有误，盘点时误盘、重盘、漏盘等。发现实际库存数量与账面库存数量不符时，应及时查清问题原因，并进行适当的处理。

（2）确认企业损益。库存货品的总金额直接反映企业流动资产的使用情况，库存量过高，流动资金的正常运转将会无法保证。对制造业来讲，库存金额与库存量及单价成正比，为了能准确地计算出企业的实际损益情况，必须通过盘点作业明确库存货品的盈亏情况，进而分析产生盈亏的原因，提出改进库存管理的措施。

（3）发现库存管理中存在的问题。查明盘点盈亏的原因，可发现作业或管理中存在的问题，通过解决问题来改善作业流程和作业方式，提高人员素质和管理水平。针对超期保管、长期积压货品的实际品种、数量，分析原因提出改进措施，防止再度发生类似情况，从而使管理水平不断提高。

(二) 盘点的基本工作程序及要求

1. 盘点前的准备工作

盘点前的准备工作充分与否，关系到盘点作业能否顺利进行。事先对可能出现的问题、对盘点工作中易出现的差错进行周密的研究和准备是相当重要的。准备工作主要包括以下内容：

(1) 确定盘点的程序和具体方法。

(2) 配合财务会计做好准备。

(3) 设计印制盘点用的各种表格。

(4) 准备盘点使用的基本器具。

(5) 制订盘点计划。

2. 确定盘点频率与时间

(1) 确定盘点频率。从理论上讲，在条件允许的情况下，盘点的次数越多越好。但每一次盘点，都要耗费大量的人力、物力和财力。因此，应根据实际情况确定盘点的频率。

对一般的企业而言，如果货品周转率不高，可以半年或一年进行一次货品盘点。

对于货品周转率较高的仓储中心，由于货品流动频率很大，出现差错的概率也很大，因此要加强库存控制，通常的办法是根据货品的性质、价值大小、周转速度、重要程度来分别确定不同的盘点频率，可以是每天、每周、每月、每季、每年盘点一次。当然，也可以进行不定期盘点。

例如可按 ABC 重点控制法将库存货品科学地分为 A、B、C 不同的等级，分别制定相应的盘点周期：重要的 A 类货品，每天或每周盘点一次；一般的 B 类货品每两周或三周盘点一次；C 类货品可以一个月甚至更长的时间盘点一次。

(2) 确定盘点时间。一般情况下，盘点的时间选择在财务决算前或销售淡季。这样方便配合财务决算，以查清库存占用资金等财务状况。而在业务淡季，由于存货较少，业务不太频繁，盘点较为容易，需要投入的资源也较少，且人力调动也较方便。

3. 确定盘点方法

盘点工作在制造业和流通企业非常常见，这是因为"料账一致"是企业进行管理工作的最基本条件。因盘点场合、要求的不同，盘点的方法也有差异，为满足不同情况的需要，快速准确地完成盘点作业，所决定的盘点方法要对盘点有利，不至于盘点时混淆。盘点的发起人可以是仓储部门、业务部门、存货人，甚至是审查部门或其他管理部门。盘点的方法很多，按不同标准，有不同的分类结果。

(1) 按盘点周期分，盘点可以分为定期盘点、临时盘点、突击盘点。

1) 定期盘点。定期盘点即仓库的全面盘点，是指在一定时间内，一般是每季度、每半年或年终财务结算前进行一次全面的盘点。由业务部门（如采购、销售等部门）派人会同仓管员、财务人员一起进行盘点对账。

2) 临时盘点。临时盘点即当仓库发生货品损失事故，或仓管员更换，或仓库与存货人认为有必要盘点对账时，组织一次局部或全面的盘点。

3) 突击盘点。突击盘点是由审查部门或其他管理部门所发起的盘点，目的是对仓储管理部门是否落实管理工作进行审核。盘点对象可针对仓库、料件属性、仓库管理员等不同方面进行。

（2）按盘点的操作方式分，盘点可以分为手工盘点、盘点机盘点。

1）手工盘点。主要靠盘点作业人员手工记录盘点内容、货品数据，再与仓储管理系统账面上记录的数据进行核对。

2）盘点机盘点。使用数据采集器设备，把需要盘点的货品信息导入盘点机，用盘点机扫描货品条码，显示相应信息，盘点人员根据实际数量录入采集，最后导入仓储管理系统比对，生成盘盈盘亏单。

（3）按盘点的运作方式分，盘点可分为账面盘点和现货盘点。

1）账面盘点。账面盘点又称为永续盘点，就是把每天入库及出库货品的数量及单价，录入仓储管理系统，而后不断地累计加总，算出账面上的库存结余量及库存金额。账面盘点需要为每种货品分别设立"存货账卡"，并将每天出、入库货品的数量及单价记录在仓储管理系统的"存货账卡"上，逐笔汇总出账面库存结余数，这样可以随时从计算机或账册上查询货品的出入库信息及库存结余量。

2）现货盘点。现货盘点也称为实地盘点或实盘，就是实际去清点仓库内的库存数，再依货品单价计算出实际库存金额的方法。

（4）按盘点的时间频率分，可以分为期末盘点和循环盘点。

1）期末盘点。所谓期末盘点是指在会计计算期末统一清点所有货品的方法。由于期末盘点是将所有货品一次点完，因此工作量大、要求严格，通常采取分区、分组的方式进行，其目的是明确责任、防止重复盘点和漏盘。分区就是将整个储存区域划分成一个个的责任区，不同的区由专门的小组负责盘点，一个小组通常至少需要三个人：一人负责清点数量并填写盘点单，另一人复查数量并登记复查结果，第三人负责核对前两次盘点数量是否一致，对不一致的结果进行检查。待所有盘点结束后，再与仓储管理系统或账册上反映的账面数核对。

2）循环盘点。循环盘点是指在每天、每周清点一小部分货品，一个循环周期将每种货品至少清点一次的方法。循环盘点通常是对价值高或重要的货品进行盘点的一种方法。因为这些货品属于重要货品，对库存条件的要求比较高，一旦出现差错，不但会大大影响企业的经济效益，而且有损企业的形象。因此，在仓储管理过程中，要对货品按其重要程度科学地分类，对重要的货品进行重点管理，加强盘点，防止出现差错。由于循环盘点只对少量货品盘点，所以通常只需保管人员自行对照库存资料进行盘点即可，发现问题及时处理。

4. 培训盘点人员

正式盘点以前，为保证盘点作业顺利进行，必须对参与盘点的所有人员进行集中培训。

（1）对所有人员进行盘点方法及盘点作业流程的训练，让盘点作业人员了解盘点的基本要领、盘点目的，对表格和单据的填写要十分清楚，如对货品名称、品种、规格等分类方法要统一口径，避免因技术概念不清而导致盘点结果发生错误。

（2）对复盘与监盘人员进行货品识别的训练，让他们熟悉盘点现场和盘点货品，对盘点过程进行监督，并复核盘点结果。

5. 清理储存场所

盘点工作开始时，首先要对储存场所及库存货品进行一次清理，清理工作主要包括以下几方面的内容：

（1）对已验收入库的货品进行整理并归入储位。

（2）未验收入库的仍属于供应商的货品，不在盘点之列，应予以标明，避免混淆。

（3）残次品应进行清理、归类放齐，盘点时应纳入库存数量。

（4）对退货货品应及时处理，暂无法退货的应进行标识。

（5）对赠品进行清理并单独存放加以标识。

（6）对已办理出库手续的货品，要提前通知有关部门，运到相应的发运区域。

（7）账卡、单据、资料均应整理后统一结清。

（8）整理货品的货垛、货架等，使其整齐有序，以便于清点计数。

（9）检查计量器具，使其误差符合规定要求。

6. 盘点作业

盘点开始时，发给盘点人员的盘点单必须统一编号，盘点后及时收回，以防最后计算上的疏漏。

（1）预盘。对于生产制造企业而言，预盘一般不限于仓库，而应该扩大到生产现场，因为生产现场难免有在制品。原则上，半成品、余料及成品在盘点前应回缴仓库（但是有些工厂仍留在现场待盘点），当然也有一些生产器具同样要盘点。此外，采购与委外加工主办人员也不可能置身事外，因为很可能仍有一些模具等生产器具，以及一些送出去的需要委外加工的物料等，仍留在委外工厂内，这也是企业的资产，同样应列入盘点范围。相比之下，商业流通企业和仓储企业的预盘工作比较便利。

（2）复盘。预盘既已完成就绪，就可进入复盘阶段。复盘工作多由盘点负责人指派与被盘点部门权责无直接业务的人员担任。例如物料仓库，大多由人事、销售、设计等部门人员去担任"攻坚克难"工作，而不会由采购或品管去担任，因为后两者与货品仓库关系较为密切，有"瓜田李下"之嫌。

复盘工作较为单纯，是根据预盘阶段的"盘点单"去复查。复盘者可以要求预盘人员逐项清点货品，再记录实际状况，填入"复盘"有关字段内。通常是撕下"盘点单"联，并向盘点负责人报告。更负责任的复盘人员，还会更进一步复查货品的质量状况，呈报反映，这当然值得鼓励。

7. 盘后整理

（1）货品整理。将货架上因盘点时排列的货品按原先的陈列方式或陈列原则进行整理。

（2）环境整理。对作业环境进行清洁、清扫工作。

8. 差异因素分析

通过盘点发现账物不符且差异超过容许的误差时，应立即追查产生差异的原因，主要的差异因素通常有以下几方面：

（1）货品入库登记账卡时看错数字。

（2）账务处理系统管理制度和流程不完善，导致数据有误。

（3）盘点错误，如漏盘、重盘和错盘。

（4）盘点前数据资料未结清，使账面数不准确。

（5）由于自然特性，某些货品因挥发、吸湿而使重量有增或有减。

（6）因气候影响而发生腐蚀、硬化、变质、生锈、发霉等。

（7）液体货品因容器破损而流失。

（8）捆扎包装错误使数量短缺。

（9）计量器具不准确或使用方法不当。

（10）货品损坏、丢失等。

9. 盘点的结果处理

查清差异原因后，应使账面数与实物数保持一致，需要以实物数量为准，调整账面数量，对盘点盈亏和报废品一并进行调整。按差异的主要原因，制定解决办法。对呆废品、不良品应视为盘亏。货品在盘点时除了产生数量的盈亏外，有些货品在价格上也会发生增减情况。这种价格变化经相应部门批准后，利用盘点盈亏和价目增减表格的形式更正过来。

10. 改善与提升管理绩效

盘点不应该仅只限于资产的结算及财务报表的用途，而应该有更高层次的目标。由于货品管理关系到产销和利润，因此，利用实际盘点的机会，深入查核问题点，追踪分析其原因，才可能筹谋有效对策，提升货品管理水准。

【资料2-10】盘点结果的详细处理办法

在库检查与呆废货品处理

四、在库检查与呆废货品处理

为保证在库储存保管的货品质量完好、数量齐全，还必须进行经常开展数量、保管条件、计量工具、安全等方面的检查工作，对于发现的问题，应及时作出处理。

（一）在库检查

1. 检查内容

（1）查质量。检查在库货品质量有无变化，包括受潮、玷污、锈蚀、发霉、干裂、虫蛀、鼠咬，甚至变质等情况；检查有无超过保管期限和长期积压的现象；检查技术证件是否齐全，是否证物相符，必要时还要进行技术检验。

（2）查数量。检查货品的数量是否准确；检查账卡的记载是否准确，核对账卡、实物是否一致。

（3）查保管条件。检查堆码是否合理稳固，仓库是否漏水，场地是否积水，门窗通风是否良好，库内温湿度是否符合要求，仓库内外是否清洁卫生，保管条件是否与各种货品的保管要求相符等。

（4）查计量器具。检查计量器具和工具，如钢卷尺、磅秤等是否准确；使用和养护是否合理。检查时要用标准件核验。

（5）查安全。检查各种安全措施和消防设备、器材是否符合安全要求，建筑物是否损坏而影响货品储存等。

2. 检查方法

（1）日常性检查。保管人员每日上下班时，对所管理货品的安全情况、保管状况、计量工具的准确性，库房和货场的清洁整齐程度等进行检查。这是保管人员的常规工作。

（2）定期检查。根据季节变化和工作的需要，由仓储管理人员组织有关方面的专业人员，对在库货品进行定期检查。例如，雷雨季节到来前后，组织质量和保养情况的检查；暑热季节到来前，组织怕热货品的防热措施检查；冬季前，组织冬防措施的检查；节假日前，组织安全措施的检查等。

(3) 临时性检查。风雨季节前后，有应急管理部门所组织的临时性检查，或者根据工作中发现的问题而决定进行的临时性检查。例如，在暴风雨、台风到来前，要检查建筑物是否承受得住风雨袭击，下水道是否畅通，露天货场苫盖是否严密牢固；风雨中及风雨过后再检查有无损失等。

3. 检查中发现问题时的处理

(1) 货品有变质迹象或发生变质时，应按养护要求处理，查明原因，提出改进措施，通知存货方。

(2) 对于超过保管期，或没有超过保管期但因质量要求不能继续存放的，应通知货主及时处理。

(3) 对于货品包装已经出现破损的，应查明原因，协商处理。

(4) 货品数量有出入的，应弄清情况，查明原因，分清责任。造成短少、溢余的原因主要有磅差、计量方法不对、自然损耗、责任损益等。

(5) 对于各项检查结果和问题应该详细记录。

(二) 呆废货品的处理

呆废货品，也称为呆滞货品，主要表现为呆料、废料、残料。呆料是指库存时间过长，而使用极少或有可能根本不用的货品。制造企业运营时间久了，仓库里面难免有一些常年不用或者几年才用一次的"呆废货品"；而商业企业里，也难免由于销售预测不当或者保管不当，产生无法销售的货品。废料是指因某些原因而丧失其使用价值，同时无法改作他用的货品。一般认为，在过去12个月里没有销售或者没有投入生产的存货就是呆废货品。残料是指在使用、加工过程中产生的已无法再用于原始用途的边角或零头，它不是货品的正常形态，这一点有别于呆料和废料。

1. 形成呆废货品的原因

(1) 因滞销而引起生产变更，致使货品积压。

(2) 因设计变更或失误，造成呆废货品的发生。

(3) 因验收疏忽或经检验合格的货品中仍含有少量的不合格品。

(4) 因保管不当或保存过久而变质。

(5) 加工后所剩下的边角料或碎屑等。

(6) 因请购和采购不当而造成呆废货品。

(7) 用料预算大于实际使用。

(8) 代客加工余料。

2. 呆废货品的处理

呆废货品闲置在仓库内而不加以利用，时间久了，容易生锈、受潮、变质等，丧失使用功能。对呆废货品的处理有利于减少资金占用、节省储存费用和储存空间。因此，要及时处理呆废货品。处理方法有如下几种：

(1) 转用。对于相近规格的货品，在请购时，由仓储管理部门根据业务程序把呆滞货品交给采购部门，会同设计、研发、生产、工艺、工程等部门协商代用。

(2) 出售。无法转用的呆滞货品，应按其类别、用途、品质状况、账面价值等资料列出清单，报请批准予以出售。

（3）交换。对于那些仍有使用价值的货品，可考虑和供应商换货。

（4）拆用。有些呆滞货品在报废前，可和相关部门进行商议，对于其中还能使用的部分，如零件或部件，在拆卸后使用，提高呆滞货品的价值。

（5）报废。对于无法采取以上措施处理的呆滞货品，应提请准予报废，并按相关的手续进行报废处理。

【实例 2-7】某制造企业仓库呆滞物料管理办法

3. 呆废货品的控制

（1）加强市场调查，做出恰当的销售计划，避免因滞销而货品积压。

（2）加强货品的请购、采购作业，避免误请、误购货品发生。

（3）加强验收管理，避免不合格货品混入。

（4）变更货品设计时，应尽量将原有货品用完，除非不得已，否则不要中途改用新货品。

（5）实施货品的品种和规格简单化、功能多样化。

（6）依货品的分类，采用不同的存量控制法，防止货品库存多变及变质。

（7）加强各子母公司及内部各部门之间的沟通。

（8）改变设计部门的成本观念，力求设计完整，先经试验再量产。

（9）加强生产现场和货品搬运管理，提升作业质量。

（10）加强货品储运管理，防止货品损坏变质。

【实例 2-8】某企业呆滞料处理规定

> 鉴定标准：3 个月以上为积压物料，7 个月以上为呆滞物料。
> 财务处理：计提当前成本 10%，4 个月计提 25%，5 个月计提 45%，到 7 个月全部计提完。
> 呆料的处理：
> （1）分析呆料产生的原因。
> （2）处理方法：改作他料、卖给供应商或引导客户采用这种物料。
> （3）制定呆料目标值和呆料下降值指标。

任务三　出库业务管理

◆ 情境案例

小智经手过几单成品物流设备的出库发货业务，要出库的物流设备都是客户定制的，这些设备经过下线检验后，由专业的打包工人负责打包，随后，公司长期合作的第三方物流商就派车过来，点数、装车，发运到客户那里。相比之下，小商一直为出库发货业务所困扰，公司平均每天要为三十多家门店发货，不仅要按照每家门店的订单完成拣货，还要应对分拣区库存不足产生的补货任务,更让小商头疼的是,不少商品的品名相同、规格差异却很大。比如,同一品牌的洗发水,有小包装的,还有大包装的,稍不注意,就容易拣错货,一旦拣错货,被主管批评不说,万一发到门店了,还要做好门店的退货、补货业务,如果影响门店的业绩了,还要被门店店长投诉。最近,公司还尝试了 B2C 的销售方式,仓库要直接面对终端客户的订单,时效要求更高了。公司目前还没有使用电子标签来辅助分拣,但不久前公司配备了手持终端,已经大大降低拣货差错率。用手持终端登录公司的 WMS(仓储管理系统)后,就能收到系统分配的拣货任务,手持终端提示拣货货位、拣货数量,拣货效率也提高了不少,只是偶尔还会存在手持终端上显示货位上有货,而货位上并没有货的情况;拣货路线全靠经验,忙的时候,每天在仓库里行走几万步也是家常便饭。

◆ **情境分析**

制造企业的出库作业相对简单,而商业企业,特别是连锁型商业企业的出库业务并不是想象中的那么简单,只是基于提升工作效率,将整个出库业务进行了细化分工,不同岗位仅完成其中的一段工作,这才显得某个岗位的工作特别简单。在电子商务企业的仓配中心,分工更为细致,制单、拣货、理货、打包、出库复核等都会安排专门的岗位。对于仓储一线管理人员来说,需要对整个出库业务流程及其工作要求有清晰的认识。

通过本任务的学习,你将从业务流程、作业要点等方面掌握出库业务管理方法。

◆ **基础知识**

一、出库作业

出库业务基本认知

出库作业是保管工作的结束,既涉及仓储部门同货主或收货方以及承运方的经济联系,也涉及企业内各有关业务部门的作业活动。为了能以合理的物流成本保证出库货品按质、按量、及时、安全地发给客户,满足其生产经营的需要,仓储部门应主动与货主联系,由货主提供出库计划,这是出库作业的依据,特别是供应异地的和大批量出库的货品更应提前发出通知,以便仓储部门及时办理涉及流量和流向的运输计划,完成出库任务。

如前文所述,仓储部门的设立者可以是制造企业、商业流通企业(包括电子商务企业),以及专业的仓储型物流企业等。仓储部门的设立者不同,具体的出库业务也不完全一样,但基本的要求大同小异,这里,我们以仓储型物流企业的出库业务为例进行介绍,并以实例、资料等形式介绍商业企业、制造企业的出库业务。

(一)出库的主要形式

1. 送货

仓库根据货主预先送来的出库凭证,通过发货作业,把应发货品交由承运方送达收货方,或自行安排车辆将货品送达,这种形式就是通常所说的"送货制"。

实行送货,要划清交接责任。仓储部门与承运方的交接手续是在仓库现场办理完毕的;承运方与收货方的交接手续则根据货主与收货方的协议,一般在收货方指定的到货地办理。

送货具有"预先付货、接车排货、发货等车"的特点。仓储部门实行送货具有多个好处:预先安排作业,缩短发货时间;收货方可避免因人力、车辆等不便而发生的取货困难;在运输上,可合理使用运输工具,节约运费。

仓储部门开展送货业务,应考虑到货主不同的经营方式和供应地的远近,既可向本地送货,也可向外地送货。

2. 自提

由收货人或其代理人持出库凭证直接到库提取,仓储部门凭单发货,这种发货形式就是通常所说的"提货制"。它具有"提单到库,随到随发,自提自运"的特点。为划清交接责任,仓储部门与提货人在仓库现场,对出库货品当面交接清楚并办理签收手续。

3. 过户

过户是一种就地划拨的形式,货品虽未出库,但是所有权已从原货主转移到新货主。仓储部门必须根据原货主开出的正式过户凭证,办理过户手续。

4. 取样

货主出于货品质量检验、样品陈列等需要,到仓储部门提取货样。仓储部门必须根据正式取样凭证才予发给样品,并做好账务记录。

5. 转仓

货主为了业务方便或改变储存条件,需要将某批库存货品自甲库转移到乙库,这就是转仓的出库形式。仓储部门必须根据货主开出的正式转仓单,办理转仓手续。

(二)出库的注意事项

货品出库必须依据货主开出的出库通知单或出库单进行,任何情况下,仓储部门都不得擅自动用、变相动用或者外借货主的货品。

货主的出库凭证格式不尽相同,不论采用何种形式,都必须是符合财务制度要求的有法律效力的凭证,要坚决杜绝凭信誉或无正式手续的发货。

货品出库要求做到"三不、三核、五检查"。"三不",即未接单据不翻账、未经审单不备货、未经复核不出库;"三核",即在发货时,要核实凭证、核对账卡、核对实物;"五检查",即对单据和实物要进行品名检查、规格检查、包装检查、件数检查、重量检查。

总的来说,货品出库,要求严格执行企业的各项规章制度,提高服务质量,确保客户满意。

(三)出库作业程序及要求

不论是上述哪一种出库方式,都应做好出库过程管理。所谓出库过程管理,是指仓储部门按照货主的出库凭证或发货凭证(提货单、调拨单)所注明的货品名称、型号、规格、数量、收货方、收货地点等条件,进行的核对凭证、备料、复核、点交、登账、整理等一系列作业和业务管理活动。仓储部门必须建立严格的出库和发运程序,严格遵循"先进先出,推陈储新"的原则,防止出错。

不同企业在出库的操作程序上会有所不同,操作人员的分工也各不相同,但就整个发货作业的过程而言,一般按照下述流程来进行。

1. 出库前的准备

出库前必须做好计划工作。根据货主提出的出库计划或出库请求,预先做好货品出库的各项安排,包括货位、仓储设备、工具、工作人员、发货月台等,提高人、财、物的利用率。

2. 核单备货

核单,首先审核出库凭证的合法性和真实性,其次核对货品名称、规格、型号、单价、数量、收货方、有效期等。备货,即按照出库凭证上的货品名称、规格、型号、数量等要求到相应的货位提取货品。备货过程中，往往需要先制作分拣单，再按照分拣单上所载明的货位去提取货品。对于需要拆零发货的货品，要按照规定的拆零操作流程进行备货，保证货品的数量准确。备货完成后，将货品搬运至指定的待发货区域并整齐堆放。在搬运过程中，要注意保护货物的质量和包装，避免货物受损。多种不同规格的货品需要堆码在一起时，应注意"大不压小、重不压轻、便于清点"。关于备货过程中的分拣作业，后面还有专门讲解。

出库货品应附有质量证明书或副本、磅码单、装箱单等，机电设备、电子产品等货品，其说明书及合格证应随货同付。备料时应本着"先进先出、推陈储新"的原则，易霉易坏的先出，离失效期近的先出。备货过程中，凡计重货品，一般以入库验收时标明的重量为准，不再重新计重。需分割或拆捆的，应根据具体情况进行。

3. 复核

为了保证出库货品不出差错，备货后应进行复核。出库的复核形式主要有专职复核、交叉复核和环环复核三种。专职复核，即由仓库设置的专职复核员进行复核；交叉复核，又称相互复核，即两名仓管员对对方所发物资进行照单复核，复核后应在对方出库单上签名以与对方共同承担责任；环环复核，即在发货过程中的各个环节，如查账、付货、检斤、开出门证、出库验放、销账等，对所发货物进行反复核对。复核的内容包括品名、型号、规格、数量是否同出库单一致，配套是否齐全，技术证件是否齐全，外观质量和包装是否完好。只有加强出库的复核工作，才能防止错发、漏发和重发等事故的发生，确保出库货品数量准确、质量完好。

4. 包装

包装是出库作业过程的一个组成部分。出库货品的包装必须完整、牢固，标记必须正确清楚，如有破损、潮湿、捆扎松散等不能保障运输中安全的，应加固整理，破包破箱不得出库。各类包装容器上若有水渍、油迹、污损等，也不能出库。包装时，严禁互相影响或性能互相抵融的货品混合包装。包装后，要写明收货方、所到站、发货号、本批总件数、发货方等。

出库货品如需托运，包装必须符合承运方的要求，选用适宜包装材料，其重量和尺寸便于装卸和搬运，以保证货品在途的安全。

关于包装作业，后文还有专门讲解。

5. 点交

出库货品经过复核和包装后，需要托运和送货的，应由仓储部门移交承运机构，属于用户自提的，则由仓储部门按出库凭证向提货人当面交清。

6. 登账

点交后，仓管员应在出库单上填写实发数、发货日期等内容，并签名。然后将出库单连同有关证件资料，及时交给货主，以便货主办理货款结算。

7. 现场和档案的整理

经过出库的一系列工作程序之后，实物、账目和库存档案等都发生了变化。应按下列几项工作认真整理，使保管工作重新趋于账、物、资金相符的状态。

（1）按出库单，核对结存数。

（2）如果该批货品全部出库，应查实损耗数量，在规定损耗范围内的进行核销，超过损耗范围的查明原因，进行处理。

（3）一批货品全部出库后，可根据该批货品入出库的情况，采用的保管方法和损耗数量，总结保管经验。

（4）整理现场，收集苫垫材料，妥善保管，以待再用。

（5）出于收货方任务变更或其他原因要求退货时，可经货主同意，办理退货。退回的货品必须符合原发的数量和质量，要严格验收，重新办理入库手续。

在整个出库业务程序过程中，复核和点交是两个最为关键的环节。复核是防止差错的重要和必不可少的措施，而点交是划清仓储部门和提货方两者责任的必要手段。

【实例2-9】某仓储企业的出库流程（图2-5）

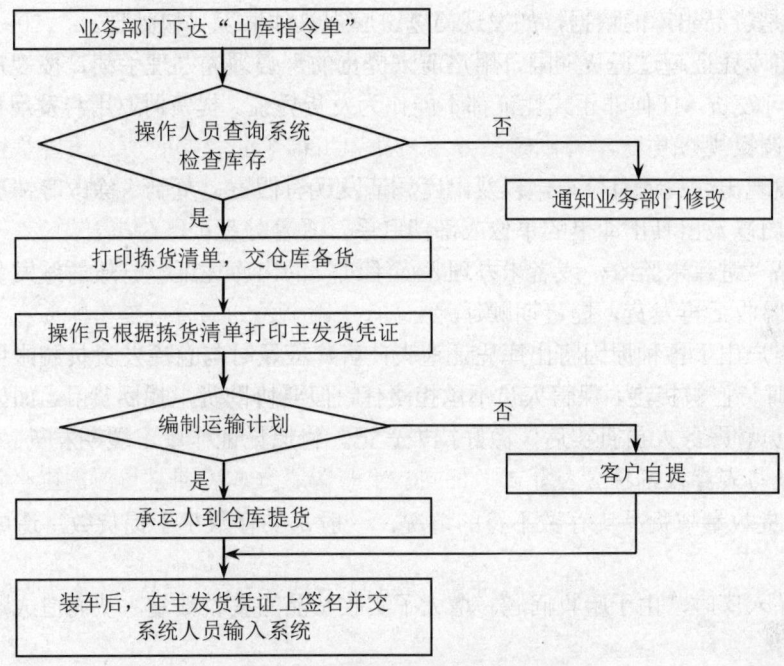

图2-5　某仓储企业的出库流程

【实例2-10】某电子商务企业销售订单出库流程（图2-6）

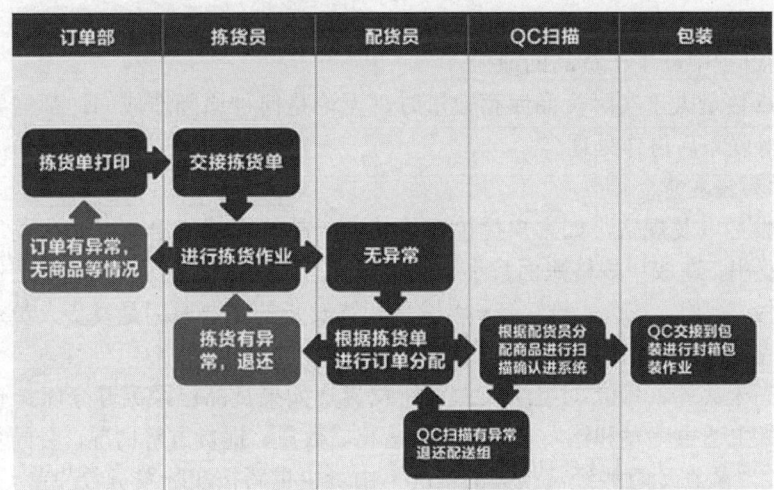

图2-6　某电子商务企业销售订单出库流程

【资料 2-11】电商零售仓库的出库流程

（四）出库过程中常见问题的处理

1. 出库凭证（提货单）上的问题

出库凭证是货品出库的依据，如发现问题，应视具体情况尽快处理。

（1）凡出库凭证超过提货期限，用户前来提货的，必须先办理手续，按规定缴足逾期仓储保管费，方可发货。任何非正式凭证都不能作为发货凭证。提货时，用户发现规格开错，仓管员不得自行调换规格发货。

（2）凡发现出库凭证有疑点，以及出库凭证发现有假冒、复制、涂改等情况的，应及时与仓库保卫部门以及出具出库单的单位或部门联系，妥善处理。

（3）货品"进库未验收，或者未办理入库手续"的出库凭证，一般暂缓发货，并通知货主，待货到并验收后再发货，提货期顺延。

（4）如客户出于各种原因将出库凭证遗失，客户应及时与仓库发货员和账务人员联系挂失；如果挂失时货已被提走，保管人员不承担责任，但要协助货主找回货品；如果货还没有提走，经保管人员和账务人员查实后，做好挂失登记，将原凭证作废，缓期发货。

2. 提货数与实存数不符

若出现提货数量与货品实存数不符的情况，一般是实存数小于提货数。造成这种问题的原因主要有：

（1）货品入库时，由于验收问题，增大了实收货品的签收数量，从而造成账面数大于实存数。

（2）仓库保管人员和发货人员在以前的发货过程中，因错发、串发等而形成货品实际库存量小于账面数。

（3）货主没有及时核减开出的提货数，造成库存账面数大于实际储存数，从而开出的提货单提货数量过大。

（4）仓储过程中产生了货品的毁损。

当遇到提货数量大于实际货品库存数量时，无论是何种原因造成的，都需要和业务部门及货主及时取得联系后再作处理。

3. 串发货和错发货

串发货一般是串发规格，如客户提单开具某种货品的甲规格出库，而在发货时错把该种货品的乙规格发出，造成甲规格账面数小于实存数，乙规格账面数大于实存数。错发货一般指错发货品的品名、规格、花色、数量等。串发货和错发货的主要原因是发货人员对货品的种类规格不够熟悉或者是工作中的疏漏。

如果货品尚未离库，应立即组织人力重新发货。如果货品已经离开仓库，仓管员应及时向业务部门和货主通报串发和错发货的品名、规格、数量、提货方等情况，会同货主和承运方共同协商解决。一般在无直接经济损失的情况下由货主重新按实际发货数冲单（票）解决。如果形成直接经济损失，应按赔偿损失单据冲转调整保管账。

4. 包装破漏

包装破漏是指在发货过程中，因货品外包装破损引起的渗漏等问题。这类问题主要是在储存过程中因堆垛挤压，收发货装卸搬运操作不慎等情况引起的，发货时都应经过整理或更换包装，方可出库，否则造成的损失应由仓储部门承担。

5. 漏记账和错记账

漏记账是指在出库作业中，由于没有及时核销明细账而造成账面数量大于实存数的现象。错记账是指在货品出库后核销明细账时没有按实际发货出库的货品名称、数量等登记，从而造成账实不符的情况。无论是漏记账还是错记账，一经发现，除及时向有关领导如实汇报情况外，还应根据原出库凭证查明原因调整保管账，使之与实际库存保持一致。如果由于漏记和错记账给货主、承运方和仓储部门造成了损失，应予赔偿，同时追究相关人员的责任。

【资料 2-12】制造企业仓库经常错漏发货的内外原因分析

出库业务之分拣作业

二、分拣作业

（一）分拣作业概述

《物流术语》（GB/T 18354—2021）中，对分拣（Sorting and Picking）的定义是：将物品按一定目的进行分类、拣选的相关作业。具体而言，分拣作业是依据客户的订货要求或仓储部门的送货计划，尽可能迅速、准确地将货品从其所在储位或区域拣取出来，并按一定的方式进行分类、集中，等待配装送货的作业过程。在仓储作业的各环节中，分拣作业是非常重要的一环，它是整个仓储部门作业系统的核心。

在仓储搬运成本中，分拣作业搬运成本约占 90%；在劳动密集型的仓储企业，与分拣作业直接相关的人力约占 50%；分拣作业时间占整个仓储作业时间的 30%~40%。因此，合理规划与管理分拣作业，对仓储部门的作业效率具有决定性的影响。

分拣作业主要由分拣员完成，也有企业设置拣货员岗位，工作职责和主要工作内容与分拣员大体相似。

【资料 2-13】分拣员岗位要求

（二）分拣作业过程

从实际运作过程来看，分拣作业是分拣员在分拣单（包含拣货信息）的指导下，通过行走和搬运拣取货品，再按一定的方式将货品分类、集中。分拣作业过程由生成分拣单、行走或搬运、拣取与确认、分类与集中等环节组成。

1. 生成分拣单

分拣作业开始之前，分拣单必须先行处理完成。虽然有些仓储部门直接利用客户的订单或公司的交货单作为人工分拣指示，但因为此类单据无法标示货品的具体货位，无法引导分拣员优化分拣路径，所以大多数分拣方式仍需将原始的单据转换成分拣单或电子信号，以使分拣员或自动分拣设备进行更有效率的分拣作业。

2. 行走或搬运

拣货时，分拣员或拣货设备必须直接接触并拿取货品，这样就形成了拣货过程中的行走与搬运。进行分拣时，要拣取的货品必须出现在分拣员面前，可以通过以下三种方式实现：

（1）人至物方式。这种方式是指分拣员持纸质拣货单以及手持终端，通过步行、手推拣选车或驾驶叉车到达货品储存位置的方式。该方式的特点是货品采取一般的静态储存方式，如托盘货架、轻型货架等，主要移动的一方为分拣员。随着技术的进步和行业的发展，全人工拣选的状况会愈来愈少，或多或少会联合自动化设备，实现"车陪人找货"和"车带货找人"的"动静联合"方式拣选。

（2）物至人方式。与上述方式相反，这种方式主要移动的一方为被拣取者，也就是货品。分拣者在固定位置内作业，无须去寻找货品的储存位置，而货品保持动态的储存方式，自动化、智能化设备依据控制系统的规则将货物运送到分拣员所在位置，由人工完成分拣工作。这种方式能大幅减少作业人员的行走距离，提升挑选效率。目前的实现方式主要有旋转货架+分拣工作站、多穿系统+分拣工作站、AGV（即无人搬运车）系统+分拣工作站、多种方式的扩展及组合等。其中，AGV 系统这类"货到人"挑选方式在电商业务的推动下，发展迅速。

（3）无人拣取方式。这种方式的拣取动作由智能化拣货设备完成，电子信息输入后自动完成分拣作业，无须人工介入。这是目前国内外在分拣设备上致力研究的方向。

3. 拣取与确认

当货品出现在分拣员面前时，接下来的动作便是抓取与确认。无论是人工还是自动化设备拣取货品，都必须先确认被拣货品的品名、规格、数量等是否与拣货单的指示一致。既可以通过人工目视读取货品信息来确认，也可以利用手持终端读取货品条码，与仓储管理系统里的分拣任务进行对比来确认，后一种方式可以大幅降低拣货的错误率。

4. 分类与集中

由于分拣方式的不同，分拣出来的货品可能还需按订单类别、不同客户或送货路线进行分类与集中，需要进行流通加工的货品还需根据加工方法进行分类，加工完毕再按一定方式分类出库，分拣作业至此告一段落。

分类完成后，经过复核、包装、贴单等作业，便可以准备出库了。

由上可知，分拣作业消耗的时间主要包括以下四部分：

（1）订单信息处理并形成分拣单的时间。

（2）准确找到货品的储位并确认被拣货品及数量的时间。

（3）行走与搬运货品的时间。

（4）拣取完毕，将货品分类集中的时间。

所谓提高分拣作业效率，主要是缩短以上四个作业时间。此外，防止发生分拣错误，提高储存管理账物相符率及客户满意度，降低分拣作业成本，也是分拣作业管理的目标。

（三）分拣方式

1. 按订单拣取

按订单拣取，也称为摘果式拣货法，这是针对每一份客户订单来分拣，由客户订单直接生成分拣单，分拣员持分拣单巡回于仓库内，按照分拣单所列货品及数量，将客户所需货品逐一由仓库储位或其他作业区中取出，然后集中在一起的分拣方式。可以简单地将按订单拣取理解为每个客户的订单对应一张分拣单，有几张客户订单，就有几张分拣单。按订单拣取需要特别关注拣选路径的问题，经过优化的拣选路径，能够大大提高分拣效率。如果借助电子标签系统来实施，按订单拣取也称为DPS（Digital Picking System）。

（1）按订单拣取方式的优点。作业方法简单，接到订单，对照库存数据，明确拣货货位，生成分拣单，即可实施分拣作业，所以作业前置时间短；作业人员责任明确，易于安排人力；容易应用且弹性大，对机械化、自动化没有严格要求；分拣完成后无须分类理货，工序简化。

（2）按订单拣取方式的缺点。用户数量太多时，需串联等待；货品品项多时，分拣的行走路径长，拣取效率降低；分拣区域大时，搬运系统设计困难。

（3）按订单拣取的适用情况。

1）用户不稳定，波动较大，不能建立相对稳定的用户分货货位，难以建立稳定的分货线。

2）用户之间的需求差异大，在这种情况下，统计用户共同需求，将共同需求一次取出，再分给各用户的方法不易实行。在既有共同需求，又有很多特殊需求的情况下，采取"一票一拣"方式更为有利。

3）用户需求的种类太多，需要增加统计时间。

4）用户需求时间要求不一，有紧急的，也有限定时间的。采用订单拣选可有效地调整拣选配货顺序，满足不同的时间需求，尤其对于紧急的即时需求更为有效。

5）一般场地改造成仓库，或新仓库投入使用的初期，按订单拣选可作为一种过渡性的办法。

6）制造企业生产线的物料需求，此时的订单是企业内部的物料领用单（领料单）。

2. 批量拣取

批量拣取，也称为播种式拣货法，是根据订单波次，先将同一波次内的多张订单累积成一批，按照货品品种、类别汇总，生成分拣单，再根据分拣单的指示依次拣取货品，之后依据不同客户或不同订单分类集中。可以简单地将批量拣取理解为一张分拣单上只有一种或一类货品，分拣单上包含多个客户对这种或这类货品的需求数量，拣取数量是多个客户对一种或一类货品需求量的总和。如果借助电子标签系统来实施，批量拣取也称为DAS（Digital Assorting System）。

（1）批量拣取的优点。这种方式可以缩短拣取货品时的行走时间，增加单位时间的拣货量。

（2）批量拣取的缺点。对紧急订单无法做出即时反应，需要订单累积到一定数量时，才做一次性的处理，因此会有停滞时间产生。只有根据订单到达的状况进行等候分析，决定出适当的批量大小，才能将停滞时间降到最短。

（3）批量拣取的适用情况。

1）商业企业，尤其是连锁企业内部的仓储中心，用户都是自营或加盟的门店，用户稳定且数量较多，为了配合批次作业，可以要求门店按品类或货品群定期向仓储中心发出补货订单。

2）用户的需求有很强的共同性，货品种类相同，需求差异较小。

3）用户需求的种类有限，易于统计，且分拣时间不至于太长。

4）用户对配送时间没有严格要求。

5）对效率和作业成本有较高要求的仓储中心。

6）专业性强的仓储中心，容易形成稳定的用户和需求，货品种类有限。

3. 复合拣取

复合拣取是充分利用以上两种方式的优点，并综合运用于分拣作业中。这是为了克服按订单拣取和批量拣取的缺点，可以采取将按订单拣取和批量拣取组合起来的复合拣取方式，即根据订单的品种、数量及出库频率，确定哪些订单或订单中的哪些任务，分别适应于订单拣取和批量拣取，以采取不同的分拣方式。

【资料2-14】按订单拣取和批量拣取的比较分析

【资料2-15】电商仓库常用拣货流程优化方法

出库业务之补货作业

三、补货作业

（一）补货作业认知

《物流术语》（GB/T 18354—2021）中，补货（Replenishment）的定义是：为保证物品存货数量而进行的补充相应库存的活动。具体而言，补货作业是将货物从仓库保管区域搬运到分拣区（也称为动管储区）的工作，内容包括确定所需补充的货品、领取货品、做好上架前的准备工作、补货上架、储位信息处理等。补货作业的目的是将正确的货物在正确的时间、正确的地点，以正确的数量和最有效的方式送到指定的分拣区，保证分拣区随时有货可拣，能够及时满足客户订货的需要，以提高分拣的效率。

【资料2-16】什么是动管储区

> 动管储区，是指在分拣作业时所使用的区域，此区域的货品大多在短时期内将被拣取出货，其货品在储位上流动频率很高，所以称为动管储区。
>
> 由于动管储区的功能是满足分拣的需求，为了让分拣时间及距离缩短并降低拣错率，就必须在拣取时能很方便迅速地找到欲拣取货品所在位置，因此对于储存的标示与位置的指示就非常重要。而要使分拣顺利进行并降低拣错率，除需要设计合理的拣选策略外，还需要依赖一些分拣设备，如电子标签等辅助分拣系统，动管储区的管理方法就是这些位置指示及分拣设备的合理应用。

（二）补货作业方式

1. 整箱补货

整箱补货是将整箱货品由保管区补货到分拣区。这种补货方式的保管区通常为货架储存区，分拣区为开放式的流动分拣区。当分拣区的存货低于设定标准时，则进行补货作业。这种补货方式较适合体积小且少量多样出货的货品。

2. 托盘补货

托盘补货即以托盘为单位进行补货。将托盘由地堆保管区运到地堆动管储区，补货时把整托盘的货置于中央输送机送到分拣区，也可以使用堆垛机把托盘由保管区运到分拣区进行补货。当存货量低于设定标准时，立即补货。这种补货方式适合于体积大或出货量多的货品。

3. 从货架上层补货至货架下层

这种补货方式的前提是保管区与动管储区属于同一货架，也就是将同一货架上的中下层作为动管储区，上层作为保管区，进货时则将动管储区放不下的多余货箱放到上层保管区。当动管储区的存货低于设定标准时，利用装卸搬运设备将上层保管区的货物搬至中下层动管储区。这种补货方式适合于体积不大、存货量不高，且多为中小量出货的货品。

4. 直接补货

直接补货即补货人员直接在收货时将货品运至分拣区，货品不再进入保管区的补货方式。这种补货方式常见于货品周转非常快的周转型仓库。

5. 复合式补货

在复合式补货情况下，分拣区的货品采取同类货品相邻放置的方式，而保管区采取两阶段的补货方式，第一保管区为高层货架，第二保管区位于分拣区旁，是一个临时保管区。补货时货品先由第一保管区移至第二保管区，当分拣区存货降到设定标准时，再将货品从第二保管区移到分拣区，由分拣员在分拣区将货品拣走。

6. 自动补货

在一些自动化程度较高仓库，通过仓储管理系统发出指令，货品自动由保管区运出，经过扫描货品及容器条码后，将货品装入相应的容器，然后容器被运送到分拣区进行补货。

补货作业与分拣作业息息相关，是分拣作业的重要保障。科学高效的补货作业，可以保证分拣作业区有货可拣、有货可出，提高分拣作业效率，降低分拣成本。

（三）补货时机

补货作业发生与否取决于分拣区的货品数量能否满足分拣要求，因此何时补货取决于分拣区的货品存量，同时取决于临时补货对整个出货时间的影响。补货时机一般有下述三种。

1. 批次补货

通过仓储管理系统查询每天需要的总补货量及分拣区存货量的情况，并根据需求量一次性补足的方式。批次补货比较适合一个工作日内作业量变化不大、紧急拣货单较少，或每批次拣货量大的情况。

2. 定时补货

固定每天的几个时间点，补货人员在这几个时间段内检查分拣区的存货情况，若分拣区存货已经降到预先规定的水平以下，则立即进行补货。定时补货适合拣货时间固定，且紧急配送情况较多的仓库。

3. 随机补货

仓储中心指定专门的补货人员，随时巡视分拣区货品存量，发现存量不足则立即补货。随机补货适合每批次补货量不大，但紧急插单较多、不确定性大的情况。

（四）补货作业流程

补货作业方式虽有不同，但补货作业程序大体相同，只是在补货时机方面应根据不同情况有所考虑。接到客户的订单后，信息员首先在系统中确认分拣区货品数量是否充足。若分拣区货品数量不足，则应产生补货计划，由补货员进行补货作业。补货作业是补货员根据补货计划对分拣区货品进行数量补充的过程。补货作业流程如图2-7所示。

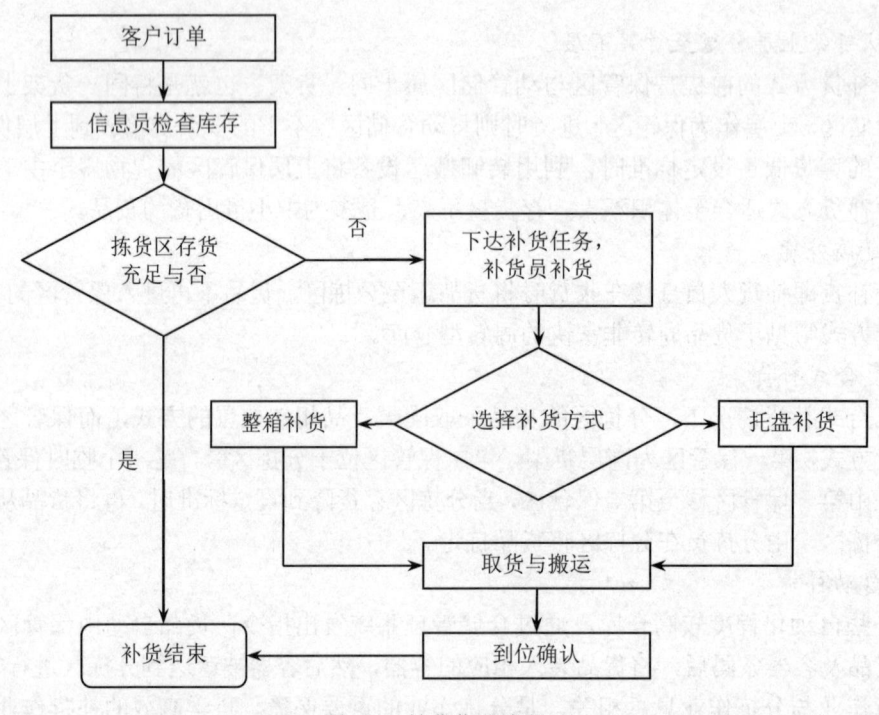

图2-7　补货作业流程

1. 检查库存

信息员查询存货信息，对货品库存情况进行审查，确认是否需要补货。

2. 下达补货任务

如果需要补货，则由信息员打印补货单并交给补货员。对于信息化程度高的仓库，此项任务直接下发到补货员的手持终端上，无须打印。补货员根据补货任务到相应的货位提取货品。

3. 取货与搬运

取货时，补货员首先需要核对货位；确认无误后，按规定动作开箱，避免损坏货品；认真核对货品条码、名称、规格等信息，并检查货品外包装是否完好，根据补货标签领取指定数量的货品。若发现包装损坏、内装货品与名称不符、数量不一致，应及时向信息员反馈。补货员取货时要轻拿轻放，取货后要对货位上的货品进行整理，并选用合适的搬运工具将货品搬运至分拣区目标货位。

4. 到位确认

补货时，应根据补货单上的提示仔细核对货品名称、条码、货位，确认无误后再进行上架作业，上架时保证一种货品对应一个拣货位，并把货品整齐补放在拣货位上，如果拣货位上无法补完此种货品,则应把多余货品整齐存放在每一排指定的暂存区,以便拣货位上缺货时能及时补货到位,提高补货效率。补货完成后,将作业单据反馈给信息员,或者直接通过手持终端反馈。

四、包装作业

《物流术语》(GB/T 18354—2021)中,包装(Package；Packaging)的定义是:为在流通过程中保护产品、方便储运、促进销售,按一定技术方法而采用的容器、材料及辅助物等的总体名称；也指为了达到上述目的而采用容器、材料和辅助物的过程中施加一定技术方法等的操作活动。可见,包装既可做名词理解,也可以做动词理解,在仓储作业中,更强调包装的操作性,也即做动词理解。

(一)包装材料的选择

根据货品的特点和承运方的规定,选择包装材料,确定包装大小,包装应牢固和便于搬运装卸。

1. 纸制品包装

以纸及纸板为主要原料制成的包装,主要有牛皮纸、纸袋纸、玻璃纸、纸盒、纸板箱、瓦楞纸箱、纸桶等,常用于食品、医药品、百杂货、纺织品、五金产品等的包装。其优点是轻便、简单、卫生、价格便宜,易于推广；其缺点是怕雨淋、撞击、震动、重压等。

【实例2-11】某物流公司纸箱规格及价格(表2-1)

表2-1 某物流公司纸箱规格及价格

纸箱规格/mm		价格/元	材质	备注
1#	200×180×100	1	A=A	双坑箱:面纸(A纸),里纸(A纸),厚5mm；A纸基重160g
2#	250×200×180	1.7	A=A	
3#	300×250×200	2.4	A=A	
4#	360×300×250	4.30	K535A	双坑箱:面纸(K纸)+楞纸(5纸)+中隔(3纸)+楞纸(5纸)+里纸(A纸),K纸基重200g
5#	530×320×230	5.4	K535A	
6#	400×400×320	9.50	K535A	
7#	570×350×570	5.9	K3A	单坑箱:共3层纸,厚2.5mm,一般用作内箱

2. 木制品包装

以木材、木制品、人造板为原料制成的包装,其优点是牢固、耐压,其缺点是怕雨淋、怕火烤,主要有木盒、木箱、木桶、纤维板箱、胶合板箱等,适用于大型设备、五金交电产品、自行车、摩托车等的包装。

3. 塑料制品包装

以各种塑料为原料制成的包装,其优点是轻巧、方便、防潮,主要有塑料盒、塑料瓶、塑料袋、塑料软管、全塑箱、钙塑箱等,适用于日用消费品、食品、医药、纺织、服装、小五金等。

4. 玻璃、陶瓷制品包装

用普通或特种玻璃、陶瓷制成的包装,其特点是不易渗漏、密封性好,主要有玻璃瓶、玻璃罐、陶瓷瓶、陶瓷缸、陶瓷坛等，适用于酒、饮料、酱菜等有液体的食品及化工原料、试剂和危险品的包装。

5. 金属制品包装

以铁皮、马口铁、钢材、铝、铝合金等制成的包装，其优点是耐压、密封性好，宜较长期储存货品，主要有金属盒、金属瓶、金属桶、金属软管、钢瓶等，适用于气体、液体、粉状、糊状货品的包装。

6. 其他材料制品包装

除以上几种包装材料外，其他还有棉制品包装、麻制品包装、人造纤维制品包装、竹制品包装及复合制品包装等。

（二）常用包装防护技术

从功能特性上看，包装防护技术具有保护性、单位集中性和安全便利性。从保护性划分，仓库包装防护技术主要分为下述七类。

1. 防震包装

防震包装又称缓冲包装。货品从生产出来到开始使用要经过一个复杂的过程，涉及运输、保管、堆码和装卸等诸多环节。而在每个环节，都会有外力作用在货品上，有可能使货品发生机械性损坏。为了防止货品损坏，就要设法减小外力的影响，防震包装即是一个有效措施，主要有以下三种方法：

（1）全面防震包装方法。主要是指内装物和外包装之间全部用防震材料填充进行防震的包装方法。

（2）部分防震包装方法。对于整体性好的货品和有内装容器的货品，仅在货品或内包装的拐角或局部地方使用防震材料进行衬垫即可。所用包装材料主要有泡沫塑料防震垫、充气型塑料薄膜防震垫和橡胶弹簧等。

（3）悬浮式防震包装方法。目前包装设备市场提供的缓冲防护设备有气泡类生产设备、牛皮纸成型设备、纸皮膨切设备及发泡（聚氨酯）成型设备。从成本角度来说，气泡类（气泡垫、气泡袋、气泡膜、气泡柱等）更具优势；从环保角度来说，纸类包装更具优势；从保护特性来说，发泡成型类更为可靠。

2. 防破损保护技术

（1）捆扎及裹紧技术。其作用是使杂货、散货形成一个牢固的整体，便于处理，防止散堆，从而减少破损。

（2）集装技术。利用集装技术，减少外包装与货品的接触，从而防止破损。

（3）选择高强度保护材料。通过外包装材料的高强度，来防止内装物受外力作用破损。

其中，在集装技术和选择材料方面，各企业和物流领域的专家已经给出无数优化的方案，目前讨论较多的是设备的应用改善，如在裹膜、套膜方向做更多的优化。

3. 防潮包装

防潮包装是为了防止因潮气侵入包装件引起内装货品质量变化而采取的防护措施。如用防潮包装材料密封货品，或在包装容器内加适量干燥剂，以吸收残存在包装内的潮气和通过包装材料透入的潮气，也可在密封包装容器内抽真空等。防潮包装可以防止易吸潮的内装货品（如药品、饼干等）潮解，防止含水分食品、果品等变质，又可防止纤维制品、皮革制品等霉变。

4. 防锈包装

为了防止环境因素对内装货品的锈蚀而采取保护性措施的包装。如在货品的表面涂刷防锈油（脂），或用气相防锈塑料薄膜、气相防锈纸包封货品。

5. 防霉包装

为了防止货品在流通过程中发霉、变质而采用的保护货品质量的包装措施，如降低包装容器内的相对湿度，对内装货品及包装材料进行防霉处理等。常见的防霉包装方法主要有化学药剂防霉包装、气相防霉包装、气调防霉包装三种。

6. 防虫包装

防虫包装是为了保护内装货品免受虫害的侵蚀而采取的保护性措施。货品在仓储过程中遇到的主要危害之一是仓虫。仓虫不仅咬食动植物货品和包装材料，还会排泄浊物污染货品。为了防止仓虫对货品的损害，在不损害货品质量的前提下，可在包装材料中掺入杀虫剂，或在包装容器中使用驱虫、杀虫剂或脱氧剂，以增强防虫效果。

7. 防水包装

防水包装是为防止水分浸入包装物而影响内装物质量而采取一定防护措施的包装。主要是采用某些防水材料作为阻隔层，并用防水粘结剂或衬垫、密封等措施，以阻止水浸入包装内部。

从整体来看，目前物流包装领域越来越多地采用机械化、自动化、智能化设备替代人力，常用的设备包括电动/气动手持式打包机、半自动/自动穿带打包机、缠膜机、套膜机等。

（三）包装标志

包装标志是指为了货品在流通、选购、使用的过程中能够安全、准确、及时地周转，在货品的外包装上用图像和文字标明的规定记号。它是用来指明包装物内货品的特性，为了安全运货、理货、储货的需要，也为了满足消费者了解货品的需要而专门设置的。货品包装标志的图形、文字及颜色必须按国家统一规定的标准表示。包装标志可以分为指示性标志、危险性标志、环保标志、质量认证标志和商检标志五种。

1. 指示性标志

货品包装上的指示性标志，是依据包装物内货品的特性，指示储运过程中的作业人员，进行安全、合理操作要求的图像及文字的特殊记号，又称为储运图示标志。它主要反映货品的怕湿、怕震、怕热、怕冷等性质、特点，以及在装卸、搬运、堆垛、保管、配送等过程中的注意事项，如防潮、易碎、堆码极限、禁用手钩、防热等。

（1）包装标志的类别。根据国家标准《包装储运图示标志》（GB/T 191—2008）（见附录E），常见的包装储运图示标志如图 2-8 所示。

（2）包装标志的使用。包装储运图示标志的外框为长方形，其中图形符号外框为正方形，尺寸一般分 4 种，如表 2-2 所示。

2. 危险性标志

货品包装上的危险性标志是用以表明包装物内的货品属于哪一类危险品及其危险程度，常用图像和文字表示。这是一种重要的包装标志，它能警示物流作业的有关人员加强必要的安全防护措施，从而保证作业中人、财、物的安全，因此这种危险性标志应印刷或粘贴在货品外包装最醒目的规定位置上。

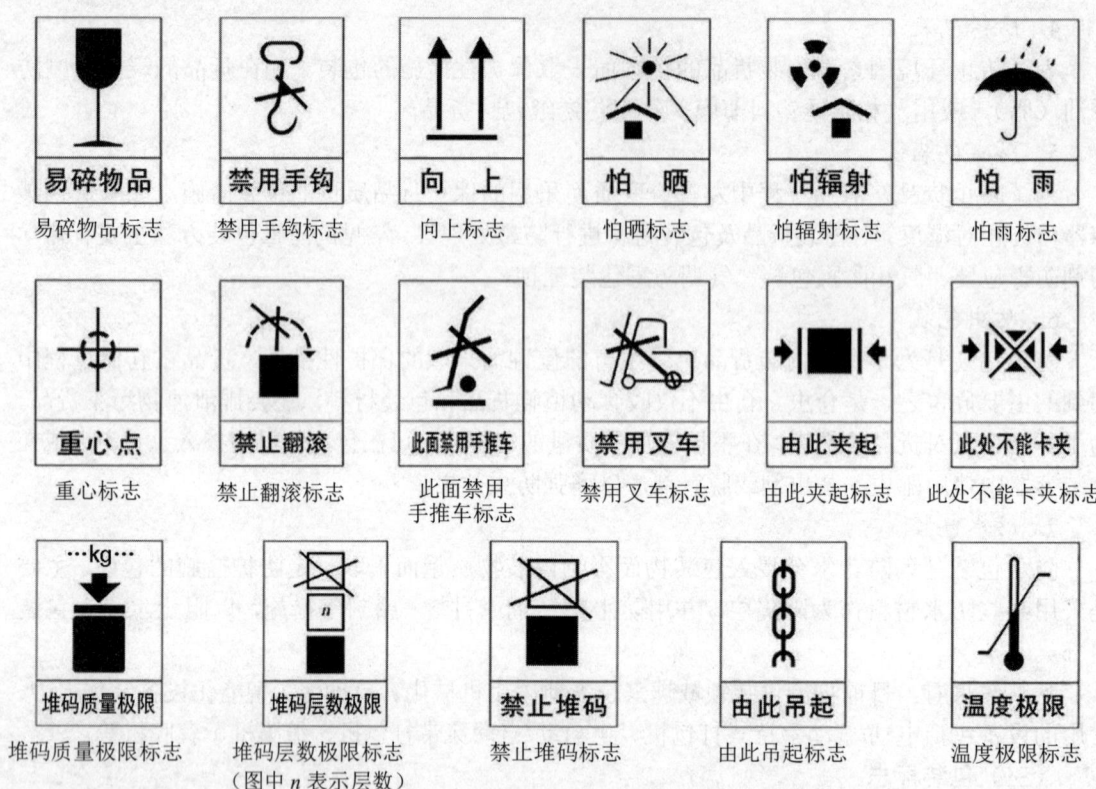

图 2-8 常见的包装储运图示标志

表 2-2 包装储运图示标志的尺寸

尺寸序号	图形符号外框尺寸/mm	标志外框尺寸/mm
1	50×50	50×70
2	100×100	100×140
3	150×150	150×210
4	200×200	200×280

注：遇特大或特小的运输包装件，标志尺寸可以适当扩大或缩小。

国家强制执行标准《危险货物包装标志》（GB 190—2009）对危险品包装标志的图形、适用范围、颜色、尺寸、使用方法等均有明确规定。我国规定危险货品的包装标志必须指出危险品的类别及危险程度等级。货品危险性标志有爆炸品、有毒品、剧毒品、腐蚀性货品、氧化剂、自燃货品等，如图 2-9 所示。

3. 环保标志

环保标志是一种反映环保意识的货品包装标志。货品上标有环保标志，表示该货品属于环保型的货品，包括货品及其包装材料均为环保型的，即货品使用后可再次回收利用。一种货品若要使用环保标志，必须先通过环境保护行政主管部门或中国环境标志产品认证委员会的全面审查，明确该货品及包装确实符合环境保护的要求，才准予使用。

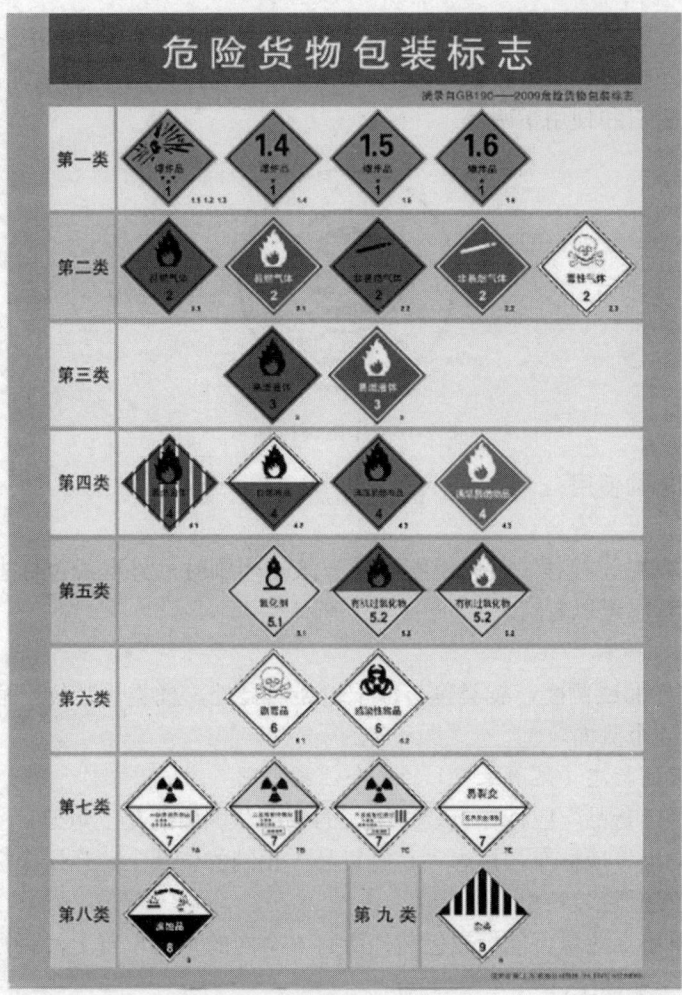

图 2-9 危险货物包装标志

【资料 2-17】环保标志的发展

4. 质量认证标志

质量认证标志是认证机构设计并发布的一种专用标志,用以标明该货品质量已达到某一特定标准或技术规范。我国的质量认证标志由国务院标准化行政主管部门统一审批、认证发布、全面管理,可分为方圆认证标志、长城认证标志和 PRC 认证标志三类。

5. 商检标志

在进出口商品的外包装或小包装的明显部位,附加我国规定的各种检验标志,以证明该商品符合国家或国际安全、卫生、质量标准,就是进出口商品检验标志,简称商检标志。我国进出口货品检验标志中的 CIQ 是中国出入境检验检疫的英文（China Entry-Exit Inspection and Quarantine）的简称,如图 2-10 所示。CIQ 标志是中国出入境检验检疫标识,其式样为圆形,直径 10mm，正面文字为"中国检验检疫"及其英文缩写"CIQ"，背面加注 16 位数码流水号。中文标签应具备以下信息：产品名称、原产国或地区、经销商的名称和地址、内装物量、日期标注、必要的安全警告和使用指南等。

图 2-10　中国商检标志

（四）包装标志的使用

1. 标志打印

可采用印刷、粘贴、拴挂、钉附及喷涂等方法。印刷时，外框线及标志名称都要印上；喷涂时，外框线及标志可以省略。

2. 标志醒目

箱类位于包装端面或侧面，袋类包装位于包装明显处，桶类包装位于桶身或桶盖，集装单元货物，应位于 4 个侧面。

3. 使用包装储运标志（见附录 E）的 7 个注意事项

（1）标志"易碎货品"应标在包装件所在的端面和侧面的左上角处。

（2）标志"向上"应标在与标志"易碎货品"相同的位置上，当两个标志同时使用时，标志"向上"应更接近包装箱角。

（3）标志"重心"应尽可能标在包装件所有 6 个面的重心位置上，否则至少也应标在包装件两个侧面和两个端面上。

（4）标志"由此夹起"只能用于可夹持的包装件，并标在包装件的两个相对面上，以确保作业在叉车司机的视线范围内。

（5）标志"由此吊起"至少应标注在包装件的两个相对面上。

（6）标志应清晰，并保证在货品储运期内不脱落。

（7）标志由生产企业在货品出厂前标打，出厂后如改换包装，其标志由改换包装单位标打。

问题与思考

一、单选题

1. 货品接运方式中的专用线接运，专用线一般是指（　　）。

　　A. 公路　　　　　B. 铁路　　　　　C. 水运　　　　　D. 航空

2. 以下不属于数量验收方法的是（　　）。

　　A. 计件　　　　　B. 检斤　　　　　C. 感官检验　　　　D. 检尺求积

3. 盘点数量误差率高，而盘点品项误差率低，说明（　　）。
   A．发生误差的货品品项减少，但每一发生误差品项的数量有提高的趋势
   B．发生误差的货品品项增加，每一发生误差品项的数量也增加
   C．负责此品项的人员责任心强
   D．发生误差的货品品项减少，每一发生误差品项的数量也减少
4. 货品出库作业流程顺序为（　　）。
   ①登账；②清理；③点交；④核单备料；⑤复核；⑥包装
   A．②④⑤①⑥　　　　　　　　　　B．⑤③⑥②①④
   C．④⑤⑥③①②　　　　　　　　　　D．③⑤②⑥④①
5. 仓库发货时，应首先做到（　　）。
   A．核对货品的品名　　　　　　　　B．核对收货单位
   C．核对银行账号　　　　　　　　　D．核对出货凭证的真实性和合法性

二、多选题

1. 货品入库的主要单据、凭证包括（　　）。
   A．存货人或供货人提供的质量证明书或合格证
   B．存货人提供的送货通知单、仓储合同
   C．存货人或供货人提供的装箱单、磅码单、发货明细表
   D．如果在接运时已有质量残损或差错，应具有承运人填写的商务记录或普通记录，以及提运员、接运员或送货员的交接记录等。
2. 货品堆码"五距"要求是强制执行标准，"五距"是指（　　）。
   A．顶距　　　　　　　　　　　　　B．灯距
   C．墙距　　　　　　　　　　　　　D．柱距和垛距
3. 某连锁超市配送中心在出库作业时一直遵循"三不、三核、五检查"原则，以下属于"三核"内容的有（　　）。
   A．核实凭证，检查出库凭证的合法性和真实性
   B．核对账卡，确保账卡记录与实际货品一致
   C．核对实物，确认货品的品名、规格、数量等与凭证相符
   D．核对收货方信息，保证货品送到正确的地点
4. 减少无效装卸作业的方法有（　　）。
   A．减少装卸搬运作业次数　　　　　B．增加自动化装卸搬运机械
   C．缩短移动距离　　　　　　　　　D．降低无效物装卸搬运的比例
5. 进行分拣时，要拣取的货品必须出现在分拣员面前，可以通过（　　）方式实现。
   A．人至物　　　　　　　　　　　　B．传送带
   C．无人拣取　　　　　　　　　　　D．物至人

三、资料题

1. 某供应商委托某运输公司运送一批钢板至某物流中心仓库。请回答：该货品进行数量验收时应采用何种验收方法？

2．某供应商 10 月 20 日使用普通货车送来一批"统一红烧牛肉面"（保质期 6 个月）至盈丰仓储公司仓库，送货单上数量为 1000 箱，规格为 1×12（128g）盒，单价 2.1 元/盒，金额 25.2 元/箱，生产日期是同年的 8 月 10 日。请回答：该货品进行数量验收时应采用何种验收方式？

3．某供应商于 10 月 20 日送来一车娃哈哈纯净水，送货单上数量为 600 件，规格为 1×24（596mL），单价 0.8 元/瓶，金额 19.2 元/箱，生产日期是同年 9 月 24 日，保质期为 12 个月。请回答：收货应该采取何种方式进行质量验收？验收时发现哪些现象，可将其作为疑问商品或不合格商品处理？

四、计算题

1．某仓库长 42m，宽 21m，高 7.1m，沿着宽方向的走道宽 2.6m，沿着长方向的走道宽 1.8m（走道在中间），库房长方向墙距 1m，宽方向墙距 0.8m，库内无柱子、扶梯及其他固定设施。现用该仓库储存一批洗衣机（需立着堆放），包装长 0.8m，宽 0.6m，高 1m，毛重 50kg，包装承压能力 110kg，问：该最多能储存多少台洗衣机？

2．盈丰仓储公司近期有 8400 件 27 寸液晶显示器到库，单件外形尺寸为 70cm×21cm×52cm，毛重 9kg，外包装上标示的堆码极限标志为 5。现需据此信息做入库计划。

（1）如果直接堆存在地面上，需要为此批货品准备多少储存面积？

（2）如果需要将这批显示器组托后存放在货架上，已知盈丰仓储公司重型货架储位的净长×宽×高=1200mm×1000mm×1450mm（含叉车作业空间 150mm），额定承重 450kg，托盘规格为 1200mm×1000mm×150mm（托盘自重 6kg，静载 2t），则应为此批货准备多少个货位？

五、技能训练题

1．湖州新华物流公司今天早上收到如下的送货通知单：

送货通知单					
单号：00807					
供货单位：湖州绿水青山好大米有限公司					
收货仓库：湖州新华物流中心仓库					
预计送达时间：14:00					
材料编号	材料名称	规格型号	计划数量/袋	单价/（元/袋）	金额/元	附注
8437303	湖州好大米	50 斤/袋	400	100	40000	

（1）湖州好大米的所有证件都已齐全，但是原先要求是 14 点到库，现在已经 16 点了，这批湖州好大米还是没有送到，该如何处理？

（2）当天 18 点，湖州好大米到货，在数量检验中发现，实际数量为 400 袋，过磅的实际重量为 20240 斤，误差率 1.2%，超过了允许的磅差（根据国家标准规定为±1%），新华物流公司的仓库该如何处理这批货？

2. 现在有一批货品即将存放于仓库之中，它们分别是顺德的走地鸡、中山的腊肉、珠海的香蕉、汕尾的牛肉丸、北京的果脯、济南的苹果、太原的大枣、三乡的榴莲，请问你如何进行分类存放？依据是什么？

3. 入库计划的编制、入库单据的设计与填写练习。

智丰公司为一家物流装备制造企业，由于经营范围广、产品种类多，所以单独成立了仓管部，设直接向业务副总报告的仓储经理一人，部门下设若干业务小组，负责管理2个各有数千平方米的专业化仓库。其中，1号库主要用于存放原材料、外购件等，设置标准月台8个（编号分别为01、02、……、08，其中，编号为01、02、03的月台用于收货，其余用于发货），配套雨棚及高度调节板，配备重型货架、轻型货架各若干组，各型叉车及托盘若干；2号库主要用于存放备品备件、成品等。

菲达公司是智丰公司外购件的上游供应商，主要是按照智丰公司的图纸、材料要求加工一些零部件，并按时提供给智丰公司。最近，菲达公司与智丰公司又签订了一份外购件供货合同，其中约定：完成智丰公司下达的采购订单后，菲达公司应至少提前一天电传送货通知单至智丰公司仓管部，并委托承运公司将零部件运至智丰公司仓库；承运公司到达智丰公司指定的位置后，凭送货通知单与仓管部业务小组办理交接手续。

业务小组根据预先收到的电子版送货通知单制定入库作业计划，承运公司将零部件送至仓库后，业务小组组织人员、设备将零部件卸至待检区，在两小时内安排验收，确认入库数量，办理入库手续，并将实收数量及时报送给菲达公司。零部件交接时如发现短缺、货损、不一致等问题，业务小组需通过拍照等方式保留证据，同时，与菲达公司联系确认。

智丰公司：
　　我司拟于近期送若干货品到贵司，详见送货通知单，请予接洽为盼。

菲达公司
××××年10月8日

送货通知单

单号：××××1008008

承运公司	安能汽车货运公司	联系人	张师傅
		联系电话	137×××2563
预计到达时间	××××年10月10日	运输方式	汽运

序号	货品编号	货品名称	规格	单位	数量	实收	备注
1	FDDJ001	底架焊接件	20kg/箱	箱	120		300mm×400mm×220mm
2							
3							

制单人：菲达1号　　送货人：张师傅　　收货员：_____　　检验员：_____

作为智丰公司仓管部的业务小组成员，请根据菲达公司所发送的"送货通知单"制作"入库计划表"，做好入库准备；在承运公司送货到库后，与承运公司办理交接手续；按公司规定设计并填写"入库单",货品入库,设计并填写"库存卡",必要时,将有关情况反馈给菲达公司。

4．仓储业务单据设计及填写。

××××年10月15日10时,湖州怡达电子有限公司(以下简称"怡达电子")销售部王弘收到杭州电子市场采购部张军发来的订货单(订单号:DZD008),订购一批产品,要求于××××年10月17日10时前送达杭州电子市场1号仓库。

订单号为DZD008的订货信息:

01,T8-0.6,产品编号LDE006,8个/箱,50箱。

02,MT8-0.9,产品编号LDE009,8个/箱,50箱。

03,MT8-1.2,产品编号LDE012,12个/箱,20箱。

04,MT8-1.5,产品编号LDE015,12个/箱,20箱。

05,MT8-1.8,产品编号LDE018,12个/箱,20箱。

10月15日14时,怡达电子LD04仓库的主管刘蒙根据销售部王弘转发的订单号为DZD008的客户订单,要求信息员黄华据此编制作业单号为JX009的拣货单,并将拣货任务下达给分拣员张空。

怡达电子LD04仓库的货品存放信息如下:

01,T8-0.6,存放于编号LD04仓库的A区4排3层2列至7列,每个货位存放24箱。

02,MT8-0.9,存放于编号LD04仓库的B区4排2层3列至9列,每个货位存放24箱。

03,MT8-1.2,存放于编号LD04仓库的B区3排2层5列至9列,每个货位存放18箱。

04,MT8-1.5,存放于编号LD04仓库的D区4排2层6列至9列,每个货位存放24箱。

05,MT8-1.8,存放于编号LD04仓库的D区4排3层1列至9列,每个货位存放20箱。

10月16日10时,分拣员张空完成了拣货单JX009的拣货任务,并报告给主管刘蒙。

10月16日11时,刘蒙将拣货完成的信息发给了王弘。

10月16日14时,王弘根据拣货单(JX009),编制作业单号为CK006出库单,要求刘蒙将货品集齐后放在LD04仓库的发货区暂存,待10月16日16时装车发货。

10月16日16时,与怡达公司长期合作的第三方承运人飞度物流公司安排司机赵飞开车前来提货。

由于近期LD04仓库业务较多,怡达电子管理层在10月18日发出编号为PD002的盘点指令,要求LD04仓库主管刘蒙在10月22日前完成对LD04仓库的盘点,并提交盘点报告。

经过前期准备,刘蒙于10月21日9时组织实施盘点,10月21日16点完成盘点,结果发现货位上T8-0.6的实际数量为64箱,账面数量为66箱;而货位上MT8-1.5的实际数量为36箱,账面数量为34箱,其他货位的数量正常。

请根据上述资料,完成下列问题:

(1)以黄华的角色,完成拣货单的设计与填写。

(2)以王弘的角色,完成出库单的设计与填写。

(3)以刘蒙的角色,完成盘点单的设计与填写,并完成盘点报告。

★六、课程思政实践题

利用周末、节假日或寒暑假的时间，至某仓储企业（部门）进行调研，通过与相关岗位工作人员的现场沟通、实地参观、亲身体验等完成如下调研任务（调研中务必遵守企业管理制度和要求，注意个人安全）：

（1）了解该仓储企业（部门）常规货品从入库到出库的全流程，绘制入库流程图及出库流程图。

（2）了解该仓储企业（部门）对仓储相关岗位的工作要求。

（3）了解该仓储企业（部门）在仓储业务中所开展的创新性工作。

（4）收集该仓储企业（部门）仓储员工对企业仓储业务运营的意见和建议。

（5）收集你认为需要了解的该仓储企业（部门）仓储业务方面的信息。

项目三　库存管理

📖 项目目标

1. 知识目标
（1）理解库存及库存管理的基本概念。
（2）掌握经济订货批量（EOQ）公式的推导过程。
（3）掌握 ABC 重点控制法的原理和实施步骤。
（4）掌握定量订货法和定期订货法的基本原理。
（5）理解零库存、MRP 库存控制及供应商管理库存。
2. 技能目标
（1）能应用 EOQ 法进行库存控制。
（2）能应用 ABC 重点控制法进行库存控制。
（3）能应用定量订货法和定期订货法进行库存控制。
3. 素养目标
（1）具备一定的理性思维能力，能作出理性决策。
（2）具备一定的平衡意识，能平衡多个相互有矛盾的任务目标。
（3）具备分类思想，以更好地认识研究对象。

📖 重点难点分析

1. 重点分析
（1）EOQ 公式的推导及其应用。
（2）ABC 重点控制法的应用。
（3）定量订货法和定期订货法的应用。
2. 难点分析
（1）EOQ 公式的灵活应用。
（2）ABC 重点控制法的灵活应用。
（3）定量订货法和定期订货法的灵活应用。
（4）供应商管理库存的实施。

本项目的思维导图

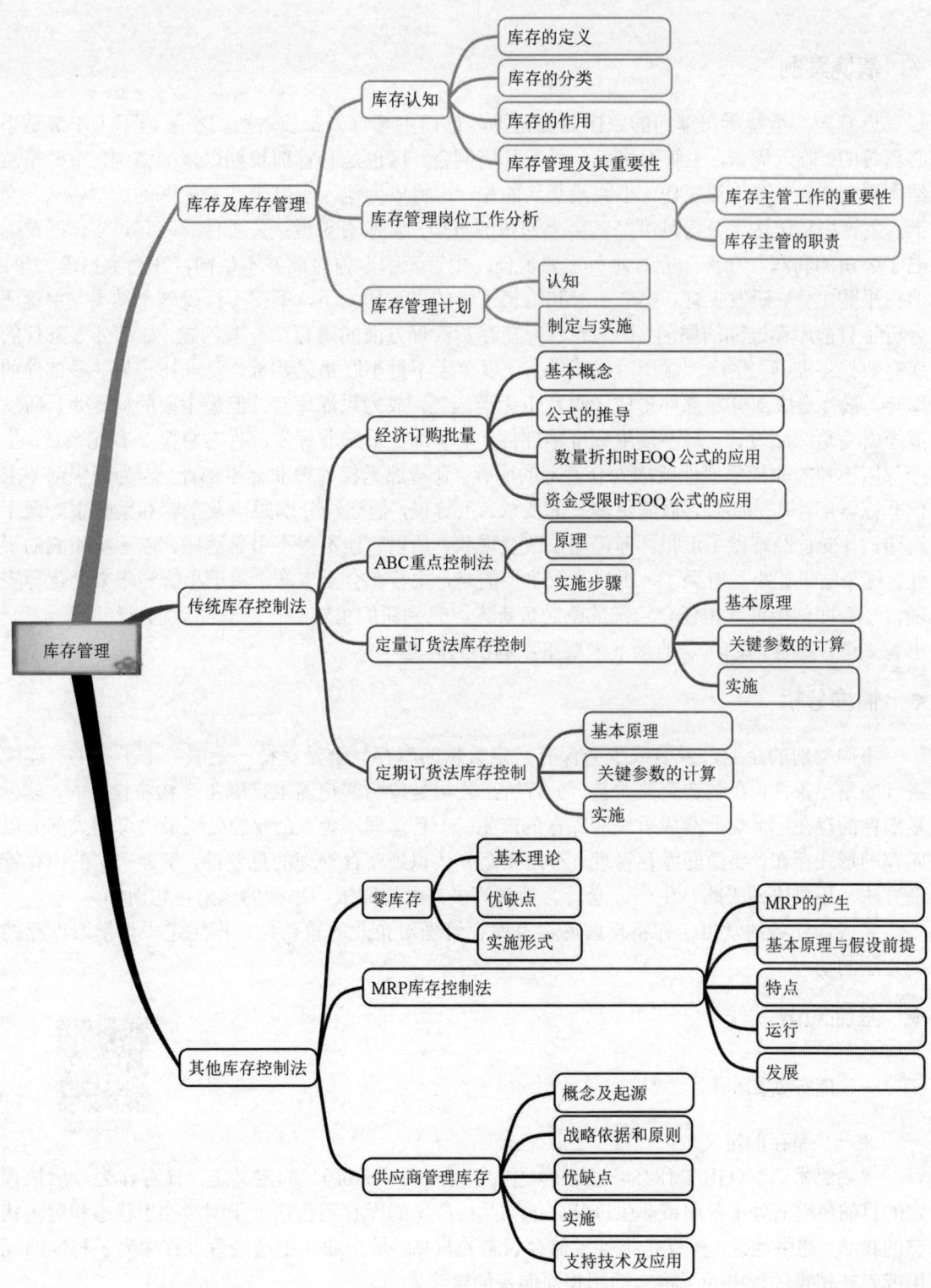

任务一　库存及库存管理

◆ **情境案例**

近几天，小智所在部门的氛围有些压抑，部门主管每天都板着脸，小智请示工作都是小心翼翼的。临近周末，主管召集部门员工开周例会，这也是仓管部长期以来的惯例，主要是总结本周工作，布置下周工作。小智没想到的是，这将成为他入职以来印象最深的一个例会。会上，主管先是传达了公司月度经营会上通报的事项，紧接着说道：公司目前库存过多，严重影响了公司的利润，仓管部应对此负主要责任。主管表示，他对此并不认同，在会上据理力争，但在采购主管、研发主管、生产主管和销售主管的多重压力下，不得不接受这个结果。主管还分析了目前库存过高的原因，认为仓管部在存货管理方面的确存在一些问题，如部分零部件的库存数据不准确，生产部领用时经常缺货，以至于不得不联络采购部，要求补充某些零部件的库存，最终造成部分零部件形成了事实上无形损耗，成为呆滞库存。但最主要的问题是，研发部经常变更产品设计，却不使用标准零部件，采购部在采购非标零部件时总是会有冗余量，生产部用不掉的非标零部件就成为仓管部的库存。仓管部无权处理非标零部件，因为销售部要求把非标零部件作为备件，以满足客户的要求。主管说，他已经分别跟研发主管和采购主管做了沟通，并向总经理做了汇报，但仍无法改变现状，所以，他不得不引咎辞职，以承担相应的责任。这个结果让小智听呆了，更让小智吃惊的是，主管在会上宣布"鉴于小智一年来的优异表现，小智即刻接替我担任仓管部的临时负责人，直到新的主管到任，总经理也已经同意了"。小智知道，库存问题将是他接下来要重点解决的问题。

◆ **情境分析**

不同类别的企业，或多或少会保有一定数量的库存，这是保持一定服务水平和生产连续进行的重要条件，在制造企业尤甚。小智所在公司是按照客户需求定制生产物流设备的，非标零部件的存在，客观上造成了呆滞库存的产生，一旦管理不善，企业的盈利最终可能大部分以库存的形式存在。要做好库存管理，不但要充分认识到库存管理的重要性，掌握一定的库存管理方法，还要协同采购、生产、仓管、销售等多方面的需求，小智的压力可想而知。

完成本任务的学习，你将理解库存及库存管理对企业的重要性，产生进一步学习库存控制方法的动力。

◆ **基础知识**

一、库存认知

（一）库存的定义

《物流术语》（GB/T 18354—2021）中，库存（Inventory）的定义是：储存作为今后按预定的目的使用而处于备用或非生产状态的物品；广义的库存还包括处于制造加工状态和运输状态的物品。通俗地说，库存是指处于储存状态的货品，是企业在生产经营过程中为了将来的耗用或者在销售过程中为了将来的销售而储备的资源。

库存认知

制造企业的库存一般分为原材料、备件、低值易耗品、在制品、产成品；流通企业的库存指购入后用于销售，而实际尚未完成销售的货品。

库存是为了满足未来的需求而暂时闲置的资源，从某种意义上说，闲置的资源就是库存，与这种资源是否放在仓库中没有关系，与资源是否处于运动状态也没有关系。例如，行驶的汽车所装载的货品处于运动状态，但这些货品是为了未来需要而闲置的，这就是一种在途库存。

库存也常被当作库存货品的数量或占用的资金额，在说到某企业现在有多少库存的时候，往往是用一个数字来表示库存金额，如某制造企业仓库中有价值 500 万元的成品库存。

（二）库存的分类

1. 按库存在生产过程中所处的领域分类

（1）制造库存。制造库存是制造商为了满足未来生产的需要，保证生产的顺利进行而建立的物资储备。

（2）流通库存。流通库存是为了满足生产或消费的需要，补充生产和消费储备的不足而建立的库存。其中有批发商、零售商为了保证供应和销售而建立的货品库存，以及在车站、码头、港口、机场中等待中转运输和正在运输过程中的物资和货品。

（3）国家储备。国家储备是流通库存的一种形式，是国家为了应对自然灾害、战争和其他意外事件而建立的长期储备，如石油储备、粮食储备、药品储备等。

2. 按用户对库存的需求特性分类

该种分类标准反映了库存的本质，也是库存管理建立现代理论体系和管理系统的基础。

（1）独立需求库存。一般来说，独立需求库存指用户对某种库存的需求与其他种类的库存无关，其需求量和销售量是完全独立的，表现了这种库存需求的独立性。从库存管理的角度看，独立需求的本质含义是指那些不确定的、随机的、企业自身不能控制的需求。例如用户对企业的产成品、产品的零配件和维修备件等的需求，它们在数量和时间上都有很大的不确定性。

（2）相关需求库存。相关需求库存指某种库存需求与其他需求之间有内在的相关性，只要知道某一种库存需求，就可推算出其他库存的需求量。这类需求通常涉及零部件、组件或原材料，在制造业中表现为物料清单（Bill of Materials，BOM）上的各级子部件。根据这种相关性，企业便可对某些库存进行确定性的控制。例如，用户对企业产品的订货对企业而言是独立需求，但这种订货一旦通过协议方式确定下来，其订货产品（如物流设备）所需要的一切零部件（包括所需用的电动机、螺丝等各种附件）都随之确定，其中对库存的需求就不再是独立、不可控的了，而是与该项订货直接相关，在数量、质量、时间等方面都确定的需求。再如，客户需要 10 张办公桌，则 10 张办公桌的需求是独立需求，但明确了所需办公桌的数量，则制造这些办公所需的面板、桌腿、边框、装饰件、五金件等部件的需求即可明确下来，成为相关需求。

3. 按库存在生产和配送过程中所处的状态分类

（1）原材料库存。原材料库存指企业存储的在生产过程中所需要的符合企业生产规格要求的各种原料、材料，如金属、塑料、化学品等。

（2）在制品库存，也称半成品库存。在制品库存指生产过程中不同阶段的半成品，如机械零件、电路板等。

（3）MRO（Maintenance，Repair，and Operations，MRO）库存。MRO 库存指用于维护、维修、运行设备所需消耗的备品、备件、工具、设备的库存。这些物品主要用于确保生产设备的正常运行，减少因设备故障导致的停工时间。

（4）成品库存。成品库存是准备让客户购买的完整的或最终的产品。

4. 按库存的作用分类

（1）周转库存。当生产或订货是以每次一定批量，而不是以每次一件的方式进行时，这种由批量周期性形成的库存就称为周转库存。成批生产或订货一是为了获得规模经济，二是为了享受数量折扣。由于周转库存的大小与订货的频率有关，所以如何在订货成本与库存成本之间做出选择是决策时主要考虑的因素。

（2）安全库存。安全库存又称缓冲库存，是生产者为了应对需求的不确定性和供应的不确定性，防止造成缺货损失而设置的一定数量水平的库存。例如供应商未能按时供货、生产过程中意外停水停电等。设置安全库存的目的是稳定生产，接单后能快速出货。设置安全库存应以确保供应、最少量的库存、不造成呆料为基本原则。

（3）调节库存。调节库存是为了调节需求或供应的不均衡、生产速度与供应速度的不均衡、各个生产阶段的产出不均衡而设置的一定数量的库存。比如空调、电扇的生产商为保持生产能力的均衡在淡季生产一定数量的产品置于调节库存，以备旺季（夏天）的需求。有些季节性较强的原材料或供应商供应能力不均衡时，也需要设置调节库存。

（4）在途库存。在途库存是处于相邻两个使用地之间或相邻两级销售组织之间的库存，包括处在运输过程中的库存，以及临时停放在两地之间的库存。在途库存的大小取决于运输时间和运输批量。

5. 按存放地点分类

（1）仓库库存（Warehouse Inventory）。仓库库存指存放在仓库中的库存，有些集团性工厂可以分为一厂库存、二厂库存等。库存集中存放于仓库，有利于管控、调配与控制，减少损失风险，但在市场需求波动时易积压过剩。

（2）生产线库存（Line Inventory）。生产线库存也称为线边仓库存，是存放在生产线上的物品，包括在制品、原材料、半成品等。这种库存方便生产部门取用，缩短等待期，利于生产流程连续，降低生产中断风险；但必然要占用产线空间，若管理不当或致库存损坏丢失、超量使用。

（3）渠道库存（Channel Inventory）。渠道库存指存放在销售渠道中的物品，包括经销商、零售商等持有的库存。这种库存有利于快速响应市场、提升销售效能、稳定销售渠道和客户关系，但也容易增加渠道成本，如持有、管理及风险成本，市场需求变化快时易导致库存积压或短缺。

（4）供方库存（Supplier Inventory）。供方库存指存放在供应商处的库存，一般为提前备的安全库存等，有利于应对需求波动、提高供应链效率、加强供应商关系、增强灵活性，但也容易导致失去库存控制权、依赖供应商、库存信息不对称等。

（三）**库存的作用**

1. 库存的积极作用

（1）维持销售的稳定。销售预测型企业必须为最终销售产品保持一定数量的库存，其目的是应对市场的销售变化。在这种方式下，企业预先并不知道市场真正需要多少数量的成品，只是按市场需求预测进行生产，由于预测无法100%准确，因而产生一定数量的库存是必然的。随着拉式供应链的形成，企业能够先接订单，再根据订单量安排采购事宜，这种库存将逐渐减少，甚至最终消失。

（2）维持生产的稳定。企业按销售订单与销售预测安排生产计划，并制订采购计划，下达采购订单。由于采购的货品需要一定的提前期，这个提前期是根据统计数据或者在供应商生产稳定的前提下制定的，但存在一定的风险，有可能会拖后而延迟交货，最终影响企业的正常生产，造成生产的不稳定。为了降低这种风险，企业会增加货品的库存量。

（3）平衡企业物流。在企业采购原材料、零部件及销售成品的各个物流环节中，库存起着重要的平衡作用。采购会根据库存能力（资金占用等）协调来料的收货入库，同时对生产部门的领料应考虑库存能力、生产线物料情况（场地、人力等）平衡物料发放，并协调在制品的库存管理。另外，对可以向外销售的成品库存也要视情况进行协调（各个分支仓库的调度与出货速度等）。

（4）平衡企业流动资金的占用。库存的原材料、零部件及成品是企业流动资金的主要占用部分，因而对库存量的控制实际上也是对流动资金的平衡。例如，加大订货批量在增加资金占用的同时会降低企业的订货费用；保持一定量的原材料、在制品，能够节省生产时间、提高工作效率，但增加了库存资金的占用。

2．库存的消极作用

（1）占用企业大量流动资金。通常情况下会占企业总资产的 20%～40%，库存管理不当就会形成大量资金的沉淀，甚至损耗。

（2）增加了企业的产品成本与管理成本。库存量的增加直接提高了产品成本，而相关仓储设备、管理人员的支出，也加大了企业的管理成本。

（3）掩盖了企业众多管理问题。较大的库存量，能够有效保证生产与销售的顺利进行，但也容易掩盖一些问题，如计划不合理、采购不力、生产不均衡、产品质量不稳定及市场销售不力等。

库存水平与管理问题如图 3-1 所示。

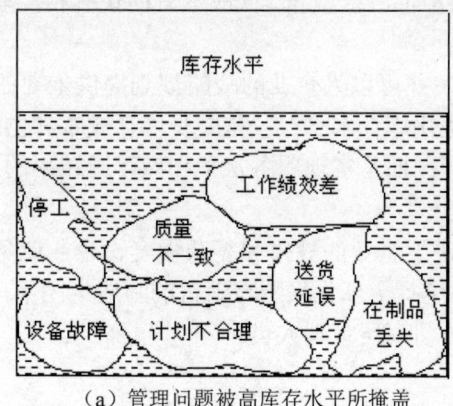 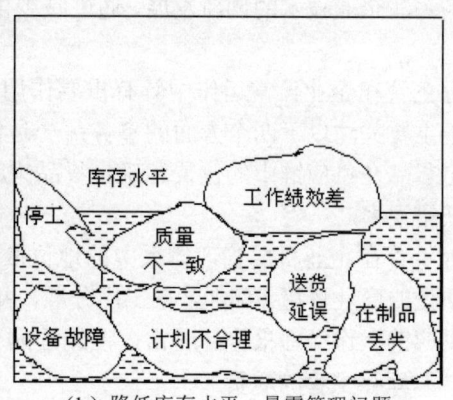

（a）管理问题被高库存水平所掩盖　　　　（b）降低库存水平，暴露管理问题

图 3-1　库存水平与管理问题

（四）库存管理及其重要性

库存管理也称存货控制、库存控制（Inventory Control），是使库存货品的种类、数量、时间、地点等合理化所进行的管理活动。库存管理的目标是在满足客户需求的前提下，通过对库存水平的控制，尽可能地降低库存水平，提高物流系统的效率、资金的利用率，以增强企业的

竞争力。库存管理本质上是对数量和时间的管理。真正的库存管理体现在库存的计划与风险管理之中,不仅应确保库存信息准确,有效满足客户和市场的需求,还应控制库存量,加速库存周转,降低库存资金占用,从而降低库存成本。

【实例3-1】库存管理带来的效益

> 一家超市日均销售额20万元,供应商平均结算周期8周,如果库存是13周的销售额,需要额外的5周销量的资金付款给供应商,即20万元×7天/周×5周=700万元,如果库存只维持在4周的销量,超市就有4周销量的资金放在银行里,即20万元/天×7天/周×4周=560万元。降低一个周的库存量,企业就可以多出140(700-560=140)万元的流动资金。
>
> 再如某制造业,年销售额100万元,其中采购成本80万元,库存成本10万元,加上管理成本5万元,那么这公司利润有5万元。
>
> 如果企业希望利润翻倍,提升到10万元,在各成本比例不变的情况下,那么销售额就要翻倍,达到200万元了。也就是销售额要提升100%,但这是相当不容易的。
>
> 但是,在销售额仍为100万元情况下,如果把库存成本削减5%,就能够使利润提升一倍。比起增加100%的销售额,库存削减5%的目标是否更容易达成呢?
>
> 如果管理不善,导致库存成本翻倍,达到了10万元,那么利润就完全被库存吞噬了。

二、库存管理岗位工作分析

(一)库存主管工作的重要性

库存管理岗位工作分析

激烈的市场竞争决定了企业内部各部门必须在整体发展战略的框架下加强沟通与协作。库存主管如果能够加强与企业其他相关部门的沟通与协作,如采购部门、生产部门、营销部门、财务部门等,一方面有利于优化交货时间和减少所需库存,另一方面可以减少采购品种,统一物料编码系统,以更好地进行物料跟踪等。库存主管还应当关注企业技术的创新发展,通过减少供应品种的数量、低成本自动获取和传输库存管理信息。

库存主管在企业日常运作中具有重要作用,并可以为企业的战略规划提供重要的信息。库存主管主要关注以下四个方面的事务:一是优化库存水平;二是减少库存成本和供应品种;三是确定货品在供应链中的位置和确定货品来源;四是实现服务水平和库存周转率的最大化,同时降低错误率。

库存主管在企业科层管理体系中的地位取决于企业的规模和复杂程度、企业业务类型以及企业所处的商业环境。例如,在工厂分散,并进行全球化采购与销售的制造集团中,库存主管将向供应链运作经理报告,通常,该经理为公司高层管理人员。

(二)库存主管的职责

不同企业对库存管理的岗位设置不同,有些库存量小的企业里甚至不设置库存主管,而是由相关岗位的主管兼任,如仓储主管。

1. 仓储主管的库存管理职责

(1)根据采购计划、生产计划、销售计划,预测仓库容量需求。

(2)了解仓库信息。需要比较自有仓库容量、成本,租赁仓库位置容量、费用标准,以及第三方物流仓库位置、容量费用标准。

（3）制定基本仓储方案。具体根据仓库容量需求分析报告和仓库分类统计报告，制定基本仓储方案。

（4）制定组合方案计划。将各种基本库存方案整合成组合库存方案计划。

2. 库存主管的主要职责

（1）分析库存变动特点。分析采购计划、生产计划、销售计划等，制定库存变动报告。

（2）权衡相关成本。如订货成本和存储成本。

（3）制定库存目标。比如，将现有库存量降到什么程度，能保证生产和服务客户的需要。

（4）制定库存管理计划。在了解本企业对物料需求和市场变动的基础上，权衡相关成本，为实现既定库存管理目标，制定管理计划。

三、库存管理计划

（一）库存管理计划的认知

1. 基本概念

库存管理计划的制定与实施

库存管理计划是指根据市场需求、生产计划、采购周期等因素，对未来一段时间内的库存水平进行预测和规划，包括对未来市场需求的分析、生产计划的制定以及原材料采购周期的预测等，以确保企业在满足客户需求的同时，控制库存成本和风险。

库存管理计划是库存管理的起点。从广义上讲，任何供应链计划和控制都是库存管理计划。从狭义上讲，库存管理计划是可以和需求计划、供应计划等其他模块并列的计划。

2. 库存管理计划的目标设定

（1）优化库存成本。通过合理控制库存量，降低库存积压、过时、损耗等成本，实现库存成本的最小化。

（2）提高库存周转率。通过加强库存管理，确保库存货物能够快速、有效地转化为销售收入，提高库存周转率，提高资金利用效率。

（3）降低缺货风险。通过合理的库存预测和补货策略，确保库存能够满足市场需求，降低缺货风险。

（4）提高客户满意度。确保库存充足、及时供应，提高客户满意度和忠诚度。

3. 库存管理计划的核心要素

（1）品种选择。根据市场需求、产品特性等因素，选择适当的库存品种。

（2）数量规划。根据生产计划、销售预测等因素，确定合理的库存数量。

（3）时间规划。根据生产周期、销售季节等因素，合理安排补充库存的时间。

（二）库存管理计划的制定与实施

1. 制定步骤

（1）预测市场需求。一个成功的库存管理计划以准确的需求预测为基础。只有了解市场需求变化，企业才能更好地制定采购计划和库存控制策略。通过市场调研、历史销售数据分析等手段，企业可以更精准地预测未来的需求情况，从而避免因过量采购而造成浪费，或因库存不足而错失销售机会。市场需求，包括货品种类、数量、质量以及客户需求等方面的信息。

（2）设定合理的库存水平。根据自身实际情况设定合理的库存水平。这需要综合考虑企业的资金状况、仓储能力、市场变化等多方面因素，并根据不同的产品特点设定不同的库存水平,以确保库存管理计划的合理性和可行性。此外,还应合理设定安全库存水平。这一水平既不能过高以致造成资金的过度占用,也不能过低以致影响到企业的正常运营,应根据货品的生产与销售情况、供应链的稳定性等因素来科学设定。

(3)制定合理的补充库存的策略。根据产品的生命周期、市场供求关系等因素,合理确定订货周期和订货量,使企业能够在确保供应的前提下,尽量减少库存积压现象,提高库存周转率。具体内容,将在本项目的任务二中详细介绍。

(4)实时监控与调整。根据市场变化和实际销售情况进行实时监控和调整。当发现实际销售情况与预测出现较大偏差时,应及时调整库存管理计划,以避免造成过多的库存积压或供应不足的情况。

(5)及时优化库存结构。考虑库存结构的优化,避免出现某些产品库存过剩而其他产品供不应求的情况。对库存结构进行调整与优化,可以有效降低库存成本,提高企业的盈利能力。

2. 库存管理计划的实施

(1)制定库存管理规定。明确库存管理的相关政策和流程,包括库存监控、盘点、订货管理等内容。

(2)建立库存管理团队。成立专门的库存管理团队,负责库存管理工作的执行和监督。

(3)完善库存管理系统。引入先进的库存管理系统,实现库存信息的实时监控和管理,包括库存量、库存周转率、缺货率等指标,及时发现和解决问题。

(4)培训相关人员。对库存管理人员进行培训,提高其库存管理意识和能力。

(5)定期评估和调整。定期对库存管理计划进行评估,分析库存成本、库存周转率、客户满意度等指标的变化情况,总结经验教训,不断优化库存管理计划。

3. 潜在风险及应对措施

(1)市场变化风险。市场变化是企业管理者无法避免的问题,当市场发生变化时,企业应及时调整库存管理计划,以适应市场的变化。

(2)采购风险。采购风险是指企业在补充库存的过程中可能会遇到的问题,如供应商违约、采购成本上升等。为了应对这些问题,企业应建立稳定的供应商关系,并制定合理的补充库存策略。

(3)存储风险。存储风险是指企业在存储过程中遇到的问题,如货物损坏、丢失等。为了应对这些问题,企业应选择合适的存储方式,并建立完善的存储管理制度。

【实例 3-2】某企业的库存管理实施计划表

【资料 3-1】仓库如何确定最高库存量和最低库存量

任务二 传统库存控制法

◆ 情境案例

根据在校所学、一年来积累的工作经验、部门主管离职前的指点，小智认识到主管离职、新主管尚未到任的这段时间是最佳的表现时机，或许他自己就有可能升任主管，就可以加薪，就有更大的空间发挥自己的专业能力，就能更好地回报企业、回报社会……但小智也清醒地认识到，首先必须做好库存管理，赢得各方的信任。小智决定先要跟销售部、采购部和研发部建立深入的业务联系，变过去被动接受库存为主动掌握库存变化的趋势。小智仔细研究了公司现有的产品线，以及近几年的成品销售情况，根据零部件的金额和重要性，将现有库存分为A、B、C 三类，耐心说服部门里的其他员工重点关注 A 类和 B 类零部件，尤其是 A 类零部件，要求随时掌握 A 类和 B 类零部件的库存情况，并将库存情况反馈给采购部和研发部。小智还建议采购部对一些通用零部件，能够根据往年销售数据以及销售计划，将全年的需求量汇总起来，集中下单，按照经济订货批量统一采购，这样既可以保证生产部的需求，又能降低采购成本、存货成本，减少库存占用的公司资金；小智还联合采购部和生产部向研发部建议，尽量多用标准零部件，少用非标零部件，这样既可以提升生产部的生产效率，又能减轻研发部的工作量，还能降低采购成本。面对小智的工作热情，以及详尽的数据资料，采购、研发、生产等部门都同意改进自身工作，为公司整体盈利共同努力。

半年下来，新主管并未到任，小智的努力也没有白费，公司库存占用流动资金的比例已经从过去的 40%下降到了 24%。总经理对各部门的工作成效大加赞赏，也正式任命小智为仓管部主管。

小智知道，今后的任务会更重，更有挑战性。

◆ 情境分析

高库存是企业"所有问题"的"垃圾场"，企业的任何管理问题都可能体现在库存管理上，要做好仓储管理就必须充分认识到库存管理的重要性，并掌握一定的库存管理方法。案例中的小智并没有被问题吓倒，而是主动应用所学的 ABC 重点控制法，积极作为，加强了与横向业务部门之间的沟通和联系，使各方意识到库存问题产生的原因，并最终获得各方行动上的支持，从而降低了库存占用企业资金的比例。

通过本任务的学习，你将掌握经济订货批量、ABC 重点控制法、定量订货法、定期订货法等传统库存控制方法。当然，这些方法的实施需要得到采购、生产等部门的配合。这些方法的背后是平衡思维、基于时间的决策和基于数量的决策。

◆ 基础知识

一、经济订货批量

经济订购批量

（一）经济订货批量的基本概念

所谓订货批量（Ordering Quantity），就是单次订货所订的货品数量。经济订货批量（Economic

Ordering Quantity，EOQ）是指通过平衡采购订货成本和库存持有成本,以实现总库存成本最低的最佳订货量。经济订货批量是固定订货批量模型的一种,可以用来确定企业单次订货(外购或自制)的数量补充库存,以控制库存成本。当企业按照经济订货批量订货补充库存时,可实现采购订货成本和库存持有成本之和最小化,也即总库存成本最小化。

1. 采购订货成本

（1）订货成本。为了补充库存而进行的每次订货都会涉及多种业务活动,这些活动都会给企业带来成本,包括准备订单的成本、通信成本、货品接收成本,以及各种所需信息的成本。

（2）价格折扣成本。多数供应商会对大批量的采购提供价格折扣,而对于小批量的采购,价格相对较高。

（3）缺货成本。如果因订货批量决策失误发生缺货,企业可能因无法满足客户的需要而遭受相应的损失。如果是外部客户,他们可能会转向其他供应商,造成机会成本损失;如果是内部客户,则可能导致停工待料,使设备闲置。

2. 库存持有成本

（1）库存占流动资金的成本。库存占流动资金的成本指一定时期内,企业在物流活动过程中因持有库存占用流动资金所发生的成本,包括存货占用银行贷款所支付的利息(属显性成本)和存货占用自有资金所发生的机会成本(属隐性成本)。通常,从发出补充库存的采购订单开始,供应商就会要求采购方支付一定比例的货款,而采购方只能等到自己的货品销售出去才能获得用户的付款,在向供应商付款和得到用户的付款之间会存在时差,整个时差期间,采购来的库存都占用了企业的流动资金,这部分占用资金的成本体现为利息支出,还体现为不能将这部分资金投入别处所导致的机会成本。

（2）存储成本。存储成本主要指货品实体存储所带来的仓储费用,当货品实体要求特殊的存储条件时,比如冷藏仓库,存储成本会更高。

（3）废弃风险成本。如果订货批量很大,货品可能会在仓库中存储较长的时间,这种状态下,货品可能过期或变质,大大低于原来的价值甚至完全失去价值,从而带来废弃成本。

一般情况下,采购订货成本会随着订货批量的增加而减少,而库存持有成本会随着订货批量的增加而增加。此时,可以通过控制订货批量来平衡这两种成本。

（二）经济订货批量公式的推导

1. EOQ 公式的推导过程

下面,我们通过对实例 3-3 的分析来说明 EOQ 公式的推导过程。

【实例 3-3】EOQ 公式推导

> 某企业对物料 A 的全年需求量为 1200 件,单位采购价格为 6 元,持有成本率为 20%,单次订货成本 20 元,那么该企业每次订购多少可使全年的库存持有成本和订货成本的总和最小?

为使库存总成本的最小化,我们需要先确定采购订货成本和库存持有成本。

（1）采购订货成本的计算。采购订货成本由订货的办公成本、通信成本、差旅成本等构成。可以用下面的近似公式进行计算：

$$C_1 = C_0 \cdot (D/Q)$$

式中,C_1 为采购订货成本,C_0 为单次订货成本,D 为一定时期(如全年、某季度、某月等)

的需求量，Q 为订货批量，则 D/Q 为一定时期的订货次数。

（2）库存持有成本的计算。由于库存持有成本通常受到库存货品价值的影响，所以，可以将库存持有成本表示为货品单位采购成本的一定百分比，以进行估算。一定时期内，库存持有成本的近似公式为：

$$H = P \cdot i \cdot (Q/2)$$

式中，H 为库存持有成本，P 为单位采购成本，i 为持有成本率，Q 为订货批量，$Q/2$ 为平均库存。

（3）总库存成本的计算。总库存成本由采购订货成本 C_1 和库存持有成本 H 构成，一定时期内，总库存成本 C 为：

$$C = C_1 + H = C_0 \cdot (D/Q) + P \cdot i \cdot (Q/2)$$

现在，我们来计算实例 3-3 中采用各种不同的订货批量时的总库存成本，为方便计算，我们取若干整数订货数量，来计算总库存成本，如表 3-1 所示。

表 3-1 不同订货批量下的总库存成本

订货批量（Q）/件	采购订货成本（C_1）/元	库存持有成本（H）/元	总库存成本（C）/元
50	480	30	510
100	240	60	300
150	160	90	250
200	120	120	240
250	96	150	246
300	80	180	260
320	75	192	267
400	60	240	300

随着订货批量的增加，刚开始时，采购订货成本 C_1 的下降大于库存持有成本 H 的上升，进而使总库存成本 C 下降；但过了某个点之后，采购订货成本 C_1 的下降速度开始变慢，而库存持有成本 H 继续上升，进而使总库存成本 C 上升。也就是说，随着订货批量 Q 的增加，总库存成本 C 先大后小再大，而当采购订货成本 C_1 和库存持有成本 H 相等的时候，总库存成本 C 是最小值。经济订货批量如图 3-2 所示。

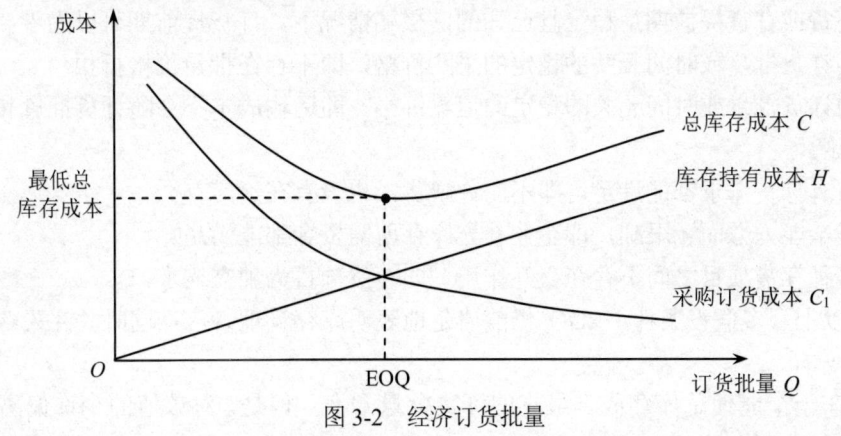

图 3-2 经济订货批量

在订货批量为 200 件时，总成本最小。这个使持有成本和订货成本之和最小的订货批量，即为经济订货批量。

【思考】：在上述情况下，你会选择 200 件作为订货批量呢，还是选择 250 件作为订货批量？试说明理由。

总库存成本曲线的最低点，正是库存持有成本曲线与采购订货成本曲线的交点，即两种成本相等的点。

也即当 $C_0 \cdot (D/Q) = P \cdot i \cdot (Q/2)$ 时，所得的 Q 可以使采购订货成本和库存持有成本的总和最小，这个 Q 值即为经济订货批量，记作 EOQ。

由此，推导出

$$EOQ = \sqrt{\frac{2C_0 \cdot D}{P \cdot i}}$$

式中，P 为单位采购成本，即通常所说的单位产品的价格；i 为一定时期内的库存持有成本率；$P \cdot i$ 为一定时期内单位产品库存持有成本；C_0 为单次订货成本；D 为一定时期内的总需求量；EOQ 为该时期内的经济订货批量。

持有成本率的时间单位应与 D 的时间单位一致。

需要说明的是，EOQ 是若干个订货批量 Q 中比较特殊的一个，既定条件下，有且仅有一个 EOQ。

【实例 3-4】EOQ 公式的应用

> 某贸易公司每月以每单位 30 元的价格采购 6000 单位的甲产品，处理一次采购订单需要 125 元的费用，单位甲产品的月存储成本为 6 元，请问甲产品的经济订货批量是多少？
>
> 解：已知 $D=6000$，$P=30$，$C_0=125$，$P \cdot i = 6$，代入 EOQ 公式，可得：
>
> $$EOQ = \frac{\sqrt{2 \times 125 \times 6000}}{6} = 500$$
>
> 所以甲产品的经济订货批量为：500 单位。

2. 推导 EOQ 公式的所作的假设

在我们推导 EOQ 的过程中，做了如下假设：

（1）某一时期内，企业的需求是连续稳定且已知的。

（2）补货或订货提前期是稳定且已知的，极端情况下，订货提前期可以为零。

（3）与订货批量或时间无关的稳定的采购价格，即不存在批量价格折扣。

（4）与订货批量或时间无关的稳定的运输价格，即运输成本不会随订货批量和订货时间的变化而变化。

（5）所有订货需求都能满足，即不允许缺货，也没有在途库存。

（6）资金能力方面无限制，即企业补充库存所需资金都能满足。

（7）多种存货项目之间不存在交互作用，即存货项目为独立需求。

即使有以上众多假设条件，EOQ 仍能清楚地表明库存管理者应当同时关注采购订货成本和库存持有成本。

尽管存在一个能使总库存成本最小的订货批量 Q 值，但是，对该值的少许偏离并不会明显地增加总成本,也即如果选定的订货批量 Q 值足够接近 EOQ 值,总库存成本就可以被优化。这也就意味着对采购订货成本和库存持有成本的少量估算误差并不会导致对总库存成本的明显偏离,这样更方便对 EOQ 的计算,因为采购订货成本和库存持有成本都不容易被精确计算。

(三) 数量折扣时 EOQ 公式的应用

供应商往往对采购企业的大宗订货给予数量折扣优惠,这是为了"薄利多销",同时也可以减轻自身的库存压力。供应商所给予的数量折扣可以分为两类,即比例折扣和累进折扣。

资金受限和数量折扣时经济订购批量公式的应用

比例折扣是指对一定区间内的采购数量都按照同一比例给予折扣;累进折扣是指只有超过规定数量水平的采购数量才给予折扣。例如,某货品采购数量在 50 个以下时,单价为 120 元,采购数量在 51~100 个时,单价为 108 元,采购数量在 100 个以上时,单价为 96 元,即位累进折扣。现在,我们需要一次性采购 250 个,如果采用累进折扣,则需要按 120 元每个采购 50 个,再按 108 元每个采购 50 个,最后以 96 元每个采购 150 个。如果采用比例折扣,则以 96 元采购 250 个。下文中,对于数量折扣时 EOQ 公式的应用,我们按比例折扣来讨论,这也是大多数采购商愿意接受的折扣方法。

为确定数量折扣时的 EOQ,首先需要计算出不同价格水平所对应的 EOQ,如果 EOQ 落在与该价格相应的数量区间,则该价格可行;如果 EOQ 小于与该价格的所对应数量区间的最低值,则该价格不可行,应予以排除。如果有多个 EOQ 落在与价格相对应的数量区间,则需要计算相应 EOQ 及对应价格下的补充库存总库存成本,以及不同价格及相应 EOQ 所对应的采购成本(单价×总需求),即总成本 C_t,取总库存成本与采购成本的和最低的 C_t 所对应的 EOQ 为最优订货批量,这是为了获得数量折扣所带来的成本优势,公式为:

$$C_t = P \cdot D + C = P \cdot D + C_0 \cdot (D/Q) + P \cdot i \cdot (Q/2)$$

【实例 3-5】数量折扣时 EOQ 公式的应用

(四) 资金受限时 EOQ 公式的应用

EOQ 公式应用的前提条件之一是"资金能力方面无限制,即企业补充库存所需资金都能满足",但现实中,企业往往存在资金短缺的现象,也就是企业所拥有的资金量少于维持企业正常生产所需要的资金量。此时,企业面对补充库存和资金受限的矛盾,如果不能以最低的总库存成本来补充库存,则考虑在适当增加总库存成本的情况下,降低补充库存的数量,只要增加的总库存成本处于可接受的范围内,可以选择次优的订货批量来面对资金短缺的问题。具体计算思路参考实例 3-6。

【实例 3-6】资金受限时 EOQ 公式的应用

二、ABC 重点控制法

（一）ABC 重点控制法的原理

1. ABC 重点控制法概述

ABC 重点控制法（ABC Key Control Method），又叫 ABC 分析法（ABC Analysis）、ABC 分类法（Activity Based Classification；ABC Classification）、分类管理法（ABC Classification Management Method）或重点管理法（ABC Key Management Method），它是将库存货品按某种标准，分为特别重要的库存（A 类）、一般重要的库存（B 类）和普通库存（C 类）三个等级，然后针对不同等级分别进行控制的管理方法。

ABC 重点控制法是根据事物有关方面的特征，进行分类、排队，分清重点和一般，以有区别地实施管理的一种分析方法。这种方法起源于意大利数理经济学家、社会学家维尔雷多·帕累托（也译为巴累托、巴雷托）对人口和社会问题的研究。约 19 世纪末至 20 世纪初，帕累托依据一些国家的历史统计资料，对资本主义国家国民收入分配问题进行研究时，发现收入少的占全部人口的大部分，而收入多的却只占一小部分。他将这一关系利用坐标绘制出来，就是著名的帕累托曲线，并由此提出帕累托法则，即 80/20 法则或 80/20 定律。1951 年，管理学家戴克将其应用于库存管理，定名为 ABC 分析法，使帕累托法则从对一些社会现象的反映和描述发展成一种重要的管理手段。此后，也有学者将其引入质量管理，进行质量问题分析，称为排列图。

2. ABC 重点控制法的核心思想与基本原理

（1）ABC 重点控制法的核心思想。一是强调"重要的小部分"，即"关键少数"；二是分类思想。

（2）ABC 重点控制法的基本原理。把上述核心思想与技术、经济分析和定量计算结合起来，以"关键少数和一般多数"为理论依据，通过定量分析，将管理对象的属性分为重要指标（如占用金额、周转量等）和一般指标（如品种数、种类数、SKU 数量等），根据各种指标的占比划分为 A、B、C 三类，然后根据 A、B、C 不同类别的特点，采取与之相适应的不同管理策略，从而有效地提高库存管理效率和经济效益。

3. ABC 重点控制法的分类标准

（1）常规分类标准。

1）A 类：称为重点库存或关键库存。这类货品的重要指标占比为 60%～80%，同时，对应的一般指标占比为 10%～20%。例如，某些货品的库存品种数（一般指标）的累计百分比仅占总项目（如总品种数）的 10%～20%，而其库存所占资金（重要指标）的累计百分比却占总资金的 60%～80%，这些货品就成为关键的少数，因而将其定为 A 类。

2）B 类：称为主要库存。这类库存货品的重要指标占比为 10%～20%，同时，对应的一般指标占比为 10%～20%。

3）C 类：称为一般库存。这类库存货品的重要指标占比为 10%～20%，同时，对应的一般指标占比为 60%～80%。

例如，某企业规定，当月库存金额占总库存金额 70%的货品为次月的 A 类货品，当月库存金额占总库存金额 20%的货品为次月 B 类货品，当月库存金额占总库存金额 10%比例的货品为次月 C 类货品。

（2）对 ABC 分类标准的说明。

1）应用 ABC 重点控制法，一般是将分析对象分成 A、B、C 三类，但也可以根据分析对象重要性分布的特性和对象数量的多少分成五类、十类等。经验表明，一般不宜超过五类。对于货品品种特别多的，还可以先将重要指标进行分段，再针对各段进行 ABC 分类。

2）计算百分比时，通常保留四位小数，如计算结果为 0.830721……，则取值为 0.8307，可表示为 83.07%。

3）由于不同的人对事物的认识角度不同，因而对库存货品重要性的识别有一定差异，这也就带来 ABC 分类的主观性。ABC 分类的百分比并不要求绝对精确，所以这样的主观性是可以接受的。

4）当某种货品对企业的经营有独特意义或关键性作用的时候，即使不符合 A 类的分类标准，也应划分为 A 类，尤其是制造企业的原材料库存，表现得尤为突出。

5）ABC 分类结果并不是始终不变的。商业流通企业的仓储中心通常根据季节或业务数据的变化，定期调整 ABC 分类结果，以实施重点管理；制造企业也会根据业务特点、产品系列等进行调整。

4. ABC 重点控制法的意义

（1）分清质量和价值等级，分清重要和一般。

（2）突出仓储资源利用效果、成本控制和利润。

（3）减少不必要的库存损失和浪费。

（4）便于合理安排不同类别货品的货位，最大限度地降低成本和提高仓储作业效率。

（二）ABC 重点控制法的实施步骤

1. 收集数据

库存控制中涉及各种货品，对库存货品的属性（如数量、单价、周转量等）进行分析后，即可收集所需属性的数据，如制造企业通常收集库存货品的数量和单价，以明确库存金额的大小这一重要指标，商业流通企业通常收集库存货品的年（或月）销售量、货品单价等数据，并将销售额作为重要指标，仓储型物流企业通常收集库存货品某一时期的周转量，并将周转量作为重要指标。

2. 统计汇总

对收集的数据进行汇总，并按要求进行计算，包括计算所确定指标的数值，指标数值占总计指标数值的百分比。

3. 编制 ABC 分析表

ABC 分析表有两种形式。一种是将全部货品逐个列表的大排队式。它适用于货品数目较少的分析项目。另一种是对各种货品进行分层的分析表，即采用分层的方法，先按某种标准分层，以减少货品的品项数，再根据分层的结果将关键的 A 类货品逐个列出来进行重点管理；通常适用于货品品项数目较多，无法全部排列于表中或没有必要全部排列的情况。

4. ABC 分析图

以一般指标的累计百分比为横坐标，重要指标的百分比为纵坐标，按 ABC 分析表所示的对应关系，在坐标图上取点，并连接各点成曲线，即绘制成 ABC 分析图。除利用直角坐标绘制曲线图（图 3-3）外，也可绘制成直方图（图 3-4）。

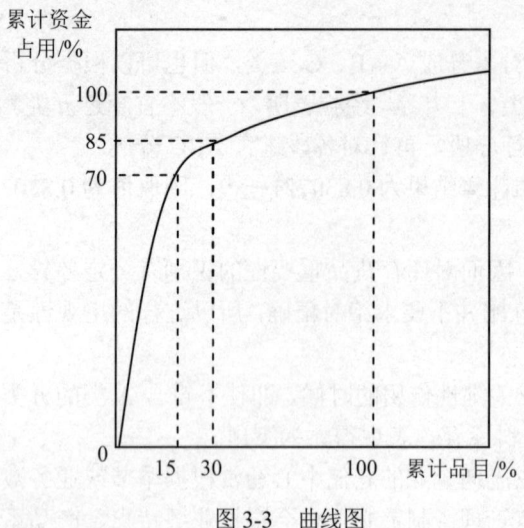

图 3-3 曲线图

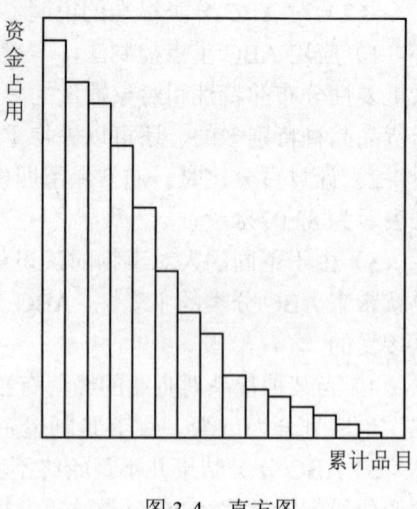

图 3-4 直方图

5. 确定重点管理方式

根据分析的结果，对 A、B、C 三类货品采取不同的管理策略，如表 3-2 所示。

表 3-2 ABC 分类管理策略

类别	A 类	B 类	C 类
管理重点	1. 准确的需求预测和详细的采购计划 2. 严格的库存控制 3. 严格的物流控制和后勤保障 4. 对突发事件的准备 5. 供应商的合作	1. 供应商的选择、竞争与合作 2. 建立采购优势 3. 目标价格管理 4. 订购批量优化 5. 最小库存	1. 物品的标准化 2. 订购批量优化 3. 库存优化 4. 业务效率 5. 供应商的竞争与合作
订货量	少	较多	多
订货方式	定量订货	定期订货	定期订货，双堆法
定额水平	按品种甚至规格控制	按品种大类品种控制	按总金额控制
检查方式	经常检查和盘存	一般检查和盘存	按年度或季度检查和盘存
价值	高	中	低
记录	最准确、最完整	正常记录	简单记录
统计方法	详细统计，按品种、规格等统计项目	一般统计，按大类规定统计项目	按金额统计
保险储备量	低	较大	允许较高

在计划平衡、资金分配、采购订货、组织供货等方面做到重点突出、兼顾一般、统筹安排、控制有方，确保各类货品供应，降低库存金额，缓解资金压力

【资料 3-2】双堆法库存管理

【实例 3-7】某连锁企业对 ABC 重点控制法的应用

某连锁企业对仓储中心库存的 20 种货品进行了盘点，各库存品种占用的资金及相应的库存金额比例如表 3-3 所示，试用 ABC 重点控制法进行管理。

表 3-3　库存 20 种产品的资料

品名	库存金额/千元	库存金额累计/千元	品名	库存金额/千元	库存金额累计/千元
a	44	44	k	160	3188
b	46	90	l	32	3220
c	48	138	m	28	3248
d	120	258	n	320	3568
e	280	538	o	180	3748
f	1200	1738	p	70	3818
g	40	1778	q	46	3864
h	30	1808	r	50	3914
i	1000	2808	s	44	3958
j	220	3028	t	42	4000

根据 ABC 重点控制法，将各库存品种按占用资金的大小排序，ABC 分类即如表 3-4 所示。

表 3-4　库存 20 种货品的 ABC 分类结果

品名	库存金额/千元	货品的库存金额占库存总金额的比例/%	货品的品种数占总品种数的比例/%	分类结果	分类理由
f	1200	30	5	A	这 4 种货品的库存金额占库存总金额的 70%，品种数占总品种数的 20%，符合 A 类标准
i	1000	25	5		
n	320	8	5		
e	280	7	5		
小计		70	20		
j	220	5.5	5	B	这 4 种货品的库存金额占库存总金额的 17%，品种数占总品种数的 20%，符合 B 类标准
o	180	4.5	5		
k	160	4	5		
d	120	3	5		
小计		17	20		
p	70	1.75	5	C	这 12 种货品的库存金额占库存总额的 13%，品种数占总品种数的 60%，符合 C 类标准
r	50	1.25	5		
c	48	1.2	5		
b	46	1.15	5		
q	46	1.15	5		
a	44	1.1	5		

续表

品名	库存金额/千元	货品的库存金额占库存总金额的比例/%	货品的品种数占总品种数的比例/%	分类结果	分类理由
s	44	1.1	5	C	这12种货品的库存金额占库存总额的13%，品种数占总品种数的60%，符合C类标准
t	42	1.05	5		
g	40	1	5		
l	32	0.8	5		
h	30	0.75	5		
m	28	0.7	5		
小计		13	60		

三、定量订货法库存控制

定量订货法库存控制

（一）定量订货法的基本原理

所谓定量订货法（Fixed-Quantity System，FQS），就是当库存量下降到预定的库存数量（订货点）时，立即按一定的订货批量进行订货的一种方式。

定量订货法的基本原理：预先确定一个订货点 Q_k 和一个订货批量 Q^*，随时检查库存，当库存量下降到订货点 Q_k 时，就发出订货 Q^*。为了应对不确定因素，还可以预先确定安全库存 Q_s。定量订货法示意如图3-5所示。

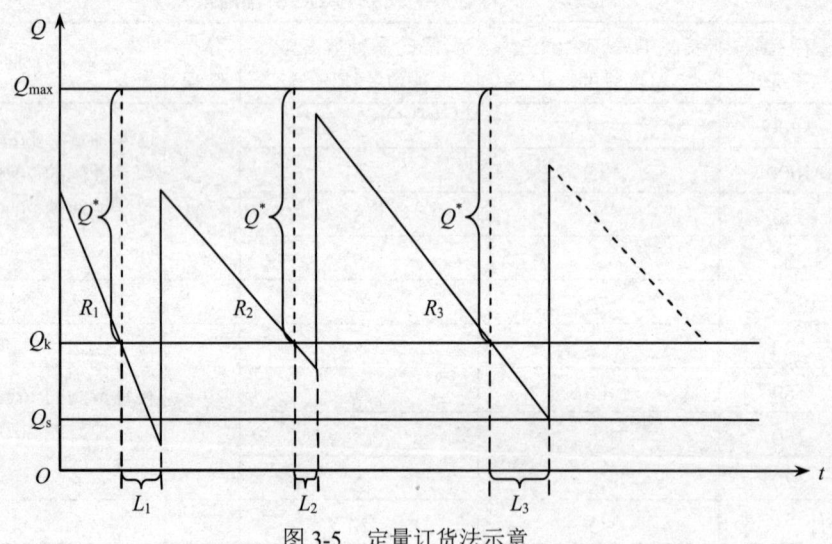

图3-5 定量订货法示意

（二）定量订货法关键参数的计算

1. 确定订货点 Q_k

订货点 Q_k 就是发出订货的时机。在定量订货法中，发出订货时仓库里该品种还保有的实际库存量叫作订货点。订货点 Q_k 是一个决策变量，是决定控制库存水平的关键变量。

显然，订货点不能取的太高，也不能太低。订货点的大小取决于三个因素：

（1）需求速率。需求速率即需求（销售或生产）的快慢，用单位时间内的平均需求量 R

描述,显然,需求速率越高,则订货点越高。

(2) 订货提前期。订货提前期即从发出订货到所订货品运回并入库需要的时间。订货提前期越长,订货点就越高。订货提前期(图3-5中的L_1、L_2、L_3)的大小取决于上游企业的订单反应时间、生产时间、路途的远近和运输工具、运输速度的快慢等因素。

(3) 安全库存Q_s(Safety Stock)。安全库存是用于缓冲不确定性因素(如大量突发性订货、突然延期交货等)而准备的库存。

安全库存Q_s=预计单位时间的平均耗用量×(内部订单处理期+供应商滞纳期)

安全库存的设定一般说来很复杂,虽然有理论公式,但是没有一个标准的设定方法。实际操作中,主要是根据企业的历史业务数据、结合业务人员的经验进行设置,还需要在实践中不断探索和完善,最终确定合理的安全库存量。有的企业采取先设置两周的平均需求量作为安全库存,同时参考生产周期、经济批量等,然后在这个基础上逐步进行调整,等到供方稳定以后,再考虑如何降低安全库存。

总之,安全库存就相当于库存中的替补,要根据企业的发展情况和需求变化等因素进行设定,安全库存虽然能够起到一定的缓冲作用,但完全依赖安全库存是行不通的。当然,也有企业不设置安全库存,或对部分货品不设置安全库存,即安全库存为零。

综合考虑上述三个因素,订货点用公式表示为:

$$订货点=需求速率×订货提前期+安全库存$$

$$Q_k=R×L+Q_s$$

【资料3-3】如何巧妙设置并管控安全库存

2. 确定订货批量 Q^*

订货批量 Q^* 是不能随意确定的。因为订货批量的高低,直接影响库存量的高低,也直接影响货品的供应满足程度。订货批量太大,虽然可以充分满足用户的需要,但将使库存量过高,成本升高;订货批量太小,库存量虽然可以降下来,但不一定能保证满足用户要求。所以,订货批量也要合适,这主要取决于两个因素:

(1) 需求速率的高低。需求速率高,说明用户的需求量大,当然订货批量也应该大。

(2) 经营费用的高低。较高的经营费用,将使企业压缩订货批量。

由前文可知,应用定量订货法时,订货批量 Q^* 一般取经济订货批量 EOQ,关于 EOQ 的计算,前文已有述及。

(三) 定量订货法的实施

1. 实施定量订货法的步骤

(1) 确定订货点和订货批量。

(2) 库存管理人员随时检查库存。

(3) 当库存量下降到订货点时,就发出订货。订货量取经济订货批量。

2. 实施定量订货法的注意事项

(1) 它只适用于订货不受限制的情况,即想在什么时候订货、在哪里订货都可以,并且都可以收到货。也就是说，它只适用于货品供应充足、市场供大于求、货品自由流通的市场。

（2）它的直接运用只适用于单一品种的情况，如果要实行几个品种联合订购，还要再做灵活处理。

（3）它既适用于确定性需求，也适用于随机性需求。对于不同的需求类型，订货点的确定方法略有差异，但应用原理是相同的。

（4）它一般用于 A 类货品，也即需要经常检查库存的货品。

【实例 3-8】定量订货法的应用

某库存货品月需求量为 4000 件，该货品每件月储存成本为 10 元，每次订货成本为 200 元，某月内预计平均销货量为 12 件/天，订货提前期为 7 天，现有库存为 180 件，其中安全库存 36 件。若采用定量订货法，该如何操作？

解：已知 D=4000，$P \cdot i$=10，C_0=200，代入 EOQ 公式，可得：

$$EOQ = \frac{\sqrt{2 \times 200 \times 4000}}{10} = 400（件）$$

已知 L=7，R=12，Q_s=36，代入订货点公式，可得：

$$订货点 Q_k = 7 \times 12 + 36 = 120（件）$$

采用定量订货法，应随时检查库存，当库存量下降 120 件时发出订货，每次订货 400 件。

四、定期订货法库存控制

定期订货法库存控制

（一）定期订货法的基本原理

所谓定期订货法（Fixed-Interval System，FIS），是按预先确定的订货间隔期进行订货的一种方式。

定期订货法的基本原理是，预先确定一个订货周期 T^* 和一个最高库存量 Q_{max}，周期性地检查库存，发出订货。订货批量的大小应使订货后的名义库存量达到 Q_{max}。定期订货法示意如图 3-6 所示。

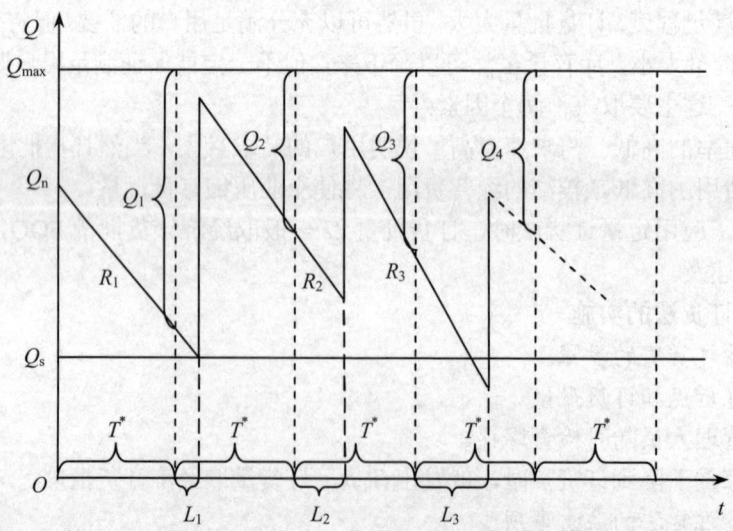

图 3-6　定期订货法示意

定期订货法在保证用户需求满足程度方面的原理与定量订货法是不同的。

定量订货法是以提前期用户需求量为依据，制定订货策略的目的是保证提前期 L_K 内用户需求量的满足，它的决策参数订货点 Q_K 就是按一定满足程度来保证提前期内用户的需求量。

定期订货法不是以满足提前期 L_K 内的用户需求量为目的的，而是以满足订货周期 T^* 内的需求量再加上满足订货提前期 L_K 内用户的需求量为目的的，它的决策参数最高库存量 Q_{max} 是根据这两个需求量的总和来确定的，Q_{max} 越大，库存满足程度也越高。

（二）定期订货法关键参数的计算

1. 确定订货周期

定期订货法中，订货周期 T^* 决定了订货时机，也就是定期订货法的订货点。订货周期也就是订货间隔期，与定量订货法的订货间隔期不同，定量订货法的订货间隔期互相可能相等，也可能不相等，而定期订货法的订货间隔期都相等。订货间隔期的长短，直接决定了最高库存量 Q_{max} 的大小，也就是决定了仓库库存水平的高低，因而也决定了库存费用的大小。所以，订货周期不能太长，太长了，库存水平太高，会增加库存持有成本；也不能太短，太短了，订货次数太多，会增加订货费用。

一般情况下，可以用经济订货周期作为定期订货法的订货周期。而在实际应用中，订货周期也可以根据具体情况进行调整。

可以由 EOQ 公式推导出经济订货周期公式。

已知一段时期内的总需求量为 D，则可以计算这段时期内的订货次数：

$$订货次数\ n=D/EOQ。$$

若这段时期的天数（或工作日数）为 N，则可以计算经济订货周期：

$$经济订货周期\ T^*=N/n=N\cdot EOQ/D$$

2. 确定最高库存量

定期订货法的最高库存量应该以满足 T^*+L_K 的需求量为依据。也就是说，我们可以取最高库存量等 T^*+L_K 期间的总需求量。

$$Q_{max}=(T^*+L_K)\cdot D/N$$

考虑安全库存时，上述公式还应加上 Q_s，即

$$Q_{max}=(T^*+L_K)\cdot D/N+Q_s$$

3. 确定订货量

定期订货法没有固定不变的订货批量，每个周期订货量的大小都要依据订货时的实际库存量大小来确定，等于最高库存量与订货时的实际库存量的差值。这里所谓的"实际库存量"，严格地说，是指检查库存时仓库所实际具有的能够用于需求的全部货品的数量。也就是说，它包括当时存于仓库中的货品数量 Q_K，还包括已订未到的货品数量 I 和已经售出但尚未发货的货品数量 B。这里的 Q_K、Q_I、Q_B 都是由订货前检查库存时实际得到的数据，每次检查的值可能不一样，所以每次的订货量 Q_n 可能不一样。

$$Q_n=Q_{max}-Q_K+Q_I-Q_B$$

（三）定期订货法的实施

1. 实施定期订货法的步骤

（1）确定决策参数 Q_{max} 和 T^*。

（2）每隔一个订货周期 T^* 检查库存，根据当时的实际库存量，计算并发出订货批量 Q_n。订货批量 Q_n 的大小都要使订货后的名义库存量达到 Q_{max}。

2．实施定期订货法的注意事项

（1）通常只适用于单一品种的情况。但是稍加处理，也可以用于几个品种的联合订购。

（2）既适用于随机型需求，也适用于确定型需求。对于不同的需求类型，可以导出具体的运用形式，但其应用原理是相同的。

（3）多用于 C 类货品，即对库存数量比较敏感的货品。

【实例3-9】定期订货法的应用

> 某玩具企业，全年以10元的单价购入8000单位的部件。每次的订货成本为30元，该部件的持有成本率为30%，安全库存为100单位。如订货提前期为10个工作日，全年以250个工作日计，试计算该部件的经济订货周期、最高库存量。
>
> 解：已知 $D=8000$，$P=10$，$C_0=30$，$i=30\%$，$N=250$，$T_K=10$，$Q_s=100$，代入公式，则：
>
> $EOQ=400$
>
> $T^*=N \cdot EOQ/D=250 \times 400 \div 8000=12.5$
>
> $Q_{max}=(T^*+T_K)D/N+Q_s=(12.5+10) \times 8000 \div 250+100=820$

【资料3-4】定量订货法与定期订货法的区别

任务三　其他库存控制法

◆ 情境案例

小智升任仓管部主管后没多久，小商也担任了库存组副组长，虽然不用再做拣货、发货等任务了，但需要配合供应商和门店做好上下游环节服务，完成库存数据分析，协助组长进行成本管控，也要经常到仓库查看货位上的货品，特别是一些价值高、出货量大的重点货品。小智和小商都已经在面对公司仓库库存的压力了，只有小高好一些，基本上没有库存压力，也不需要对客户库存量的高低负责，此外，公司的 WMS 与客户的 ERP 系统已经成功对接，客户可以随时查询仓库里的库存。

基于岗位职责，小智、小商一直在想一个问题——如何在确保供应的情况下降低库存。他们了解过"零库存"，但结合企业实际情况，觉得目前还不具备实施"零库存"的条件。如小智公司有一些电子零部件价格波动比较大，需要在价格低的时候多备些货，这就没法实现零库存。

小智所在公司已经从 WMS 升级到了 ERP 系统，但目前除了财务部和生产部用得比较多以外，其他部门用的还比较少，仓库同时还在用原有的 WMS。小智认为，如果仓库员工能够熟练使用 ERP，查询生产部的一些数据，再将库存数据及时反馈给采购部，或许对降低库存有一定帮助，但几个老员工并不赞同小智的看法，认为使用原来的 WMS 系统工作效率高，新系统太大，操作也不便利，录入各种信息，也增加了工作量。

小商听说"供应商管理库存"的模式比较适合零售业，但具体怎么实施、能否成功实施，他心里一直没底，也偶尔跟组长提过这个想法，可组长好像并没什么热情。小商也考虑过由供应商直接发货到门店，避免从供应商到仓配中心，再从仓配中心到门店，但现实条件不允许，有些供应商的实力也不够，门店验货的压力挺大，甚至还可能产生"腐败"风险。

◆ **情境分析**

小智、小商工作岗位的变动，已经让他们开始从保障供应、降低库存的角度来考虑仓储管理的问题了，这也是他们仓储职业发展到一定阶段时必须面对的事情，如果能够突破这个极端，未来的发展空间非常大。库存管理的方法很多，但并不是每种方法都适合所有企业的实际情况，应用某种方法前，必须做好足够的论证，务必获得上级领导的赞同和支持，以及部门员工的信任与配合，同时，也要做好不成功的准备。

通过本任务的学习，你将了解零库存、MRP 及供应商管理库存等库存控制方法。

◆ **基础知识**

一、零库存

（一）零库存的基本理论

零库存（Zero Inventory）可以追溯到 20 世纪六七十年代，当时日本的汽车制造企业实施准时制（Just in Time，JIT）生产，在管理手段上采用看板管理、单元化生产等实行拉式生产（Pull Manufacturing），以实现生产过程中基本上没有积压的原材料和半成品，这不仅大大降低了生产过程中的库存及资金的占用，而且提高了相关生产活动的管理效率。

所谓零库存，是指物料（包括原材料、半成品和产品等）在采购、生产、销售、配送等一个或几个经营环节中，不以仓库库存的形式存在，而是处于周转的状态。对某个具体企业、具体商店、车间而言，零库存是在有充分社会储备作为保障的前提下的一种特殊供应形式。

（二）零库存的优缺点

1. 实施零库存的优点

如果企业在不同的环节实施零库存管理的话，其效益是显而易见的。例如，减少库存占用资金，优化应收和应付账款，加快资金周转，降低库存管理成本，规避市场变化和产品升级换代而产生的降价、滞销的风险，等等。

2. 实施零库存的缺点

即便做到了零库存，企业也面临众多问题，如单一供应源的风险、小批量供应造成较高的运输或配送物流成本、投资较大的柔性生产系统，以及较高成本的一体化信息系统平台等。

因此，也有人说所谓零库存是"天底下最大的库存管理的谎言"。

【实例 3-10】国际知名公司的零库存实践

> 日本某知名汽车制造商在汽车装配线做到了生产环节的零库存，但除了本身先进有效的管理手段和方式之外，其上百家零配件供应商将配套厂或原材料仓库安排在该汽车制造商工厂的四周，零库存是基于"零"距离供应实现的。
>
> 美国某知名计算机公司实现了零部件零库存，因为通过"供应商管理库存"（Vendor Management Inventory，VMI）的方式，计算机的零部件都以供应商的名义放在由第三方物流公司管理的仓库中。该公司的成品是零库存的，因为当客户通过电话或网络下达订单的时候，公司的客户服务人员会告诉客户：大约需要一周的交货时间。成品的零库存除了该公司引以为傲的供应链系统之外，也是基于非现货交易来实现的。

（三）零库存的实施形式

1. 委托保管方式

受托方接受用户的委托，代存代管所有权属于用户的货品，用户不再保有库存，甚至可不再持有安全库存，从而实现零库存，同时，受托方收取一定的代管费用。这种零库存形式优势在于：受托方利用其专业的优势，可以实现较高水平和较低费用的库存管理，用户不再设置仓库，同时减去了仓库及库存管理的大量事务，集中力量于生产经营。但是，这种零库存方式主要是靠库存管理的转移来实现的，并不能使库存总量降低。

2. 协作分包方式

这是制造企业的一种产业结构形式，这种结构形式可以围绕若干企业的柔性生产开展准时供应，使制造企业的供应库存为零；同时制造企业的集中销售使若干分包劳务及销售企业的销售库存为零。

在一些发达国家，制造业是以一家规模很大的核心企业和数以千计的小型分包企业组成一个金字塔结构。核心企业主要负责装配和市场开拓的指导，分包企业各自分包劳务、零部件制造、供应和销售等业务。例如，分包零部件制造的企业，可采取各种生产形式和库存调节形式，以保证按核心企业的生产速率，按指定时间送货到核心企业，从而使核心企业不再设一级库存；商店销售，可通过配额、随供等形式，以核心企业集中的产品库存满足各分包者的销售，使分包者实现零库存。

3. 轮动方式

轮动方式也称同步方式，是在对系统进行周密设计的前提下，使各个环节完全协调，从而根本取消库存的一种零库存、零储备形式。这种方式是在传送带式生产基础上，进行更大规模延伸形成的一种使生产与材料供应同步进行，通过传送系统供应实现零库存的形式。

4. 水龙头方式

这是一种像拧开自来水管的水龙头就可以取水而无须自己保有水箱的零库存形式，其基本逻辑由供应商负担库存，库存货品以工具标准件为主。企业与特定的供应商订立购买合同，供应商将货品放入企业仓库，企业将供应商使用的库存空间无偿出借，并代管理。这样，供应商在负担库存的同时免去了管理成本。而企业可以随时提出购入要求，需要多少就购入多少，供应商以自己的库存和有效供应系统承担即时供应的责任，从而使企业实现零库存。

5. 看板方式

看板方式也称"传票卡制度"或"卡片"制度。在企业的各工序之间，或在企业之间，或在生产企业与供应者之间，采用固定格式的卡片为凭证，由下一环节根据自己的节奏，逆生产流程方向，向上一环节指定供应，从而协调关系，做到准时同步。采用看板方式，有可能使供应库存实现零库存。

6. 无库存储备

国家战略储备的物资，往往是重要物资，战略储备在关键时刻可以发挥巨大作用，所以几乎所有国家都要有各种名义的战略储备。由于战略储备非常重要，一般这种储备都保存在条件良好的仓库中，以防止其有所损失，延长其保存年限。因而，实现零库存几乎是不可想象的事。所谓无库存储备，是仍然保持储备，但不以库存形式存在。比如，铝是战备物资，可以将其作为隔音墙、路障等储备起来，以防万一，而不是存放于仓库中。

【实例3-11】海信电器的零库存实践

二、MRP 库存控制法

MRP 库存控制法

（一）MRP 的产生

对于制造企业而言，物料是一个广义的概念，它不仅指原材料，还包含自制品（零部件）、成品、外购件和服务件（备品备件）等更大范围的内容。对于各种物料的管理，并不仅是对物料的库存管理，还包括建立科学的、系统的物料需求计划，协调和控制各部门适当数量的物料。在制造企业的物料管理中，既要满足生产过程中的充分供应，保证生产过程的连续进行而不产生中断；又要控制物料储备量的限度，减少所占用的流动资金，加速资金周转，降低产品成本。

此前，我们已经了解库存控制的定量订货法和定期订货法，这两种方法也被称为订货点方法，主要根据需求量、提前期和安全库存等决定如何订货。接下来，我们将要学习 MRP 库存控制法。

20 世纪 60 年代中期，美国 IBM 公司奥列基博士提出物料需求计划（Material Requirement Planning，MRP）方案，它是以物料需求计划为核心的企业生产管理计划系统。

MRP 是根据主生产计划表上物料的需求时间来决定订货和生产，从理论上来看，这是比较占优势的一种方法。但是，在应用计算机之前，人工需用 6～13 个星期计算物料需要量，因此也只能按季度订货，这样的话，MRP 方法不一定比订货点法优越。然而，应用计算机之后，情况就大不同了，计算物料需求量的时间被缩短至 1～2 天，订货日期短、订货过程快，可以由每季订货改为每月。因此，MRP 成为人们公认的物料管理、库存控制的好方法。

MRP 的系统目标是围绕所要生产的产品，在正确的时间、正确的地点，按照规定的数量得到真正需要的物料；通过按照各种物料真正需要的时间来确定订货与生产日期，以避免造成库存积压。

（二）MRP 的基本原理与假设前提

1. MRP 的基本原理

MRP 的基本原理：在已知主生产计划（根据客户订单，结合市场预测制定的各产品排产计划）的条件下，根据产品的结构文件（即产品物料清单，BOM）、制造工艺流程、现有库存、订购文件及库存状态等信息，编制出各个时间段的各种物料的生产及采购计划。

如果物料是企业内部生产的，需要根据各自的生产时间长短来提前安排投产时间，形成零部件生产计划。

如果物料需要从企业外部采购，则要根据各自的订货提前期来确定提前发出各自订货的时间和采购的数量，形成采购计划。

2. MRP 的假设前提

（1）已经有了主生产计划，并且主生产计划具备可行性。

（2）物料采购计划可行，即有足够的供货能力和运输能力来保证完成物料的采购计划。

（3）企业管理能力能够胜任，即有足够的能力来满足主生产计划制定的目标。

通俗地说，MRP 是一种保证既不出现短缺，又不积压库存的计划方法，解决了制造业所关心的缺料与超储的矛盾。

MRP 并不仅是代替订货点法的库存管理系统，而是一种综合性库存管理系统。MRP 能提供物料计划及控制库存、决定订货优先度，能根据产品的需求自动推导出构成这些产品的零件与材料的需求量，并由产品的交货期展开成零部件的生产进度日程和原材料与外购件的需求日期，即能将生产计划转换为物料需求计划。

（三）MRP 的特点

When、What、How many 几个词代表了物料需求计划 MRP 的精华所在，意思是什么时间、需要什么和需要多少。它们不仅从数量上解决了缺料问题，更重要的是从时间上来解决缺料问题。物料信息的时间阶段化是 MRP 的主要特点。

在传统的物料管理中，使用台账或货卡来记录各种物料信息，物料的情况可以用以下公式来计算：

$$X=A+B-C$$

式中，X 表示可用数量，A 表示现有库存，B 表示计划收到量，C 表示需求量。

其中，计划收到量 B 为已订购数量；需求量 C 可根据如下情况确定：若是成品，可通过客户订单和产品结构的用料消耗计算而得；若是备品备件，可通过预测而得。

假设现有库存 A 为 30，计划收到量 B 为 50，需求量 C 为 65，则根据计算可以得出，可用数量 X 为 15。

假设现有库存 A 为 30，计划收到为 B 为 25，需求量 C 为 65，则根据计算可以得出，可用数量为 -10。

当可用数量 X 为正值时，说明此物料不需订货；反之，当可用数量 X 为负值时，说明此种物料库存量不足，应进行订货。以上方法解决了需要什么物料和需要多少物料的问题，至于什么时间需要，是否一次订货还是分期订货，什么时间到货，何时可能断档，何时订货，物料何时发放等许多围绕时间而提出的问题，则只能凭管理人员的经验估计和推测。

时间阶段化的物料管理与非时间阶段化的物料管理在信息需求、信息处理以及信息存储方面都有很大的差异。对于同一物料信息，相比之下，时间阶段化物料信息量多，这是由于非时间阶段化只有数量更新而无时间更新，而时间阶段化既有数量更新，还有时间更新，因而信息处理工作量大，而且需要及时处理，采用人工方法处理不能适应要求，只有采用计算机来进行处理。这也就是物料需求计划 MRP 的实现必然依赖于计算机系统的原因。

（四）MRP 的运行

1. 基本条件数据

组成 MRP 基本条件数据主要有产品出产计划（主生产计划）、产品结构、库存状态。

（1）产品结构文件（BOM）。BOM 即物料清单，是 MRP 的核心文件，它在物料分解与产品计划过程中占有重要的地位，是物料计划的控制文件，也是制造企业的核心文件。

以光缆产品为例，其产品结构文件中，各物料处于不同层次，我们采用层次码表示。光缆成品的层次码为最高层，可用 0 层表示，钢带、成缆半成品、护套料等分为第 2 层，缆膏、松套半成品、聚酯带等分为第 3 层……。有时一种原料同时在不同的部件上使用，为了计算机处理方便，把同一种原料集中表示在它们的最低层次上，即采用低层码，以提高计算机的运行效率。

（2）库存状态文件。MRP 中的库存状态文件的数据主要有两部分：一部分是静态的数据，即在运行 MRP 之前就确定的数据，如物料的编号、描述、提前期、安全库存等；另一部分是动态的数据，如总需求量、库存量、净需求量、计划发出（订货）量等。MRP 在运行时，不断变更的是动态数据。下面对库存状态文件中的几个数据进行说明：

1）总需求量（Gross Requirements）。如果是产品级物料，则总需求由 MPS（Master Production Schedule）决定；如果是零件级物料，则总需求来自上层物料（父项）的计划发出订货量。

2）预计到货量（Scheduled Receipts）。该项目也称在途量，即计划在某一时刻入库但尚在采购中或运输中的物料，可以作为 MRP 使用。

3）现有数（On Hand）。表示上期期末结转到本期期初可用的库存量。现有数=上期期末结存数+本期预计到货量-本期总需求量。

4）净需求量（Net Requirements）。当现有数加上预计到货不能满足需求时，会产生净需求。净需求=现有数+预计到货-总需求。

5）计划接收订货（Planned Order Receipts）。当净需求为正时，就需要接收一个订货量，以弥补净需求。计划收货量取决于订货批量的考虑，如果采用逐批订货的方式，则计划收货量就是净需求量。

6）计划发出订货（Planned Order Release）。计划发出订货量与计划接收订货量相等，但是时间上提前一个时间段，即订货提前期。订货日期是计划接收订货日期减去订货提前期。

另外，有些系统设计的库存状态数据可能还包括一些辅助数据项，如订货情况、盘点记录、尚未解决的订货、需求的变化等。

2. 展开数据

MRP 的展开数据主要是生产与库存控制计划与报告，其内容和形式与企业生产的特点有关。主要有以下几个方面：

（1）计划发出的订单，主要是零部件的投入出产计划、原材料采购或外协件计划。这两种计划是 MRP 的主要展开数据。

（2）订单执行的注意事项通知。

（3）订单的变动通知。

（4）工艺装备的需求计划。

（5）库存状态数据。

此外，也有一些辅助的报告，比如：例外情况报告，如迟到或过期的订货报告、过量的废品与缺件报告等;用于预测需求与库存的计划报告,如采购约定与评价需求的信息;交货期模拟报告,对不同产品的实际交货期进行模拟;执行控制报告,如指出呆滞货品、实际的使用量与费用的偏差报告。

3. MRP 计划的基本处理逻辑

(1) 对主生产计划的需求依物料清单展开,从物料清单的最终产品开始逐层从上往下分解需求,直到最低层次的外购原材料为止。

(2) 根据产品最终交货期和生产工艺关系,反推各零部件的投入出产日期。

(3) 在分解过程中,MRP 系统逐层计算库存项目的毛需求量和净需求量,根据库存状态确定各物料的净需求量,库存不够的,通过编制生产计划和采购计划进行库存补充。

(4) MRP 系统根据订货批量与提前期,产生加工计划和采购计划的建议书,经过人工调整后确认加工计划和采购计划。

MRP 的逻辑流程如图 3-7 所示。

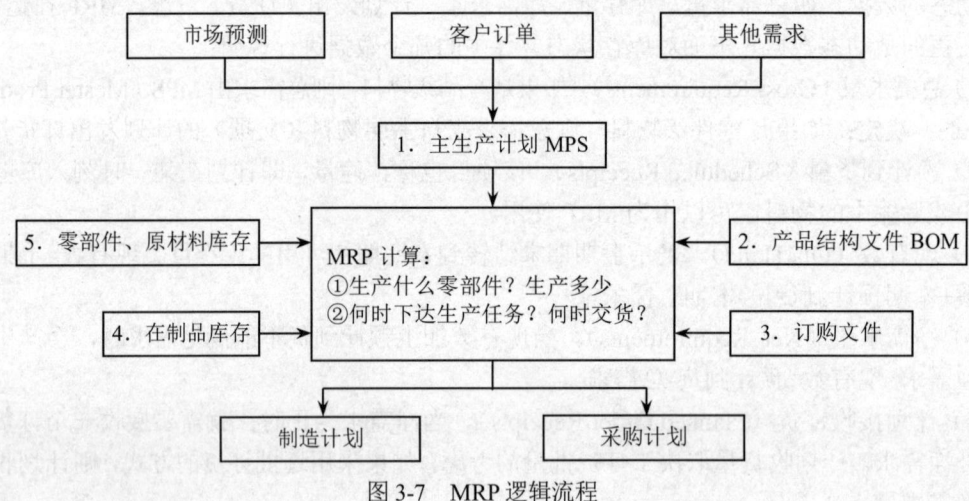

图 3-7　MRP 逻辑流程

(五) MRP 的发展

1. MRP-Ⅱ

20 世纪 70 年代末到 80 年代初,MRP 经过发展和扩充逐步形成了制造资源计划的生产管理方式,即 MRPⅡ。

MRPⅡ(Manufacture Resource Planning),又称为"制造资源计划",除"物料需求计划"外,它还包括经营规划、销售与运作计划、主生产计划、物料清单与物料需求计划、能力需求计划、车间作业管理、物料管理(库存与采购管理)、产品成本管理、财务管理等。

MRPⅡ是以 MRP 为核心的闭环生产计划与控制系统,它将 MRP 的信息共享程度扩大,使生产、销售、财务、采购、工程紧密联系在一起,共享有关数据,组成了一个全面生产管理的集成化模式,即制造资源计划。为了避免名词混淆,将物料需求计划称作狭义 MRP,而将制造资源计划称作广义 MRP 或 MRPⅡ。

一定意义上,MRPⅡ系统实现了物流、信息流与资金流在企业管理方面的集成,为企业生产经营提供了一个完整而详尽的计划,使企业各部门协调一致,从而提高企业的整体效率和效益,是为制造业所公认的管理标准系统。

MRPⅡ的基本思想：基于企业经营目标制定生产计划，围绕物料转化组织制造资源，实现按需要按时进行生产。

从实践情况来看，采用MRPⅡ一般可在以下几方面取得明显效果：

- 库存资金降低15%～40%
- 资金周转次数提高50%～200%
- 库存盘点误差率降到1%～2%
- 短缺件减少60%～80%
- 劳动生产率提高5%～15%
- 加班工作量减少10%～30%
- 按期交货率达90%～98%
- 成本下降7%～12%
- 采购费用降低5%左右
- 利润增加5%～10%

此外，MRPⅡ可使管理人员从复杂的事务中解脱出来，真正把精力放在提高管理水平上，去解决管理中的实质性问题。

2. ERP

20世纪90年代以来，MRPⅡ经过进一步发展与完善，形成了目前的企业资源计划，即ERP（Enterprise Resource Planning）系统。ERP在MRPⅡ的基础上扩展了管理范围，把企业的内部和外部资源有机地结合在一起，体现了适应市场需求、优化利用全面的企业资源要素、适时制造的供应链管理思想。

ERP的基本思想：将制造企业的制造流程看作是一个紧密连接的供应链，其中包括供应商、制造工厂、分销网络和客户；将企业内部划分成几个相互协同作业的支持集团，如财务、市场、销售、质量、工程等。

ERP强调企业的事前控制能力，它为企业提供了对质量、适应变化、客户满意、效绩等关键问题的实时分析能力。它还为计划员提供多种模拟功能和财务决策支持系统，使之能对每天将要发生的情况进行分析。财务计划系统将不断地接收来自制造过程、分析系统和交叉功能子系统的信息，从而正确快速地做出决策；生产管理则在管理事务集成处理的基础上给予管理者更强的事中控制能力，如通过计划的及时滚动保证计划的顺利执行，通过财务系统来监控生产制造过程等。

ERP在计算机技术上的要求主要是软件方面，它要求具有图形用户界面（GUI）、关系数据库结构、客户机/服务器体系、面向对象技术、开放和可移植性、第四代语言（4GL）和CASE工具等，这对MRPⅡ系统的改进是一种革命性的。因此，人们认为MRP到MRPⅡ是功能和技术上的发展，而MRPⅡ到ERP是一场革命。

在ERP中，许多经典的MRPⅡ功能子系统变得更加灵活，例如，将作业流程和能力计划集成起来，以便使MRPⅡ增加实时特征，减少作业批量和转换时间；将物料单与配方管理系统按成组技术的思想组合，当缺料时可以简便地进行制造。

与MRPⅡ相比，ERP除加强了MRPⅡ各种功能之外，更加面向全球市场，功能更为强大，所管理的企业资源更多，支持混合式生产方式，管理覆盖面更宽，并涉及了企业供应链管理，从企业全局角度进行经营与生产计划，是制造企业综合集成经营系统。在ERP中，一切企业资源，包括人工、物料、设备、能源、市场、资金、技术、空间、时间等，都被考虑进来。

目前，制造企业面临由传统制造向数字化、数智化制造转型的迫切需求，有关物料管理、库存管理、企业资源管理等方面的软件技术、管理系统等还在不断发展。在这一过程中，ERP 系统可以帮助企业打通数据孤岛，实现各部门数据互通以协作办公，同时，统一数据分析，尤其是物料库存信息，对企业生产决策、市场决策起到了关键作用。但如果想完成企业由数字化向智能化转型，除了 ERP 外，还需要很多其他系统的相互配合，包括目前已经产生的 ERPⅡ、MES（Manufacturing Execution System，制造执行系统）、APS（Advanced Planning and Scheduling，高级计划与排程系统）等，这也意味着在库存管理的道路上，从业人员需要持续学习、终身学习，才能跟上时代和技术的进步。

【资料 3-5】制造企业库存管理相关各大系统之间的关系

三、供应商管理库存

供应商管理库存

（一）供应商管理库存的概念及起源

1. 供应商管理库存的概念

供应商管理库存（Vendor Managed Inventory，VMI），是通过信息共享，由供应链上游企业根据下游企业的销售信息和库存量，主动对下游企业的库存进行管理和控制的供应链库存管理方式。Supplier Managed Inventory、Continuous Replenishment 也常被用来表示 VMI。

根据传统实践，成功的供应链管理取决于对库存成本和服务水平的平衡和把握。而通过实施 VMI 的供应链战略，能够同时提高库存成本和服务水平。VMI 至少有两种形式：一是批发商（经销商）为零售商管理库存；二是制造商为批发商（经销商）管理库存。

2. 供应商管理库存的起源

VMI 最先出现于零售业，以适应有效客户反应（Efficient Consumer Response，ECR）这一商业理念，即消费者对于企业库存状况的满意度或期望度是企业获取竞争优势至关重要的因素。沃尔玛是成功采用 VMI 供应链战略的先驱。现在，VMI 正在日益发展成一种供需方之间的战略伙伴关系模式，这种模式对企业的库存规划产生了深远影响，正逐渐形成一种面向供应链的新战略——合作计划、预测与补给（Collaborative Planning & Forecasting and Replenishment，CPFR），它已成为供应链管理中的一个热门话题。

传统上，同一供应链上各个不同的组织，如供应商、批发商、零售商的库存是各自为政的，它们都各自拥有并管理自己的库存，都有自己的库存控制策略。由于各自的库存控制策略不同，因此不可避免地产生需求的扭曲现象，即所谓的需求放大现象——长鞭效应，无法快速地响应用户的需求。VMI 的出现能够比较好地应对这种需求的扭曲现象，并有效降低整条供应链的库存总量。

（二）供应商管理库存的战略依据和原则

1. 实施 VMI 的战略依据

供应商比用户能更好地管理库存，因为它对于产能、交货期的知识和经验较用户要丰富得多。同时，供应商管理库存还有助于降低供应链的层级，提高库存透明度，降低整体库存水平。成功运用 VMI，要求经销商、零售商必须通过电子数据交换技术或其他电子信息技术手段，为供应商提供充分完整的销售数据，这种现象在当前的新茶饮企业中尤为普遍，国内知名新茶饮企业基本上要求加盟商只能从新茶饮企业购买食材、包装材料、设备设施、营运物资等商品，茶饮企业的仓配中心则统一管理库存，并为加盟商统一配送。换句话说，新茶饮企业扮演原材料供应商的角色，并实施了供应商管理库存。

2. 供应商管理库存的原则

（1）合作。在实施该策略时，相互信任与信息透明是很重要的，供应商和用户（零售商）都要有较好的合作精神，才能够相互保持较好的合作。

（2）互惠。VMI 不是关于成本如何分配或由谁来支付的问题，而是关于减少成本的问题。通过该原则，双方的成本都减少。

（3）目标一致。各方都明白各自的责任，观念上达成一致。例如，库存放在哪里、什么时候支付、是否要管理费、要花费多少等问题都要回答，并且体现在合作协议中。

（4）连续改进。供需双方能共享利益和消除浪费。VMI 是供应商在用户的允许下设立库存，确定库存水平和补货策略，拥有一定的库存控制权。

（三）供应商管理库存的优缺点

1. VMI 的优点

（1）供应链方面。减少供应链层级，减少管理费用，提升销售额，减少人为数据录入误差等。

（2）供应商方面。更好地了解客户需求，资源利用率更高（原材料库存及成品库存降低），与用户沟通更直接高效，市场分析结果更为准确，库存降低，增加提供品类管理及增值服务的机会等。

（3）经销商方面。订货次数减少，库存成本降低，缺货情况减少，冗余减少。

（4）终端客户（零售商）。服务水平提高，缺货情况降低。

2. VMI 的缺点

（1）VMI 成功与否取决于供应商与相关各方之间的合作关系。

（2）相关各方之间的依赖度提高，转移成本提高，各方的利润分配成为一个难题。

（3）各方之间如果缺乏诚信，不能充分交换信息数据，将会导致库存数量不清晰，库存失衡等。

（4）技术成本及对组织进行变革调整的成本较高。

（5）缺少了必要的、充分的货架空间（货品展示），有可能使零售商失去客户的关注。

（6）零售商开展任何促销活动都需要提前与供应商进行沟通，否则极易出现货品短缺。

（7）由于库存水平较低，极易遭受非可预见性的风险损失，如自然灾害造成的货品短缺。

（四）供应商管理库存的实施

实施 VMI，要改变订单的处理方式。首先，供应商和用户一起确定供应商的订单业务处理过程所需要的信息和库存控制参数，然后建立一种标准的订单处理模式，最后把订货、交货和票据处理等各个业务功能集成在供应商一边。供应商管理库存的实施可以分为如下几个步骤：第一步，建立客户信息系统；第二步，建立销售网络管理系统；第三步，建立供应商与用户的合作框架协议；第四步，组织机构的相应变革。

（五）供应商管理库存的支持技术及应用

1. VMI 的支持技术

VMI 的支持技术主要包括客户关系管理系统（Customer Relationship Management System，CRMS）、EDI/Internet、条码、连续补给程序等。

2. VMI 的应用

（1）对误差敏感的行业，如医药行业。

（2）分店众多的快速消费品行业，如饮料行业、新茶饮行业。

（3）易腐、易损产品行业，如生鲜农产品流通行业、冷鲜肉连锁店。

（4）库存产品价值高、需求难以预测的行业，如计算机制造业。

（5）需要高超的领导能力，以及需要形成长期的战略伙伴关系的行业，如汽车制造业。

【实例 3-12】美的启动供应商管理库存模式

【资料 3-6】超市库存管理

问题与思考

一、单选题

1. 仓储资金占用成本是指（　　）。

　　A. 利息费用　　　　　　　　　　B. 设备折旧及税金等费用

　　C. 搬运装卸成本　　　　　　　　D. 库存商品贬值、损坏等

2. 某企业某种物料年需求量为 8000 箱，每次采购费用为 250 元，单价为 1600 元，年储存费用率为单价的 25%，其经济采购批量为（　　）箱。

　　A. 50　　　　B. 100　　　　C. 150　　　　D. 200

3. ABC 重点控制法的基本原理是（　　）。

　　A. 对各种物料及其占用的资金实行不同的管理

　　B. 计算累计品种数及百分数，累计消费金额及百分数，绘制 ABC 分析图

　　C. 根据物料的品种和占用资金，将全部物料分为 A、B、C 三类，实行有区别的管理

　　D. 根据大数原理，确定物料的消耗分布状态

4. "关键少数和一般多数"是（　　）的基本原理。

　　A. 定量订货法　　　　　　　　　B. 定期订货法

　　C. ABC 重点控制法　　　　　　　D. 供应商管理库存

5. 关于安全库存量的理解，正确的选项是（　　）。
   A. 安全库存量的产生是因为需求量和提前订货时间都有可能是随机变量
   B. 安全库存是一种战略性物资的计划储备
   C. 安全库存量又称订货批量
   D. 安全库存量实际是名义库存量

二、多选题

1. 库存管理费用包括（　　）。
   A. 订货费　　　　　　　　　　B. 保管费
   C. 市场调查费　　　　　　　　D. 缺货损失费
2. 根据（　　）可以确定经济批量。
   A. 年需求量　　　　　　　　　B. 年运输量
   C. 每次采购成本　　　　　　　D. 年保管储存成本
3. 以下属于 A 类物资管理策略的有（　　）。
   A. 每件商品皆做编号
   B. 安全库存量可以大些，以免发生库存短缺
   C. 少量采购，尽可能在不影响需求的前提下减少库存量
   D. 采用定期订货方式，对其存货必须做定期检查
4. 制定安全库存量时考虑的不确定因素主要有（　　）。
   A. 过量使用　　　　　　　　　B. 供应商延误
   C. 市场缺货　　　　　　　　　D. 运输延误
5. 定量订货法的订购点由（　　）因素确定。
   A. 经济订货批量　　　　　　　B. 订货提前期
   C. 单位时间消耗量　　　　　　D. 安全库存量

三、计算题

1. 某公司今年某物料的单位价格为 100 元，单位物料产生的年持有成本为其单位价格的 25%，单次订货费用为 100 元，通过预测，预计明年该类物料的总需求量为 18000 单位，单位物料的价格和单次订货费比今年上涨 5%，请预测明年的经济订货批量、经济订货周期和年总库存成本。

2. 某企业平均每月需使用某种物料 900 件，该物料单价 40 元，每次订货成本 200 元，每件每月储存费 4 元，由于企业资金条件和储存场地的限制，希望减少订购数量，决定以总存储成本和订货成本不超过最佳订购量时总存储和订货成本的 20% 为订购策略，求这时的最佳订货批量。

3. 某设备制造企业，依计划每年需要采购 A 零件 20000 个，A 零件单价为 20 元，年保管费率为 20%，每次订货成本是 400 元。供应商为了促销采取折扣策略：一次订购 2000 个以上享受九折优惠，一次订购 4000 个以上享受八八折优惠。若其他条件不变，最优订货批量是多少？

4. 某电子商务企业计划对它的最畅销商品进行库存分析。这种商品的月需要量为 1000 件，

单价为 10 元，月储存成本率为单价的 20%。每次订货成本是 100 元，平均交货时间为 3 天。问：每月的最优订货次数为多少？两次订货的间隔时间是多少天？月总库存成本是多少？

5. 某公司需要某种物料 90000 件，在全年 300 个工作日均匀消耗。每件每年的存储费为 14.4 元，每次订购费为 2000 元，订货后 4 天可以到货，不得缺货，若采用定量订货法，该如何操作？

四、技能训练题

1. 某仓库现有 A～J 共 10 种货品，库存货品的单价和年度使用量如表 3-5 所示。请应用 ABC 重点控制法对这 10 种货品的库存实施管理（需说明分类结果，以及各类别的管理对策）。

表 3-5　库存货品 A～J 的单价和年度使用量

货品编号	单价/元	使用量/件	货品编号	单价/元	使用量/件
A	7	4000	F	7	24000
B	11	19500	G	8	1600
C	10	400	H	6	8000
D	5	10000	I	7	1000
E	14	200	J	9	500

2. 富升公司采用的是定期购货模型，它对所有物料每月进行一次全面库存盘点。不断增加的人工成本迫使富升公司选择新的方法来对库存进行管理以减少人工成本，同时要求不增加其他成本（如缺货成本）。表 3-6 列出了富升公司物料的 20 个随机样本。

表 3-6　富升公司物料的 20 个随机样本

物料编号	年资金占用/万元	物料编号	年资金占用/万元
1	15	11	130
2	120	12	6
3	20	13	420
4	500	14	100
5	95	15	12
6	5	16	105
7	20	17	40
8	110	18	610
9	8	19	35
10	150	20	30

1）请应用 ABC 重点控制法为富升公司提出削减库存管理人工成本的对策。

2）第 15 号物料在市场上很难购得，属于紧俏物料，一旦不能按时到货，可能会造成企业停产。你会怎样对它进行分类？说明理由。

3. 某配送中心尝试采用 ABC 重点控制法。管理人员从现有的 2000 多种货品中随机选择了 10 种，并且统计了最近一周这 10 种货品的出库量，具体数据如表 3-7 所示。

表 3-7 10 种货品一周统计量　　　　　　　　　　　　　　　　　　　　　单位：箱

序号	货品名称	8月3日	8月4日	8月5日	8月6日	8月7日	8月8日
1	干红葡萄酒	60	0	50	50	50	50
2	蜂王浆	0	25	25	0	20	0
3	方便面	150	20	0	60	60	50
4	黑瓜子	900	150	259	380	63	458
5	红酒	146	42	67	100	97	48
6	多多米粉	0	37	0	26	0	27
7	油炸花生仁	88	30	32	50	0	0
8	板栗酥	975	65	1270	276	297	217
9	黄桃罐头	37	7	25	0	27	4
10	脆香饼干	0	37	94	18	46	45

请你为该配送中心提出对这 10 种货品的管理建议。

4. 兴发公司是一家汽车分销商，主要经销新能源汽车，共 9 种车型，每种车型的价格及去年销售实绩如表 3-8 所示。

表 3-8 兴发公司的车型及去年销售实绩资料

车型		A	B	C	D	E	F	G	H	I
单价/万元		5	8	12	18	22	28	32	40	45
去年销售实绩/万元	1月	10	3	5	0	14	13	12	0	0
	2月	15	7	0	3	9	20	14	2	2
	3月	12	1	4	5	16	24	18	4	5
	4月	8	5	8	5	14	45	25	3	2
	5月	10	2	22	3	12	72	42	4	4
	6月	16	6	12	4	15	36	21	2	0
	7月	9	4	15	3	16	25	12	1	8
	8月	10	2	30	2	20	18	12	0	3
	9月	12	7	15	2	12	19	10	1	2
	10月	14	1	12	2	20	42	16	2	5
	11月	12	2	9	4	14	17	11	4	1
	12月	9	3	4	3	29	15	16	3	0

兴发公司每次采购订货均通过线上渠道，每次订货费用包括通信费、手续费、差旅费等 1600 元，订货提前期（从订货到收货）约 30 天，每种汽车的进货成本是售价的 80%，每辆车月库存费用约为进货成本的 0.5%。兴发公司对今年新能源汽车市场的前景看好，根据销售部门预测，今年的销量有可能比去年增加 30%，兴发公司不想失去销售良机。

请根据以上情况进行计算分析，为兴发公司制定一份今年的库存控制计划（基本要求：说明分析方法，列出计算过程和计算结果）。

★五、课程思政实践题

1. 先成家后立业,还是先立业后成家?这是一个长久而又热门的话题,每个人对此都有自己的看法。对于每个人来说,家庭和事业都是非常重要的,但在现实生活中,很难同时兼顾两者。有些人主张先成家后立业,认为家庭是一个人生活的基石,有了稳定的家庭才能更好地投入工作。有些人则主张先立业后成家,认为只有事业有所成就,才能够拥有更好的生活条件和未来的幸福。从"平衡意识"的角度,谈谈你对"先成家还是先立业"的看法。

2. ABC重点控制法是一种通用的方法,既可以应用于库存管理,也可以应用于生活的诸多方面。试将这种方法应用于你的时间管理,制定自己一天、一周,乃至一个学期的时间使用计划。优质计划的顺利实现,能够帮助你更好地实现自己的人生目标和人生价值。

项目四 仓储经营

📖 项目目标

1. 知识目标
（1）理解仓储经营管理的基本概念。
（2）掌握仓储成本的构成内容和核算方法。
（3）理解仓储服务营销的策略。
（4）掌握仓储合同的主要条款、订立及执行。
2. 技能目标
（1）能应用仓储成本的核算方法进行仓储成本的核算。
（2）能应用仓储服务营销策略制定仓储服务营销方案。
（3）能初步拟定仓储合同。
3. 素养目标
（1）在仓储经营中具备诚信意识。
（2）在仓储经营中具备成本意识。
（2）在仓储经营中具备法律意识。
（4）能尝试完成一份仓储方面的项目计划书（或创业计划书）。

📖 重点难点分析

1. 重点分析
（1）仓储成本的构成内容和核算方法。
（2）仓储服务营销策略。
（3）仓储合同主要条款的理解。
（4）仓储合同的订立及执行。
2. 难点分析
（1）仓储成本的构成内容及核算方法。
（2）仓储合同主要条款的拟定。
（3）仓储合同的订立、变更等执行注意事项。

本项目的思维导图

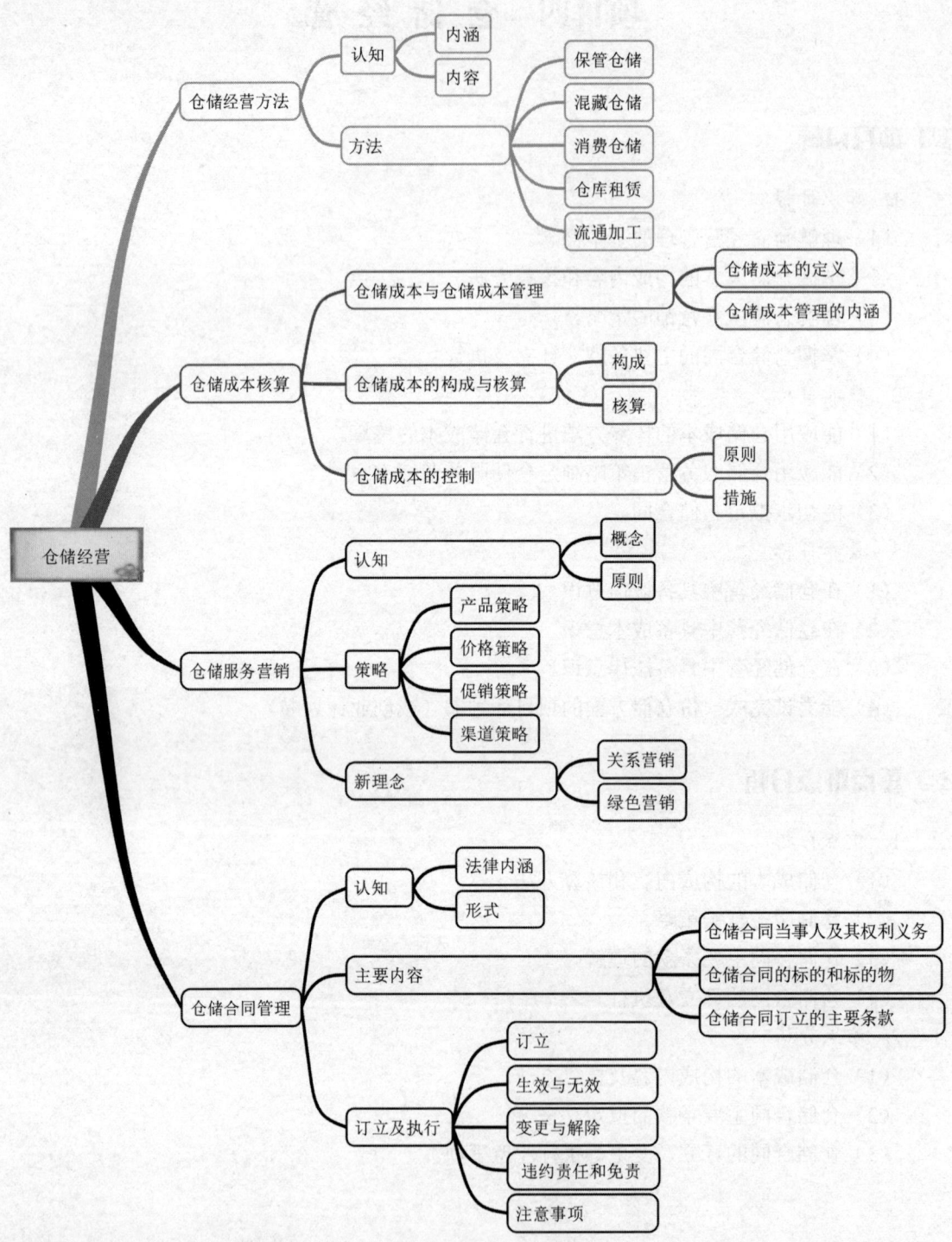

任务一　仓储经营方法

◆ 情境案例

当小智、小商在新部门思考库存管理问题的时候，小高也由于平时踏实肯干、认真负责、头脑灵活、待人诚恳、勤于思考，从仓储部调到了市场部，从事客户维护和开发工作。市场部主管很看好小高，拜访客户时也经常带着小高。最近，主管带着小高去拜访了上次突然提出盘点要求的大客户，小高也参与了那次盘点任务，他知道客户对盘点的结果还是比较满意的。在与客户的沟通过程中，得知客户正在筹备网店，并且是"官方旗舰店"，还打算将网店的发货业务和售后业务全部外包出去，年度目标是日均发货5000单。小高隐约意识到，这个业务是有前景的，如能把这个项目争取下来，或许能够为公司拓展出新的业务板块，并成为公司新的盈利点。随后，客户又提到上次的盘点业务，说盘点的结果虽然不错，但服务的主动性不够，另外，公司的硬件设备做仓储是不错的，要做小件的分拣、包装之类的增值业务，恐怕还不够。这让小高心里一惊，公司目前确实面临业务单一、赢利不佳的困境，虽然也打算转型升级，拓展增值业务，比如流通加工，但具体方向还不够明确，对潜在的客户需求也没有调查清楚。主管表达了继续合作的意见，希望客户能够一如既往地信任公司；客户则很客套地说"一定一定"。

回来的路上，主管向小高提出了一个问题：如果大客户流失了，公司怎么办？小高脱口而出："那就再找一家大客户啊！"随后又说："为什么要让大客户流失呢？"主管夸小高："反应挺快的嘛，不过，在维护好大客户的同时，也确实要不断寻找新的客户、拓展新的业务，公司发展才能长久。"小高则一直思考承接大客户新项目的可能性。

◆ 情境分析

小高的新部门面临的是仓储型物流企业业务经营的问题，即维护老客户、开发新客户，也包括开发新的仓储服务产品、不断扩大市场等任务。仓储企业如果仅从事仓库租赁、货品保管等基础业务，盈利空间非常有限，如果能利用现有的硬件设施，针对客户需求开发增值服务或产品，则发展空间巨大。但是，开发新的服务项目，既需要新的设备投入，又有一定的不确定性，所以，未做好充足的市场调查工作和内部沟通工作前，不可盲动。

通过本任务的学习，你将了解一些常规的仓储经营方法，特别是针对仓储型物流企业，学习正确计算仓储费。

◆ 基础知识

一、仓储经营管理认知

仓储经营管理认知

（一）仓储经营管理的内涵

仓储经营管理是指为降低仓储成本，提高仓储经营效益，运用先进的管理原理和科学的方法，对仓储经营活动进行的计划、组织、协调与控制。

仓储经营管理既包括对内部仓储业务活动的管理，也包括对仓储商务活动的管理。

仓储业务管理是指对仓库和仓库中储存的货品进行管理。这种业务管理是仓储经营管理的基础，是公共仓库仓储、第三方仓储和自建仓库仓储都必须进行的管理活动。对仓库和仓库中所储存货品的管理工作，是随着储存货品的品种多样化和仓库设计结构、技术设备的科学化而不断变化发展的。这部分内容在项目二、项目三中已有较为详细的讲解。

仓储商务活动是指仓储经营人利用所具有的仓储保管能力向社会提供仓储保管产品，并获得经济收益所进行的交换行为。仓储商务活动是仓储企业基于仓储经营而进行的对外部经济交换活动，是一种商业性的行为，因而多发生在公共仓库仓储和第三方仓储，也就是仓储型物流企业中。企业自建仓库仓储一般不发生外部商务活动。

仓储商务管理是仓储经营人对仓储商务进行计划、组织、协调和控制的过程，是独立经营的仓储企业对外商务行为的内部管理，属于企业管理的一个方面。仓储商务管理的目的是使仓储企业充分利用仓储资源，最大限度地获得经济收入和提高经济效益。仓储商务管理涉及企业的经营目标、经营收益，因而更重视管理的经济性、效益性。相对而言，商务管理具有外向性，是围绕仓储企业与外部发生的经济活动的管理；商务管理又有整体性的特征，商务管理不仅是商务职能部门的工作，还涉及仓储企业整体的经营和效益，也是其他部门能否获得充足工作量的保证。

下文所讲仓储经营管理主要是指仓储型物流企业的商务管理。

（二）仓储经营管理的内容

1. 仓储经营组织管理

仓储经营组织管理包括仓储经营管理机构的设定、经营管理人员的选用和配备、经营管理制度、工作制度的制定与实施等。

2. 仓储经营战略管理

仓储经营战略管理包括企业经营战略的制定、经营环境跟踪、战略调整、战略实施等内容。在制定仓储经营战略时，要综合考虑企业自身的人力、财力和物力，以及市场对仓储服务的需求和供给状况，以实现可持续发展和利润最大化为原则，合理制定经营发展目标和经营发展方法。仓储企业可以在总体经营战略的基础上选择租赁经营、公共仓储、物流中心的经营模式，选择单项专业经营或者综合经营的经营方式，实行独立经营或者联合经营的经营定位。另外，要根据经营环境因素的变化，对经营战略实施的结果反馈进行分析，必要时，应对经营战略进行调整，并对战略规划的实施进行管理。

3. 资源管理

仓储企业需要充分利用经营资源，包括仓库、设施设备、人力资源、客户资源等，要做到物尽其用，为企业创造和实现更多的商业机会。

4. 制度管理

高效的商务管理离不开规范、合理的管理制度。仓储企业应该在资源配置、市场管理、合同管理等方面建立和健全规范的管理制度，做到权力、职责明确。

5. 成本管理

一方面，仓储企业应该准确进行仓储成本核算，确定合适价格，提高仓储服务的竞争力；另一方面，仓储企业应该通过科学合理地组织、充分利用先进的仓储技术来降低经营成本。关于仓储成本管理，详见本项目的任务二。

6. 营销管理

仓储企业要广泛开展市场调查和研究,对市场环境因素以及仓储服务的消费者行为进行分析,细分市场以发现和选择市场机会;向社会提供能满足客户需求的仓储服务,制定合理的价格策略;加强市场管理,广泛开展市场宣传,巩固和壮大企业的营销队伍。关于仓储营销管理,详见本项目的任务三。

7. 合同管理

仓储企业应该加强商务谈判和对合同履行的管理,做到诚实守信、依约办事,创造良好的商业信誉。关于仓储合同管理,详见本项目的任务四。

8. 风险管理

仓储企业应通过细致的市场调研和分析、严格的合同管理,以及规范的商务责任制度,妥善处理商务纠纷和冲突,防范和减少商务风险。

9. 人员管理

商务人员的业务素质和服务态度在很大程度上影响着企业的整体形象,因此,商务管理还应该包含对商务人员的管理。仓储企业应该以人为本,重视商务人员的专业培训和技能提升,通过合理的激励机制,调动商务人员的积极性和聪明才智,同时加强对商务人员的监督管理,创建一支高效、负责的商务队伍。关于仓储人员管理,可参考有关人力资源管理的书籍。

二、仓储经营管理的方法

仓储经营方法

(一)保管仓储

1. 保管仓储的概念

保管仓储是指由仓储经营人(保管人)提供完善的仓储条件,接收存货人的仓储物,并进行保管,在保管期届满时,将保管的仓储物原样交还给存货人,存货人支付仓储费的一种仓储经营方法。

在保管仓储中,保管人以获得仓储保管费收入最多为经营目标。仓储保管费一般根据仓储物的数量、仓储时间和仓储费率确定。仓储物的数量多少、仓储物的体积大小、仓储时间的长短决定着决定仓储费率,一般情况下,仓储物的数量越多、存期越长,费率越低。

仓储保管费的计算公式为:

$$TR = Q \cdot T \cdot P$$

式中,TR 为仓储保管费,单位一般是元;Q 为存货数量,单位一般是货位数,或者是占用仓储平面面积的单位平方米,或者是占用仓储空间的单位立方米;T 为存货时间,单位一般是天;P 为仓储费率,单位一般是元/(天·货位),或元/(天·平方米),元/(天·立方米),是仓储企业在核算仓储成本的基础上计算出来的,具体内容见本项目的任务二。不同的仓库可能采用不同的计费方法,并且仓储费率因不同的商品种类、存储方式、存储条件等因素而有所不同。

当多种类货品、不同费率储存时,计算公式为:

$$TR = \sum q_i \cdot t_i \cdot p_i$$

在保管仓储经营中,保管人应充分了解市场需求、自身资源和经营实力,采取合适的价格策略、优质的仓储服务,尽可能地吸引客户企业,并在仓储保管中不断降低成本和开支,才能取得较大的经济效益。

【实例 4-1】保管仓储的仓储费计算

某贸易公司委托盈丰仓储公司保管 8000 箱红星二锅头白酒，包装箱长 248mm、宽 167mm、高 292mm，净重 4.2kg，毛重 7.4kg，堆码极限为 6 层，要求用托盘堆码，托盘规格为 1200mm×1000mm×150mm（托盘自重 6kg，静载 2t）。盈丰仓储公司仓库地坪单位面积载荷为 2t，可用高度为 8m，仓储费率为 1.8 元/（天·托盘），问：若存放 30 天，共产生多少元的仓储费？

解：已知 T=30，P=1.8，Q 未知。

根据题意，Q 为所需托盘数量。

根据项目二任务一所学托盘数量计算方法，可知 Q=48

因此，$TR = Q \times T \times P = 48 \times 30 \times 1.8 = 2592$（元）

即共产生 2592 元仓储费。

2. 保管仓储的特点

（1）保管仓储需要保持仓储物原状。在仓储过程中，仓储物的所有权不转移给保管人，即保管人没有处理仓储物的权力。

（2）保管仓储管理的货品只能是动产。一般是数量大、体积大、对保管要求较高的大宗物资（如农副产品、工业制品等）。

（3）保管仓储活动是等价有偿活动。保管人为存货人提供仓储服务，存货人支付仓储费。

（4）保管仓储经营的整个仓储过程一般由保管人进行全程操作，仓储费是保管人收入的主要来源。

【资料 4-1】某仓储公司仓储管理收费标准

3. 保管仓储经营的任务

（1）展开市场调研和市场营销。保管人应根据存储企业的要求，开发出受市场欢迎的产品和服务，通过广泛的市场宣传和市场开发使仓储服务为存货人所知晓和接受，塑造良好的企业形象。通过开展市场调查和市场营销，合理制定服务标准，为存货人提供针对性的服务。

（2）制定科学的仓储规划。根据现有设施和条件及不同存储物的保管要求和特点，对保管场所进行合理布置，选择恰当的保管方式，妥善处理存储物的堆码、苫垫等。

（3）掌握仓储物的相关信息。对各类仓储货品的信息进行管理，包括料账、料卡、各种单据报表、技术证件等的填写、整理、使用、保存、分析与运用等。

（4）为仓储物提供适宜的保管环境。根据仓储物的理化特点，提供不同的保管环境和条件，防止各种有害因素的影响，并做好相应工作。例如，充分考虑各种仓储物的忌装性，对仓库进行温湿度控制、金属防锈、粮食防虫和防霉等。

4. 保管仓储的管理要求

为保证仓储货品质量，必须加强仓储的管理工作。首先要加强仓储技术的科学研究，适时提高仓库机械化、自动化、智能化水平，组织好货品的收、发、保管保养工作，掌握库存动态;建立和健全仓储管理制度,加强市场调节和预测,与客户保持联系,不断提高仓储工作人员的思想政治水平和业务水平,培养一支爱党、爱国、爱人民、爱社会主义,且责任心强、技术水平优、管理水平高的仓储管理队伍,使保管仓储发挥其应有的作用。

(二) 混藏仓储

1. 混藏仓储的概念

混藏仓储,也称混藏式仓储,是指存货人将一定品质、数量的仓储物交付保管人储存保管,保管人将不同存货人的同样仓储物混合保存,存期届满时,保管人只需将相同种类、相同品质、相同数量的替代物返还给存货人,保管人收取仓储费的一种仓储经营方法。

2. 混藏仓储的特点

(1) 混藏仓储的存储对象是种类物。混藏仓储的目的仅仅需要实现仓储物价值的保值,保管人可以将相同种类、相同品质、相同数量的替代物返还给存货人,并不需要原物返还。所以保管人可以将所有同种类、同品质的仓储物进行混合仓储保存,从而扩大保管物的范围,提高仓容利用率。

(2) 混藏仓储的保管物并不随交付而转移所有权。混藏仓储的保管人只需为存货人提供保管服务,而仓储物的转移只是物的占有转移,与所有权的转移无关。

(3) 混藏仓储是一种特殊的保管仓储。混藏仓储与保管仓储既有相同点,也有一定的区别。相同之处是对存货人的仓储物进行保管;不同之处是保管仓储的对象是特定物,而混藏仓储的对象是种类物。

(4) 混藏仓储的存储费率往往比保管仓储的存储费率低。与保管仓储相比,混藏仓储的仓容利用率相对较高,因而存储费率往往较低。

3. 混藏仓储的经营收入来源

混藏仓储经营人的主要收入依然来自对仓储物的保管费,存量越多、存期越长,收益越高。混藏仓储是成本最低的仓储方式,但如果存货品种增加,仓储成本也会相应增加。因而在混藏仓储经营中,应尽可能开展少品种、大批量的混藏经营服务。混藏仓储主要适用于农村、建筑施工、粮食加工、五金等行业,也就是对品质无差别、可以准确计量的货品。

4. 混藏仓储的作用

混藏仓储在物流活动中发挥着重要的作用,在提倡物尽其用、发展高效物流的今天,混藏仓储有了更新的功能,配合先进先出的运作方式,能使仓储物资的流通加快,有利于减少耗损和过期变质等风险。另外,混藏方式能使仓储设备投入最少,仓储空间利用率最高。

(三) 消费仓储

1. 消费仓储的概念

消费仓储,也称为消费式仓储,是指存货人不仅将一定数量、品质的种类物交付保管人储存保管,而且与保管人相互约定,将仓储物的所有权也转移给保管人,在合同期届满时,保管人以相同种类、相同品质、相同数量替代品返还,并由存货人支付仓储费的一种仓储经营方法。

仓储物存放期间,其所有权由保管人掌握,保管人可以对仓储物行使所有权。消费保管的经营人一般具有仓储物消费的能力,如面粉加工厂的小麦仓储、加油站的油库仓储、经营期货交易的保管人等。消费仓储与保管仓储、混藏仓储相比,其收入主要源于对仓储物消费的收入,因而对仓储物保管的费率更低。

2. 消费仓储的特点

（1）消费仓储是一种更为特殊的仓储形式。消费仓储保管的目的是对仓储物的保管，寄存人交付仓储物于保管人，只要求所储存的货品在需要时仍然保持其相同于原样的状态和性质。

（2）消费仓储的仓储物的所有权在仓储期间发生转移。在消费仓储中，存货人将存储物交付给保管人，保管人在接收的存储物时便取得了保管物的所有权，并可以自由处分仓储物。这是消费仓储最为显著的特征。

（3）消费仓储的主要收入来源于对仓储物的消费收入。相比之下，仓储费收入是次要收入，有时甚至采取无收费仓储。

（4）保管人仅以相同种类、品质、数量的种类物进行返还。在消费仓储中不仅转移存储物的所有权，而且合同中存储双方约定了允许保管人使用、收益、处分保管物。保管人通过经营仓储物获得经济利益，通过在高价时消费仓储物，低价回购；或者根据仓储物市场价格波动进行高卖、低买，获得差价收益。在合同期届满时，仅将相同种类、品质、数量的货品返还给存货人即可。

3. 消费仓储的经营

消费式仓储经营有两种主要模式：一是仓储保管人直接使用仓储物进行生产、加工；二是仓储经营人在仓储物价格升高时将仓储物出售，在价格降低时购回。

消费仓储是指专为他人储藏、保管货品的商业营业活动，是现代化大生产和国际、国内商品货品流转中不可或缺的环节。这种仓储活动不仅仅是简单的货品存储，而是可能涉及货品的加工、组装、分拣、包装等增值服务，旨在满足特定消费者的需求。随着社会的进步和价值观的改变，消费仓储的形式和内容也在不断演变。

消费仓储可以在任何仓储物中开展，但对仓储经营人的经营水平有极高的要求，目前广泛开展在期货仓储中。

【资料4-2】保管仓储、混藏仓储、消费仓储三者的比较

（四）仓库租赁

1. 仓库租赁的概念

仓库租赁是出租人（仓库所有人）将其拥有的仓库、场地、设备等出租给承租人，由承租人进行仓库经营管理，出租人收取出租费（租金）的方式。进行仓库租赁经营时，仓库所有人最重要的工作是签订仓库租赁合同，在法律条款的约束下进行租赁经营，取得租赁经营收入。

2. 仓库租赁经营的成因

（1）仓库出租的原因。采取出租仓库的方式经营，对于出租人的经营依据是开展出租的收益大于仓储保管的收益，其原因主要有三点：一是仓库所有人为更好地经营自己的核心主业，放弃仓库保管经营业务；二是仓库经营人不善于经营仓储保管业务，无法降低保管成本，企业的利润较低；三是仓库经营人不具有特殊货品的保管能力和服务水平。

（2）仓库承租的原因。对于仓库承租人而言，主要是因为具有特殊的保管能力、作业能

力及企业发展需要，采取租用仓库方式自行开展仓储保管更有利于企业的发展。

3. 租赁双方当事人间的关系

仓库租赁经营中，租赁双方不是一般意义上的买卖双方的关系，而是出租人和承租人之间的相互约束；两者之间的关系不是买卖合同，而是租赁合同，两者的权利和义务也不同于买卖关系。

承租人的权利是对租用的仓库及仓库设备享有使用权（不是所有权），义务是按约定向出租人支付租金、保护设备的使用性能和仓库的完整。

出租人的权利是按时向承租人收取租金、对出租的仓库及设备拥有所有权；义务是按协议的要求提供仓库及仓库设备，并保证仓库及仓库设备的完好性能。

4. 仓库租赁的具体方式

仓储租赁可以是整体性的出租，也可以采用部分出租、货位出租等分散方式进行。在分散出租形式下，出租人需要承担更多的仓库管理工作，如环境管理、安全管理等。例如，目前正迅速发展的箱柜委托租赁保管业务。

【资料 4-3】仓库出租协议/仓库租赁协议

（五）流通加工

1. 流通加工的概念

《物流术语》（GB/T 18354—2021）中，流通加工（Distribution Processing）的定义是：根据顾客的需要，在流通过程中对产品实施的简单加工作业活动的总称。（注：简单加工业活动包括包装、分割、计量、分拣、刷标志、拴标签、组装、组配等。）

2. 仓储企业开展流通加工的经济效益

仓库作为物流系统中的重要节点，不仅是货品的储存场所，更是进行流通加工的理想地点。仓储企业开展流通加工，能够提高员工的劳动生产率，提高仓储设备、仓储空间的利用率，增加仓储物的附加值。流通加工的重要性不仅在于为仓储合理化提供了条件，更重要的是为提高社会经济效益开辟了一条途径。流通加工是仓储企业具有广阔前景的经营业务，将给流通领域带来巨大的经济和社会效益。

同时，仓储企业开展流通加工业务或多或少要有一定的资源投入、成本投入，因而，需要选择具有市场前景、开展能力和成本优势的业务，才能使流通加工经营获得收益，即流通加工的总收益≥流通加工成本投入。

3. 仓储流通加工的类型

适合在仓库进行的流通加工类型多种多样，每种类型都有其特定的适用场景和优势。

（1）包装加工。这是仓库中最常见的流通加工方式之一。它可以在运输和储存过程中保护货品，使其免受损坏，提高货品的附加值，并促进销售。适当的包装还能提高物流效率，减少空间占用和运输成本。具体来说，有以下几种形式：

1）货品分装。将大包装货品拆分为小包装，如将大包装的零食拆分为适合单次销售的小包装。

2）组合包装。将多个相关产品组合成一个套装进行包装，如将牙刷、牙膏和牙杯组合成旅行套装。

3）防震包装。为易碎货品添加防震材料，如泡沫、气囊等，以保护货品在运输过程中不受损坏。

（2）组装加工。将多个零部件或半成品组合成一个完整的产品，方便用户直接使用或销售。这种加工方式可以减少客户的组装时间和成本，提高客户满意度。如家具组装，在仓库中将家具的各个部件组装成成品，客户可以直接使用，无须再自行组装。

（3）标记、分选和分类加工。这种方式帮助仓库管理人员更好地管理库存，提高拣选和发货的效率。同时，它们能确保货品在流通过程中符合质量标准，减少退货和投诉的风险。

货品标记：在货品上打印或粘贴条形码、价格标签等，以便于跟踪和管理库存。

分选加工：根据货品的质量、规格、等级等标准进行分选并分开存放。

分类加工：按照客户的订单要求，将不同种类的货品进行分类打包，以便于配送。

（4）切割和分割加工。对于一些大型或批量购买的货品，如木材、金属板材等，客户可能只需要其中的一部分。在仓库中进行切割和分割加工可以满足客户的这种需求，减少浪费并提高客户满意度。比如，可以根据客户需求的尺寸和规格，在仓库中将原木或板材切割成合适的长度和宽度，或者将大块的金属板材裁剪成客户需要的形状和尺寸。

（5）质量检测和清洁加工。在货品出库前进行质量检测可以确保货品的质量符合标准，降低退货和投诉的风险。同时，清洁加工可以提高货品的卫生标准，满足消费者对产品卫生的要求。

1）质量检测。使用专业的检测设备对货品进行检测，确保货品的各项指标符合质量要求。

2）清洁加工。对需要清洁的货品进行清洗、除尘等处理，以确保其达到一定的卫生标准。例如，对食品先进行清洗和消毒处理，再进行包装和配送。

（6）生产、流通加工一体化。依靠仓储企业与流通企业的联合，或者仓储企业涉足流通，或者流通企业涉足生产，从而形成生产与流通加工的合理分工、合理规划、合理组织，进而统筹进行生产与流通加工的安排，这就是生产、流通加工一体化流通加工形式，也是目前流通加工领域的新形式。

任务二　仓储成本核算

◆ 情境案例

小高和主管回到公司，立即向主管业务的副总经理报告了拜访大客户的情况，并表达了承接大客户电商发货业务的想法，希望公司能够给予支持。副总经理要求主管继续加强与大客户的联系，同时，进一步做好市场调查工作，测算此项目的投入产出比，分析市场前景，尤其是要做好风险评估，尽早提交成本测算报告和项目计划书，用于公司决策。从副总经理办公室出来以后，主管对小高说，他会继续跟进与大客户的联系，至于市场调查、投入产出测算、市场前景分析、风险评估、项目计划书等任务由小高负责。小高顿时感觉压力好大，如果测算不准，公司少赚了，或者大客户的业务丢了，岂不是太对不起公司了！小高并没有"不做不错、多做多错"的想法，只想抓住每个机会，锻炼自己，有了这样的压力，也就产生了努力的动力。小高决定迎难而上，先从测算公司的仓储成本入手，分析仓储成本的构成，准确核算现有仓储成本，同时，通过网络、同学等途径，了解做电子商务仓储业务所需投入设备的价格、运行和维护成本、新增人手等，在此基础上，尝试制定提供给客户的仓储服务报价，并做风险评估。

◆ 情境分析

对于仓储型物流企业来说，仓储成本占企业成本的绝大部分，要经营好企业，就必须做好仓储成本管理，包括仓储成本的分析与核算，仓储成本的控制等，只有准确核算了成本，考虑相关税费，再加上合理的利润，才能提供合理的产品报价。在市场竞争环境下，产品报价必须有一定的竞争力，要么价高质优，要么同价质优，要么同质价优。小高需要解决的问题相对复杂，没有一定的业务经验，很难完成，但这也是小高职业发展过程中一定会面对的问题。

通过本任务的学习，你将能够进一步理解仓储成本管理的重要性，掌握仓储成本构成分析和仓储成本核算的基本方法并加以应用，同时了解控制仓储成本的主要措施。

◆ 基础知识

一、仓储成本与仓储成本管理

（一）仓储成本的定义

仓储活动是物流活动中的重要组成部分，广泛存在于各类企业，仓储活动贯穿于企业生产全过程，这也意味着仓储活动成本在企业的经营成本中所占比例较高，尤其是生产制造企业和商业流通企业更是如此；而对于仓储企业来说，仓储成本更是对客户报价和最终获得收益的必要条件。因此，仓储成本是各个企业降低生产经营成本所重点关注的对象。

《企业物流成本构成与计算》（GB/T 20523—2006）中对仓储成本的定义为：在一定时期内，企业为完成货品储存业务而发生的全部费用，包括仓储业务人员费用，仓储设施的折旧费、维修保养费，水电费，燃料和动力消耗，相关税金，业务费等。

还有一种说法，认为仓储成本是仓储企业在开展仓储业务活动中各种要素投入的以货币计算的总和，具体包括仓库租金、仓库折旧、设备折旧、装卸费用、货物包装材料费用和管理费等。这一说法是相对狭义的，主要针对仓储企业。

（二）仓储成本分析

仓储成本分析是利用成本支出及其他有关资料，对成本水平与构成的变动情况进行系统研究，以找出影响成本升降的各个因素及其变动原因，进而寻找降低成本的途径的一种分析方法。仓储成本分析是仓储管理中的一个重要环节，旨在通过分析成本结构和变化趋势，优化仓储管理策略，以达到降低成本、提高效率的目的。仓储成本分析不仅涉及对直接成本的分析，还包括对间接成本如管理成本、设备折旧等方面的计算，从而全面评估仓储活动的经济性。具体而言，仓储成本分析具有如下四方面的作用。

1. 有利于制订仓储经营管理计划

仓储经营管理计划是仓储企业为适应经营环境变化，通过决策程序和方案选择，对仓储经营活动的内容、方法和步骤明确化、具体化的设想和安排。在制定经营管理计划时，必须考虑自身的经营能力，仓储成本正是反映仓储经营能力的重要指标。通过仓储成本的分析，企业能对不同经营方案进行比较，选择成本最低、收益最大的方案制定经营计划，开展经营。

2. 有利于制定仓储服务产品价格

仓储经营的根本目的之一是追求利润最大化。仓储企业提供仓储产品（服务）时，需要有明确的产品价格，即仓储费。从长远看，必须保证仓储费高于仓储成本，才能保证仓储企业的生存与发展。精准的仓储成本分析是仓储服务产品定价的基础工作。

3. 有助于仓储经营人力资源规划

人力资源成本是仓储成本的重要组成部分，但是人力资源成本与其他成本之间存在着替代关系和互补关系，确定人力资源数量的决定性因素是收益，以能够获得总成本最低或者总收入增加为原则确定人力资源的使用量。同时，成本因素也是人力资源考核、岗位设置的依据和决定劳动报酬的参考依据。

4. 有助于加速仓储企业的现代化

仓储成本分析有利于推动仓储技术革新，充分挖掘仓库的潜力，为仓储设施设备改造提供依据。要提高仓储能力和仓储效率必然要进行技术革新，改造设施和设备，但是设施设备的投入必须获得相应的产出回报，这必须在准确的成本核算和预测的基础上才能保证。

（三）仓储成本管理的内涵

1. 仓储成本管理的定义

仓储成本管理是指企业在仓储管理方面对任何必要的仓储作业方法所采取的控制手段，目的是以最低的仓储成本达到预先规定的仓储质量和仓储数量，包括一切降低仓储成本的努力。

仓储成本管理的任务是对仓储业务运作进行经济分析，了解其中的经济现象，以期以最低的仓储成本创造最大的仓储效益。在许多企业中，仓储成本是物流总成本的一个重要组成部分，对物流成本的高低有很大的影响，同时，企业物流系统所保持的库存水平对企业为生产或客户提供服务的水平起着重要作用，仓储成本管理一定以保证服务水平为前提。

2. 仓储成本管理的对象

（1）人力资源。仓储人力资源成本主要有两个方面：一是仓储管理人员的工资、奖金、福利费、津贴等；二是仓储作业人员的工资、奖金、津贴、福利费等。仓储人力资源成本的管理，应着重于尽量减少非作业人员的工资支出；同时，应不断提高作业人员的劳动生产率，不断降低仓储成本中活劳动的消耗。此外，选择和应用合理的作业组织形式、工资形式，对于降低人力资源成本也有重要影响。部分企业将一部分偏向体力劳动的员工由招聘转换为与劳务公司合作，虽然短期内能够节约一些人力资源成本，但不利于员工对企业的忠诚度，长远来看，是不利于企业发展的。

（2）仓储材料。货品在储存过程中所消耗的各类仓储材料在仓储成本中占很大比重。降低仓储成本的潜力之一在于节约衬垫与苫盖材料、包装材料等支出，寻找既能节省成本费用开支，又能保证货品仓储质量的管理方法，开展技术革新和改造，充分挖掘设备的潜力。在材料成本的管理上也要实行分类管理，加强核算，促使仓储成本不断降低。

（3）仓储设备。货品进出仓库、储存保管主要依靠各类仓储设备来完成。仓储设备的折旧费用、维护维修费用，在仓库成本中占相当的比重。因此，仓储部门在选择仓储设备时，应关注仓储设备的经济性和实用性，防止不顾实际需要、贪大求全，必要时，可以考虑租赁设备；在设备使用中，应避免野蛮操作仓储设备，更不能出现故意损坏仓储设备的现象。

此外，仓库租金、物业费、水电燃气费、通信费等，也是仓储成本管理的对象。

二、仓储成本的构成与核算

（一）仓储成本的构成

仓储成本的构成与核算

广义的仓储成本包含库存成本、保管成本等，而狭义的仓储成本主要是指保管成本，即为了货品保管而产生的固定成本和变动成本。对于仓储型物流企业而言，保管成本是其关注的重点；对于生产制造企业、商业流通企业而言，库存成本也是其仓储成本的重要组成部分，是影响其仓储管理决策的重要因素。具体而言，仓储成本主要由下述几部分构成。

1. 库存成本

库存成本指存储一定数量货品所需成本，由库存持有成本、订货成本、缺货成本三部分构成，主要由货品存储数量决定，即进行库存成本分析和决策时，仅与存储数量有关，不涉及仓储技术和仓储条件等因素。

2. 折旧费

对仓储设备设施等固定资产应按年度计提折旧费，主要是对仓库、货场等基础设施和仓储机械设备折旧。通常情况下，基础设施设备的折旧年限为10~40年，仓储工具、设备的折旧年限为3~10年。

3. 员工薪酬

根据《中华人民共和国劳动法》的规定，应付薪酬包括工资、奖金、津贴和补贴，福利费，医疗保险费、养老保险费、失业保险费、工伤保险费和生育保险费等社会保险费（即通常所说"五险"，其中养老保险、医疗保险、失业保险为企业和员工共同缴纳，工伤保险和生育保险由企业缴纳；住房公积金（由企业和员工共同缴纳）；工会经费和教育经费，以及非货币性福利。

4. 修理费

修理费指用于仓储设施、设备的大修基金以及设备设施的日常维修费用，其中大修基金一般可按照维修对象投资额的3%~5%提取。

5. 货损货差费

货损货差费指在储存保管过程中由工作过失而造成货品损失和差错所产生的费用。

6. 管理费用

管理费用指仓储企业或者部门为管理仓储活动或者开展仓储业务而发生的各种间接费用，比如办公费、人员培训费、差旅费、招待费、营销费、水电费、设备年检费等。

【实例4-2】某公司仓储成本的构成及报价

（二）仓储成本核算

仓储成本核算实例分析

1. 仓储成本核算的目的

（1）为仓储经营管理提供必要成本资料。仓储成本是仓储经营能力的重要指标，企业通过仓储成本核算，合理编制仓储费用预算，对不同经营方案进行比较，选择成本最低、收益最大的方案，提高仓储经营管理水平和经济效益。

（2）为计算仓储服务价格提供成本依据。仓储企业的根本目的是在追求利润最大化的同时兼顾社会利益。仓储企业提供仓储服务时，必须制定合理的产品价格，即仓储服务需求方所支付的仓储费率。通常情况下，客户所支付的仓储费必须高于仓储企业的仓储成本，才能保证仓储企业获得相应的利润。

（3）为持续提升仓储管理水平提供依据。通过仓储成本核算，企业可以把握仓储成本水平与构成的变动情况，研究影响仓储成本升降的各种因素及其变动原因，寻找降低成本的途径和方法，有效控制仓储成本。

2. 仓储成本的核算方法

（1）按支付形态核算仓储成本。把仓储成本按照保管费、搬运费、材料消耗费、人工费、管理费、仓储占用资金利息等支付形态分类，将以上各项费用相加，可以计算出仓储成本的总额。这种计算方法是从月度损益表"管理费用、财务费用、营业费用"等项目中，取相应数值乘以一定比率（仓储部门比率，分别按人数平均、台数平均、面积平均、时间平均等计算出来）算出仓储部门的费用，再将仓储成本总额与上一年度同期数值进行比较，找出成本增减原因并制定后期成本控制方案。

【实例4-3】某物流公司按支付形态所做的仓储成本核算

（2）按仓储项目核算仓储成本。这种计算方法是将仓储作业的各个环节所发生的成本分别进行统计，比如可以把仓储成本按搬运费、保管费、租赁费、材料费、工资津贴、燃料动力费、保险费、修缮维护费等项目分别计算，找出费用较高的作业项目或者成本因素，从而确定仓储成本管理的重点。按支付形态核算仓储成本，虽然可以得出仓储成本总额，但从核算表中无法了解仓储成本各组成部分的费用花费情况。而按仓储项目进行仓储成本核算，就可以了解仓储成本的费用分布，掌握仓储运营的实际状态，从而有针对性地进行仓储成本控制。

【实例4-4】某物流公司按仓储项目所做的仓储成本核算

（3）按适用对象核算仓储成本。企业进行仓储成本计算时，也可以根据企业成本管理的要求，计算不同对象的仓储成本。例如，按货品类别或按仓库计算仓储成本，可以分析由于产品、地区、客户的不同而对仓储成本产生的影响，进而提出仓储成本控制方案，降低仓储成本。作业成本法非常适合按适用对象核算成本。所谓作业成本法（Activities-Based Cost Method，也称为 ABC 成本法），即基于活动的成本管理，其指导思想是：成本对象消耗作业，作业消耗资源。需要注意的是，ABC 成本法与前文所学库存管理的 ABC 重点控制法有着本质的区别。对于作业成本法，可在物流成本管理等相关课程中深入学习。

三、仓储成本的控制

仓储成本的控制

仓储成本控制是指运用以成本会计为主的各种方法，预定仓储成本限额，按限额分配仓储成本和储存费用，将实际仓储成本与仓储成本限额进行比较，衡量仓储活动的成绩与效果，纠正不利差异，以提高工作效率，达到或低于预期的仓储成本控制限额。对于仓储企业而言，只有在保证一定服务质量的前提下，把仓储成本控制在比同类企业更低的水平上，才能制定更为有利的仓储服务价格，才有迅速发展的基础。仓储成本降低，企业总运营成本下降，此时，企业还可通过下调服务价格来扩大市场规模，市场规模扩大了，企业就可以获得稳固的经营基础，有能力进一步提高服务质量、扩大规模、寻求新的发展，进而形成良性循环。

（一）仓储成本控制的原则

1. 经济性原则

经济性原则是指进行仓储成本控制所发生的费用应少于由于仓储成本控制所节约的收益。同销售、生产、财务活动一样，任何仓储管理工作都要讲求经济效益。建立某项严格的仓储成本控制制度，需要发生一定的人力或物力支出，但这种支出不应该太大，不应该超出进行这项控制所能节约的成本。

2. 全面性原则

全面性原则要求企业进行仓储成本管理时，不能只片面地强调仓储成本，还要关注服务水平，切记优质的仓储服务才是企业长远发展的根本，因此，企业要兼顾服务水平和成本的关系，在保证一定仓储服务水平的前提下，适当地控制仓储成本，从而保证仓储业务低成本、高效率、高质量地运行。同时，由于仓储成本涉及企业管理的方方面面，因此，仓储成本控制要进行全员控制、全过程控制、全方位控制，作为仓储从业人员，应有主人翁意识，勇于承担在仓储成本控制方面的责任，为企业效益的提升贡献专业力量。

3. 利益协调原则

降低仓储成本从根本上说，对国家、企业、消费者都是有利的，但是，如果在仓储成本控制过程中采用不适合的手段，结果损害了国家利益或消费者利益，就是极端错误的，应予避免。因此，控制仓储成本时要注意国家利益、企业利益和消费者利益三者的协调。

4. 例外管理原则

例外管理原则是成本效益原则在仓储成本控制中的体现。仓储成本控制所产生的经济效益必须大于因进行仓储成本控制而发生的成本耗费，如建立仓储成本控制系统的耗费，保证仓储成本控制系统正常运转的耗费。企业实际发生的费用，不可能每一项都和预算完全一致，如果不管成本差异大小都予以详细的记录、查明原因，将不胜其烦。因此，根据成本效益原则，仓储成本控制应将精力集中在"非正常金额"较大的例外事项上。

（二）控制仓储成本的措施

控制和降低仓储成本要在保证物流总成本相对较低和保持一定的仓储服务质量和目标的前提下进行。

1. 强化成本管理意识，实施成本目标管理

仓储成本控制不仅是企业管理人员的事，也是仓储全体工作人员的责任。仓储企业对仓储成本实施目标管理时，首先要根据市场和企业自身的实际情况，制定仓储成本总目标，然后根据仓储工作的不同部门、岗位进行成本目标分解，让每个岗位、每个仓储员工都有明确的成本控制目标和责任。成本目标管理要与考核相结合，与员工的奖金、福利相结合，让员工意识到成本控制与其息息相关，以此激发仓储工作人员的积极性，自觉进行成本控制。在进行成本目标分解时，要注意目标的科学性、合理性，要让绝大多数仓储员工接受分解目标，使大多数仓储工作人员通过努力能达到成本目标，以实现成本控制的目标。

2. 利用现代仓储设备，提高仓储作业效率

在仓库中，有一定量的仓储作业费用支出，由于实际工效不一，所耗费的劳动力、仓储设备消耗、燃料费有所不同，这就要制定出一套相互协调、相互验证的仓储制度，对仓储作业的各个环节进行引导和监督，并对仓储成本进行控制，以提高各环节的作业效率，从整体上降低仓储成本。在仓储作业中要结合企业实际情况，积极应用现代仓储技术和设备，提高劳动生产率，如采用储存定位系统、自动存取系统、视频监控系统、货到人分拣系统、AGV 搬运系统，以及密集货架、无人叉车、新型托盘等。

3. 运用现代化保管技术，降低保管成本

储存货品的质量完好、数量准确，在一定程度上反映了仓储的质量。但由于货品的品种多、数量大、货品特性不同，产生损耗的原因和具体情况也不同。为了避免和降低货品的损耗，仓储管理时应了解损耗发生的原因，认真做好货品在库检查工作，采取有效的措施，采用现代化的储存保养技术，以降低保管过程中的货损率，降低保管成本。比如，在农副产品仓库中推广气调储存技术，即通过调节和改变环境空气成分，抑制货品的化学变化和生物变化，这对于有新陈代谢作用的水果、蔬菜、粮食等货品的长期保质、保鲜储存十分有效，从而减少此类货品在仓储中的货损率，提高仓储管理水平和客户满意度。

4. 坚持"先进先出"原则，避免存货过期

有效的"先进先出"方式主要有两种。一是采用自动存取系统。采用计算机管理系统，根据货品入库时间，依靠按时间排序的软件，自动排列出货的顺序，从而实现"先进先出"。这种系统还能将先进先出和快进快出结合起来，加快周转，减少劳动消耗。二是在仓储中采用适当的仓储设备以实现"先进先出"。例如，采用贯通式货架或流利式货架系统，既可提高仓库利用率，使仓库管理实现机械化、自动化，又能够提升拣货作业的效率，降低拣货成本。

5. 采用有效的仓储质量成本管理方法

所谓仓储质量成本，指仓储企业为确保仓储货品质量而发生的费用支出，以及由于未能保证仓储货品的质量而造成的损失。仓储质量成本管理的最优决策就是使仓储工作在满足客户对仓储货品质量要求的前提下，最大限度地降低仓储质量成本。一方面，要加强材料、成品在库质量管理，减少保管中的非正常损耗。仓库储存的货品质量完好、数量准确，一定程度上反映了仓储管理的水平。为了避免或降低货品耗损，应严格验收入库货品，做到不合格的材料、成品不进库，手续不全时决不发料，质量有问题的货品决不出库。另一方面，对原料、成品分类分区存放，科学进行堆码苫垫，控制好仓库温湿度，定期进行货品在库检查，防止保管期间货品质量发生质变。对于仓储企业而言，在满足客户服务质量要求的前提下，要避免过度地追求仓储服务质量，以免增加不必要的仓储质量成本。

6. 不断提高仓容利用率，降低空间成本

仓储货品的保管成本与仓库面积利用率、货品储存量密切相关。提高仓库、货场的空间利用率，降低仓储管理过程中的土地使用成本，是降低仓储成本的重要内容。可以采取高垛的

方法，增加储存的高度；采用侧架式叉车、前移式叉车，减少叉车转弯所需的宽度及通道宽度，以增加有效储存面积；减少库内通道数量以增加储存有效面积。此外，与销售、生产部门密切配合，加速企业原料、成品周转，充分发挥仓库使用效能，也可以提高仓容利用率。

从某种意义上说，不研究仓库利用率，要降低仓储费用则无从谈起。在仓储各项费用支出相对稳定的情况下，单位面积储存量的增加额与每吨货品的储存费用成反比。

7. 提高仓储信息化水平，降低交易成本

高效信息管理能力是削减成本、提升利润的关键，仓储企业在日常管理中，应该重视仓储信息化建设，努力使商流、物流、信息流、资金流等的运作协调统一，也即"四流合一"，以增强管理的有效性，避免信息流通不畅，降低信息传递和处理成本。充分利用仓储管理信息化、网络化、智能化的优势，有效地对仓储作业系统进行管理，仓储企业的商流、物流、资金流、信息流能够与外部合作企业相联相通，降低仓储企业的交易成本。此外，运用商流、物流、资金流、信息流的动态资料辅助决策，还能有效降低库存的成本费用，提高仓储服务的效率。

8. 识别仓储作业隐性成本，并着力控制

隐性成本是一种隐藏于企业总成本中，游离于财务审计、监督之外的成本，是企业或员工的行为有意或无意造成的具有一定隐蔽性的将来成本和转移成本，是成本的将来时态和转嫁的成本形态的总和。在仓储工作中，由错收、错发造成的时间、人力及机会成本的损失，以及由仓储管理工作失误造成的货品存放地点不合理、堆码方式不恰当、装卸搬运量增加、盘点检查次数和数量增加、设备利用率低、库容利用率低等，都是仓储成本中的隐性成本。对仓储成本进行控制必须重视对这些隐形成本的控制，加强对仓储作业的监督和管理，减少隐性成本产生的概率和损失，进而降低企业的仓储成本。

需要说明的是，中小规模的商业流通企业可根据企业经营实际，实施仓储业务外包，从而节省相关投资与仓储业务成本。仓储业务外包是通过外包协议把企业非核心和非收益的仓储活动包给专业仓储公司，从而达到降低成本、提高生产效率和增强企业对环境的应变能力的一种管理模式。外包是一种长期的、战略的、相互渗透的、互利互惠的业务委托方式。中小企业充分利用现有市场上的仓储企业，将仓储业务外包出去，不仅能减少投资的压力，还能大大降低仓储管理成本。

【实例4-5】某公司所做自营仓储和外包仓储的比较

任务三　仓储服务营销

◆ 情境案例

在小高和主管先后提交了八份仓储成本测算报告和十份电商仓储项目化计划书后，公司管理层决定将大客户电商仓储项目业务视为公司转型升级的起点，只要能够接下大客户的电商仓储项目，就一定增加投入，包括开辟专门的场地，组建电商项目部，开发与大客户销售系统对接的中间件，购买流水线、隔板货架、打包设备等。同时，主管带着小高更加频繁地拜访大客户，向大客户说明公司承接电商业务的诚意、业务措施、服务标准、服务承诺、环保措施、初步报价等，最终，大客户表态：一周后实地考察，如果现场条件符合要求，就将电商业务交给小高所在公司来做。有了大客户的表态，再加上前期的充分准备，小高所在公司很快就根据大客户电商业务的特点，布置好了场地，安装好了设备，并做了调试。考察那天很快就到了，大客户几乎不敢相信眼前的情况，小高所在公司真的在一周内做好了所有工作，具备了货品进场的条件，大客户对此大加赞赏，当天就跟小高所在公司签订了为期三年的仓储服务框架协议，以表合作的诚意。

◆ 情境分析

小高和主管的工作是富有成效的，对内，用数据和报告说服了公司决策层向电商业务转型；对外，综合应用产品（服务）策略、价格策略，以及绿色营销理念，获得了大客户的信任。无疑，对于仓储型物流企业而言，做好仓储服务营销是非常重要的，涉及企业持续经营。

通过本任务的学习，你将理解仓储服务营销的 4P 策略，以及仓储服务营销的一些新理念。

◆ 基础知识

一、仓储服务营销认知

（一）仓储服务营销的概念

1. 仓储服务营销的定义

仓储服务营销认知

仓储服务营销是仓储企业为提升自身竞争力和实现可持续发展，通过一系列策略手段推动仓储服务销售和客户关系发展的过程。仓储企业应针对市场需求和客户特点，通过提供优质、高效、可靠的仓储服务，运用营销手段吸引潜在客户、维护现有客户，并实现销售增长和市场份额提升。优质的仓储服务也能为企业赢得客户的信任和忠诚，从而实现长期的可持续发展。

仓储服务营销是仓储企业经营过程中必不可少的环节，是市场营销的组成部分，是市场营销在物流领域的具体应用和发展。具体来说，仓储服务营销包括仓储市场调研、仓储市场细分、仓储服务方案设计、目标客户开发、营销计划制定、服务质量控制、营销绩效评估等环节，需要完成相应的调查报告、计划制定、营销方案设计等。

仓储企业只有进行了成功的营销，才能获得客户，拿到订单，进而开始收货、保管、库存货品的维护保养、发货、仓储增值服务、配送等相关服务。可以说，仓储营销是带动仓储企业持续发展的火车头。

2. 仓储服务营销的特征

仓储服务营销最基本的特征就是发现客户，并为需要仓储服务的客户提供有效的仓储服务。仓储服务营销的特征表现在下述几个方面。

（1）仓储服务兼具有形性与无形性。企业提供的仓储服务首先需要有仓储的空间，如仓库、容器、场地等。其次，仓储作业需要借助运输、装卸和分拣设备，如液压叉车、起重机、分拣线、货架、搬运车辆和托盘等，就这两方面来讲，仓储服务具有有形性成分。同时，企业为客户提供的货品存放位置设计、货品存放信息记录和处理、存储货品温度湿度控制、货品取放线路安排、货品出入库时间和顺序计划、分拣作业设计,以及客户所存储货品的信息查询和数据交换等服务项目,又具有较典型的无形性特征。

(2)营销对象的广泛性和差异性大。仓储营销兼具服务对象范围广、服务要求差异大的特征,既有政府客户、企业客户等团体客户,又有个体消费者,既有国内客户又有国际客户,既有大客户又有小客户,既有一次性客户又有长久性客户,既有单项服务客户,又有综合服务客户;即便是同一类客户,所需仓储服务也有较大的差异,这就要求仓储营销必须精准细分客户群体,着力把握每个群体的服务要求,并提供针对性的仓储服务。

(3)服务产品的生产和消费可分离性高。其原因主要在于仓储企业主要的服务对象是客户的货品,因此,仓储企业在提供服务时,并没有与客户直接接触,客户的消费也只是在货品出库后。在一般情况下,仓储企业可以对类似的货品进行集中存放和养护等服务作业,这样会大大提高生产效率。另外,随着仓储企业信息化水平的提高,客户可以借助网络技术,对货品的存储情况和中转等信息进行查询,而不必进行实地考察。

(4)服务过程中客户的参与程度较低。仓储企业除了与客户签订合同和办理货品的交接手续之外,与客户面对面接触的时间和次数较少,在实施仓储服务作业时,客户参与对仓储服务过程的影响程度也是很低的。对于特定的货品而言,仓储服务的内容和作业程序都是既定且有一定标准的,并且对客户而言,许多手续是熟悉和例行的,因此,客户的关注度和参与度也不会很高。

(二)仓储服务营销的原则

1. 规模

仓储企业的效益一定程度上取决于它的规模,进行市场营销时,首先要确定某个客户或某个客户群的仓储需求具有一定的数量和集中度,然后才去为他们设计、提供有特色的仓储服务。

2. 合作

现代仓储要求在更大范围内合理配置资源,但仓储企业本身很难拥有完成仓储活动的所有资源和功能,如仓配一体化服务中的配送资源。仓储企业只有做好自身的核心仓储业务,而将其他业务外包给其他企业完成,才能最终完成仓储全套服务,取得服务效益。合作意味着仓储企业在提供仓储服务的过程中,与外部客户深入沟通、密切配合,还意味着仓储企业内部各部门的精诚团结,共同服务好客户。

3. 回报

对仓储企业来说,市场营销的真正价值在于其能为客户带来短期或长期利润,并以此为基础获得回报。取得回报是仓储企业生存和发展的物质条件,是营销活动的动力。仓储企业在营销活动中也要回报客户,要满足客户的仓储需求,为客户提供价值。回报是维持市场关系的必要条件。

二、仓储服务营销策略

杰罗姆·麦卡锡(E.Jerome McCarthy)于 1960 年在其《基础营销》一书中第一次将企业的营销要素归结四个基本策略的组合,即著名的 4Ps 理论:产品(Product)策略、价格(Price)策略、渠道(Place)策略、促销(Promotion)策略。由于产品、价格、渠道、促销四个词的英文单词首字母都是"P",而策略(Strategy)英文单词的首字母是"S",所以这四个基本策略的组合简称为 4Ps。4Ps 营销理论是市场营销的经典理论,对营销理论和营销实践的发展产生了深刻的影响,即使在今天,它仍是市场营销的基本手段。对于仓储服务营销而言,也可以应用这四个基本策略。

(一)产品策略

仓储属服务业,对客户企业来说,这种服务的品质不容易识别,质量较难考核和控制。仓储企业应注重考虑仓储服务产品的标准化,主要涉及仓储服务基础设施和仓储作业流程两个方面的标准化。仓储企业可通过一些媒介,进行有形展示,例如,借助现代化的仓储设施和设备、训练有素的服务人员、知名的企业品牌、各种详细的服务细则与程序等,吸引客户实地参观、考察、体验,以打消产品的无形性带给客户购买时的风险感受,让无形的服务变得有形。

目前我国实行的《通用仓库等级》(GB/T 21072—2021)、《仓储服务质量要求》(GB/T 21071—2021)两项国家标准对仓储企业服务产品标准化工作起到了较大的推动作用。仓储企业还可依据《仓储从业人员职业资质》(GB/T 21070—2007)(附录 B),对仓储职业经理人与仓管员进行全面系统的培训,实行持证上岗,全面提高仓储从业人员的素质;依据《仓储服务质量要求》(GB/T 21071—2021)(附录 D)制定实施细则,对仓储从业人员进行考核,全面提高仓储服务人员的服务水平,提高仓储服务的一致性。

此外,仓储企业可以根据客户的具体需求,提供定制化的仓储服务方案,满足客户的个性化需求,还可以引入智能仓储系统,借助数字化的管理手段,提高仓储服务效率和客户体验,增强企业竞争力。

(二)价格策略

价格策略是 4Ps 中最重要、最具特色的一个方面,仓储企业灵活科学地运用价格策略直接关系到仓储服务的市场占有率、社会需求量、企业的利润等企业经营的直接成果。

为应对竞争和实现经营战略的需要,仓储企业在实际操作中可以采取多种多样的价格策略。例如,根据客户的存储数量、存储货品类别的多少实施数量折扣,根据客户的存储时间长短、存储淡旺季实施时间折扣。为了更好地占领市场,还可以采用针对竞争对手的价格策略,进行价格比拼、服务比拼。

(三)促销策略

1. 媒体促销

仓储企业应通过报纸、杂志、广告牌等传统媒体,以及公众号、视频号、小程序、搜索竞价等新媒体途径向目标客户传递有关仓库的规模、便捷的地理位置、优秀的仓储员工、先进的仓储设施条件、完善的仓储服务项目等优势,以吸引货主与仓库进行业务联系。

2. 人员促销

人员推销也是仓储企业可以广泛采用的一种促销手段,其中指派专业人员到货主企业进行登门拜访,面对面地单独磋商,可以取得较好的效果。当前,一些基于互联网技术的仓储企业,在进行业务 App 推广时,往往采用"地推"(也有企业称为"直销")的方式"挨家挨户"拜访客户。

3. 其他方式

仓储企业还可以发起组织各种推介会议,邀请客户或潜在客户参加,在会议上推出自己的产品和服务,组织货主参观先进的设施与设备,使货主直观了解仓储企业的能力,以实力赢得客户的信任。积极参加行业协会组织的交流、研讨等,借助行业协会的平台推介自己。实力雄厚的仓储企业还可以通过参与社会公益活动,创造和利用新闻,主办有意义的活动等,建立企业与社会公众的关系，树立企业的形象，从而获得市场认可，并借此不断扩大市场份额。

（四）渠道策略

营销渠道就是指某种货品或劳务从生产者向消费者转移时取得这种货品或劳务的所有权的所有组织或个人。仓储服务由于其本身的性质，基本都是直接渠道，也就是由仓储企业直接提供给货主。然而随着仓储市场环境的变化，竞争状态的加剧，仓储企业也可以考虑间接的销售渠道，利用货代企业、第四方物流企业或通过与运输、配送等其他物流企业合作的形式，争取更广泛的货源。

现阶段，营销策略已经逐步从 4Ps 理论发展到了 4Cs 理论、4Rs 理论，其中 4C 分别指 Customer（顾客）、Cost（成本）、Convenience（便利）和 Communication（沟通），4R 分别指代 Relevance（关联）、Reaction（反应）、Relationship（关系）和 Reward（回报）。

一般认为，4Ps、4Cs、4Rs 理论不是取代关系而是完善、发展的关系。由于企业层次不同，情况千差万别，市场、企业营销还处于发展之中，所以至少在一个时期内，4Ps 理论还是营销的一个基础框架，4Cs 也是很有价值的理论，这两种理论仍具有适用性和可借鉴性。4Rs 理论不是取代 4Ps、4Cs 理论，而是在 4Ps、4Cs 理论基础上的创新与发展，所以不可把三者割裂开来甚至对立起来。在了解营销 4Rs 理论的同时，应根据企业的实际，把三者结合起来指导营销实践，可能取得更好的效果。这就要求仓储营销人员持续学习，始终把握"以客户为中心"的理念，在努力为客户创造价值的过程中，实现仓储企业的利益。

【资料4-4】电子商务企业如何选择第三方仓储公司

仓储服务营销新理念

三、仓储服务营销新理念

近年来，市场营销的理论和实践发展迅速，新的营销理念不断涌现，极大地丰富了企业营销策略的运用。在仓储领域，这些新理念也可以指导仓储服务营销工作的开展。

（一）关系营销

所谓关系营销，是把营销活动看成是企业与消费者、供应商、分销商、竞争者、政府机构及其他公众等利益相关者发生互动作用的过程，其核心是建立和发展与各方的良好关系。面对市场日益残酷的竞争挑战，许多仓储企业逐渐认识到，建立、保持并加强同客户的良好关系，提高客户忠诚度，是企业生存和发展的基础。在此基础上，仓储企业应与上下游相关企业，如货运代理、运输、配送等企业加强合作，共同开发市场，使关联各方互惠互利。

同时，仓储企业是社会的一个部分，其活动必然要受到政府及公众团体的影响，因此仓储企业应与政府及公众团体协调一致，例如，根据城市规划合理安排库区布局，加强危险品仓库周边的安全措施，开展"工业旅游""亲子游""研学游"等特色项目等。仓储企业与当地政府和公众积极合作，就更容易建立良好的形象，增强自身的品牌效应。

另外，仓储企业应重视与员工建立良好的关系，努力发挥员工的聪明才智和专业能力，鼓励员工开展业务创新和流程优化，哪怕只是"小发明、小建议、小革新、小设计、小改进"等"五小"创新，都能使企业成为员工实现个人理想的重要平台，也使企业获得更为优质的人力资源支撑。

（二）绿色营销

绿色营销是一种新的营销理念，是人类跨世纪营销活动的一个新飞跃。从本质内涵上看，企业绿色营销是企业以环保观念为其经营指导思想，以绿色消费为出发点，以绿色文化为企业文化核心，在满足绿色消费需求的前提下，为实现企业目标而进行的营销活动。仓储企业绿色营销是指仓储企业在生产经营过程中，将企业自身利益、客户企业者利益和环境保护利益三者统一起来，以此为中心，设计、开发和提供仓储服务产品。

众所周知，物流业虽然促进了经济的发展，但也给社会环境资源带来负面的影响。仓储作为物流的两大支柱之一，也必然面临这样的问题。仓库布局不合理，储存保养技术不当；装卸搬运设施设备选择不合理、无效搬运、搬运中造成的货品损失；不可重复利用的包装材料的使用，包装物不能有效地回收；流通加工的效率低下，边角料及废弃物的浪费，上述诸多方面的问题，都要求仓储企业必须重视环境保护和可持续发展问题。

这就要求仓储企业在制定营销决策的时候，也可以应用绿色营销的方式向潜在客户介绍企业为节能、环保、高效等方面所作的努力。仓储服务营销不再是传统的出租仓库，仓储服务营销的内涵加深，涉及的范围更广，各种各样的高标库、无人仓、自动化立体仓库将成为未来建设仓库的主要模式，对仓储管理人员和营销人员所要具备的素质要求更高了。

因此，现阶段对于仓储管理流程的规范和仓储营销模式需要不断进行探索，以有效利用仓储资源。在仓储服务的实施过程中，尽力采用先进合理、绿色化的仓储技术，尽可能地减少资源的消耗，尽可能地利用再生资源，制定合理的服务价格，着眼于企业的长远利益，顺应时代潮流，在同行中率先取得优势。

任务四　仓储合同管理

◆ **情境案例**

经过上次的事情，公司任命小高为市场部副主管，同时兼任新组建的电商业务部的副主管，市场部主管对小高也更加信任，几乎放手让小高跟进与大客户的业务。小高知道，框架协议并非仓储合同，要确保后续的服务顺畅，就必须跟大客户签订更为详细的仓储服务合同，进一步明确双方的责任和权利，同时建立业务退出机制。公司此前的合同模板虽然有一定作用，但对于新的业务内容而言，还有很多不清晰的地方。为此，小高搜集整理了不少资料，并不断与原来所在仓储部主管、新组建电商项目部员工，以及大客户的业务人员沟通，商讨业务细节，明确各项服务的具体标准，从而拟定了仓储服务合同的初稿，交由公司法务审核，并与大客户积极商洽，根据反馈意见，再次沟通、洽谈，最终迎来了双方在仓储服务合同上签字盖章的那一天。

◆ **情境分析**

仓储合同是仓储服务供给方和需求方在平等、互利基础上达成的一致意见，是双方真实意思的表达，也是一份法律文书，具有法定约束力。从合同认知、合同签订到合同执行，是一个"知行合一"的过程，小高为此作出了不懈努力，也必将取得卓有成效的业绩。

通过本任务的学习，你将理解《中华人民共和国民法典》对仓储合同、保管合同的有关要求，掌握仓储合同从起草、订立到实施的整个流程，并能根据给定的业务背景，起草针对性的仓储合同。

◆ 基础知识

一、仓储合同认知

（一）仓储合同的法律内涵

1. 合同的定义

仓储合同认知

《中华人民共和国民法典》（以下简称《民法典》）"第三编合同 第一分编通则 第一章一般规定"第464条规定："合同是民事主体之间设立、变更、终止民事法律关系的协议。"

2. 仓储合同的定义

《民法典》"第三编合同 第二分编 第二十二章仓储合同"第904条规定："仓储合同是保管人储存存货人交付的仓储物，存货人支付仓储费的合同。"

仓储合同是一种典型合同，也是一种特殊的保管合同。这是因为，《民法典》第918条规定："本章没有规定的，适用保管合同的有关规定。"《民法典》第888条规定："保管合同是保管人保管寄存人交付的保管物，并返还该物的合同。"

【资料4-5】仓储合同与保管合同的区别

3. 仓储合同的法律特征

（1）保管人须为有仓储设备并专事仓储保管业务的人。所谓仓储设备，是指能够满足储藏和保管物品需要的设施，其并非仅指以房屋、有锁之门等外在表征的设备，例如，可供堆放木材、石料等原材料的地面，同样为仓储设备。所谓专事仓储保管业务，是指保管人必须是经工商行政管理机关核准登记的专营或兼营仓储业务的法人组织或其他经济组织、个体工商户等。这是仓储合同主体上的重要特征。未经核准登记而擅自从事仓储业务的，属于超越其经营范围的经济活动，这强调了在签订仓储合同时，存货人应首先查明对方是否具有从事仓储的资格，并且是否在其营业执照上注明。这样的规定旨在确保仓储服务的专业性和安全性，保护存货人的利益不受损害。

（2）仓储合同的标的是仓储服务行为，仓储合同的标的物是仓储物。仓储物为动产，不包括不动产，且为特定物或者特定化的种类物。仓储合同的标的物，即存货人交付保管人保管的仓储物必须是能够移动、需要存放到仓库经营人所拥有的仓库的货品，所以只能是动产。另外，仓储合同的标的物虽然可以是种类物，但一经建立仓储保管关系，该种类物就特定化了，因此，保管方不能擅自调换、动用保管物，在合同终结时，保管方返还给存货方的应该是原交付保管的货品。不动产不可能成为仓储合同的对象。

同时，还应注意仓储标的物违法将导致仓储合同无效，因此，在订立仓储合同时，保管人应确切地知晓存货人存放的是什么货品，防止存货人利用仓储企业存放违法货品。

仓储合同中存货人移交给保管人的是对货品的占有权,保管人提供的是储存和保管服务,因此,保管人对储存货品在储存期间只有占有权,没有使用权和处分权。合同期限届满时,保管人应将储存保管物完好无损地交还存货人,所以仓储合同是提供劳务或者服务的合同。

（3）仓储合同为诺成合同。仓储合同自成立时起生效。仓储合同的内容主要有：仓储物的名称、数量及质量,仓储物入库、出库时间及有关手续,仓储物验收标准及内容,仓储物仓储要求及条件,计费项目、标准及支付方式,责任承担及合同期限等。

【实例 4-6】仓储合同作为诺成合同的案例

（4）仓储合同为双务、有偿合同。仓储合同的当事人双方于合同生效成立后,应互负给付义务,保管人提供仓储服务,存货人按约给付报酬和其他费用,双方的义务具有对应性和对价性。所以仓储合同为双务、有偿合同。仓储合同须有仓储物占有的转移,即存货人要交付仓储物,但仓储占有的转移并不等于仓储物所有权或者使用权的转移,保管人一般无权使用、处分仓储物。

（5）仓储合同为不要式合同。仓储可以采用书面形式,也可以采用口头形式。无论采用何种形式,只要符合《民法典》第905条"仓储合同自保管人和存货人意思表示一致时成立"的要求,合同即告成立,而无须以交付仓储物为合同成立的要件。这就意味着,双方当事人意思表示一致即受合同约束,任何一方不按合同约定履行义务,都要承担违约责任。

（6）仓单是仓储合同的重要特征。仓单是指保管人应存货人的请求而填发的有价证券。存货人主张货物已交付或行使返还请求权以仓单为凭证。保管人必须签发仓单,但仓单并非仓储合同本身,签发仓单并非合同的成立要件而仅是一种履行行为。仓单作为一种法律文书,其作用在于表明一定数量的保管物已经交付仓储保管。这种有价证券具有法律特征,根据《民法典》第910条,"仓单是提取仓储物的凭证。存货人或者仓单持有人在仓单上背书并经保管人签名或者盖章的,可以转让提取仓储物的权利"。此外,如果仓单被盗、遗失或灭失,存货人或仓单持有人可以通过特定的法律程序来确认和保护其权利,这一程序通常涉及请求法院进行公示催告。

【资料 4-6】仓单的内容、性质、作用与生效条件

（二）仓储合同的形式

《民法典》第469条规定："当事人订立合同,可以采用书面形式、口头形式或者其他形式。书面形式是合同书、信件、电报、电传、传真等可以有形地表现所载内容的形式。以电子数据交换、电子邮件等方式能够有形地表现所载内容,并可以随时调取查用的数据电文,视为书面形式。"

仓储合同是典型合同之一,因此其形式也应符合《民法典》第469条的要求,即仓储合同是不要式合同，当事人可以协议采用任何合同形式。实际应用中，仓储合同有下述几种常见形式。

1. 合同书

合同书是仓储合同的最常用格式。合同书由合同名称、合同编号、合同条款、当事人签署等四部分构成。合同书具有形式完整、内容全面、程序完备的特性，便于合同订立、履行及争议的处理。

2. 确认书

在采取口头（电话）、传真、电子邮件或其他信息化形式商定合同时，为明确合同条款和表达合同订立，常常采用一方向另一方签发确认书的方式确定合同，也即确认书。确认书是合同格式的主要部分，仅由发出确认书的一方签署，与完整合同书不同，但其功能相同。确认书有两种形式。一种仅列明合同的主要事项，合同的其他条款在其他文件中表述。例如，某仓储公司通过邮件向客户发出确认书：本公司同意接受贵公司9月20日提出的仓储200t钢管的要求，请按时送货。另一种是将完整合同事项列在确认书上，相当于合同书的形式。

3. 计划表

计划表是长期仓储合同的补充合同或执行合同。在订立长期仓储合同关系中，对具体仓储的安排较多采用计划表的形式，由存货人定期制订仓储计划交保管人执行。

4. 格式合同

仓储格式合同是仓储企业单方拟定的合同。对于仓储周转量极大、每单位仓储物量较小，即次数多、批量少的公共仓储，如车站仓储等，保管人可以采用格式合同。在订立仓储格式合同时，只需由保管人填写仓储物、存期、费用等变动事项，交由存货人签认即可，不再进行条款协商。格式合同的条款，同样应符合法律法规的要求。

二、仓储合同的主要内容

仓储合同的主要内容

（一）仓储合同当事人及其权利义务

1. 仓储合同的存货人及其权利义务

（1）仓储合同中的存货人。存货人是指将仓储物交付仓储一方的合同当事人。存货人必须具有将仓储物交付仓储的处分权，可以是仓储物的所有人，也可以是只有仓储权利的占有人，如承运人，或者是受让仓储物但未实际占有仓储物的准所有人，或者有权处分人，如法院、行政机关等。存货人可以是法人、非法人单位、民营企业、事业单位、个体经营户、国家机关、群众组织、公民等。

（2）存货人的主要权利。主要有以下5项：

1）有权要求仓管人妥善管理仓储物。

2）有权要求仓管人亲自看守管理仓储物。

3）有权要求仓管人及时验收仓储物。

4）合同约定由仓管人运送仓储物或代办托运的，存货人有权要求仓管人将仓储物送至指定的地点或办理托运手续。

5）有权检查仓储物。《民法典》第911条规定："存货人或者仓单持有人有权检查仓储物或者提取样品"。

（3）存货方的主要义务。主要有以下4项：

1）按照合同约定交付仓储物入库。存货人应按合同约定的品名、数量、时间将仓储物交付保管人入库,并在验收期间向保管人提供验收资料。

2)向仓管方支付报酬,即仓储费。仓储费是仓管人因提供保管服务而应当获取的报酬。存货人应按合同约定的数量、支付方式、地点、时间等支付仓储费。

3)偿付必要费用。存货方应当支付仓管方因堆藏、保管、运送货品所支出的必要费用,包括运费、修缮费、保险费、转仓费等。

4)凭仓单提取仓储物并提交验收资料。存货人或者仓单持有人在合同期限届满时凭仓单及时提取储存的仓储物,并向仓管人提供仓储物的验收资料。

2. 仓储合同的保管人及其权利义务

(1)仓储合同中的保管人。保管人为仓储物保管一方的合同当事人,必须拥有仓储保管设备和设施,具有仓库、场地、货架、装卸搬运设施,以及安全、消防等基本条件,取得相应的公安、消防部门的许可。从事特殊保管的,还要有特殊保管的条件要求,如经营危险品等特殊仓储业务的,还应办理相应的许可证。设备和设施无论是保管人自有的、还是租赁的,保管人必须具有有效的经营使用权。同时,从事仓储经营必须具有经营资格,进行工商登记,获得工商营业执照。保管人可以是独立的企业法人、企业的分支机构,或者个体工商户、合伙、其他组织等,可以是专门从事仓储业务的仓储经营者,也可以是贸易货栈、车站、码头的兼营机构。

当保管人一方是代理人来签合同时,存货人应注意审查其是否具有代理人资格。主要注意以下两点:

1)该代理人是否有授权委托书。在授权委托书中,应当载明代理人的姓名或名称、代理事项、授权权限、期间,并由委托人或法定代表人或主要负责人签名、盖章。

2)代理人是否在授权范围内代订仓储合同,凡是超越代理权限而订立合同的,将因无权代理而导致合同无效。

(2)保管方的主要权利。主要有以下6项:

1)有权要求存货人按合同约定及时交付标的物。

2)有权要求存货人告知仓储物情况并提供相关验收资料。《民法典》第906条规定:"储存易燃、易爆、有毒、有腐蚀性、有放射性等危险物品或者易变质物品的,存货人应当说明该物品的性质,提供有关资料。存货人违反前款规定的,保管人可以拒收仓储物,也可以采取相应措施以避免损失的发生,因此产生的费用由存货人负担"。

3)有权要求存货人对变质或损坏的仓储物进行处理。《民法典》第913条规定:"保管人发现入库仓储物有变质或者其他损坏,危及其他仓储物的安全和正常保管的,应当催告存货人或者仓单持有人作出必要的处置"。

4)有权要求存货人按期提取仓储物,并在一定条件下具有提存权。《民法典》第916条规定:"储存期限届满,存货人或者仓单持有人不提取仓储物的,保管人可以催告其在合理期限内提取;逾期不提取的,保管人可以提存仓储物"。

【资料4-7】关于仓储的留置与提存

5）有权要求存货人对仓储物进行必要的包装。《民法典》第 917 条规定："储存期内……。因仓储物本身的自然性质、包装不符合约定或者超过有效储存期造成仓储物变质、损坏的，保管人不承担赔偿责任"。

6）有权按约定收取储存管理仓储物的各项费用和约定的劳务报酬。

（3）保管方的主要义务。主要有以下 6 项：

1）应存货人要求填发仓单。《民法典》第 908 条规定："存货人交付仓储物的，保管人应当出具仓单、入库单等凭证"。

2）接受和验收存货人的仓储物入库。保管人应按合同的约定接受存货人交付储存的仓储物，并按合同约定的内容、标准、时间和方法对仓储物的品名、规格、数量、包装状况等进行验收，如发现有不符合合同约定的应及时通知存货人。

3）妥善保管仓储物。

4）危险通知。储存的仓储物出现危险时，保管人应及时通知存货人。《民法典》第 913 条规定："保管人发现入库仓储物有变质或者其他损坏，危及其他仓储物的安全和正常保管的，应当催告存货人或者仓单持有人作出必要的处置。因情况紧急，保管人可以作出必要的处置；但是，事后应当将该情况及时通知存货人或者仓单持有人"。

5）返还保管物的义务。《民法典》第 914 条规定："当事人对储存期限没有约定或者约定不明确的，存货人或者仓单持有人可以随时提取仓储物，保管人也可以随时请求存货人或者仓单持有人提取仓储物，但是应当给予必要的准备时间"。《民法典》第 915 条规定："储存期限届满，存货人或者仓单持有人应当凭仓单、入库单等提取仓储物。存货人或者仓单持有人逾期提取的，应当加收仓储费；提前提取的，不减收仓储费"。

6）承担损坏赔偿责任。《民法典》第 917 条规定："储存期内，因保管不善造成仓储物毁损、灭失的，保管人应当承担赔偿责任"。

（二）仓储合同的标的和标的物

1. 仓储合同的标的

仓储合同的标的是指合同关系指向的对象，也就是仓储合同当事人权利和义务共同指向的对象。仓储合同虽说约定的是仓储物的保管事项，但合同的标的却是仓储保管行为，即在特定的仓储空间和仓储时间所开展的仓储活动。保管人利用特定的保管空间和时间，按照存货人的要求，提供相应的仓储服务，保管仓储物，存货人为使用保管人的仓储行为支付仓储费。

2. 仓储合同的标的物

仓储合同的标的物是仓储合同标的的载体和表现，仓储合同的标的物就是存货人交存的仓储物。仓储物可以是生产资料（如生产原料、配件、组件、生产工具、运输工具等），也可以是生活资料（如一般商品，包括特定物或者种类物）。但仓储物必须是动产，能够移动到仓储地进行仓储保管，且是有形的实物动产，有具体的物理形状。不动产不能成为仓储物，货币、知识产权、数据、文化等无形资产和精神产品不能作为仓储物（如图书可以作为仓储物，但图书的著作权、书内的专利权不能成为仓储物）。

（三）仓储合同订立的主要条款

《民法典》第 470 条规定："合同的内容由当事人约定，一般包括下列条款：当事人的姓名或者名称和住所；标的；数量；质量；价款或者报酬；履行期限、地点和方式；违约责任；解决争议的方法。

仓储合同拟定实例分析

当事人可以参照各类合同的示范文本订立合同"。

由于仓储合同为不要式合同，没有严格的条款规定，仓储合同当事人可根据需要商定合同事项，且由双方协议采用合同的形式。部分地市还出台了符合当地特点的《仓储服务合同》样式的地方标准，如云南省地方标准《物流服务合同 仓储与运输合同》（DB53/T 809—2016）。通常情况下，仓储合同主要条款包括下述内容。

1. 存货人、保管人的名称、地址

仓储合同当事人是履行仓储合同的主体，需要承担合同责任，需要采用完整的企业注册名称和登记地址，或者主办单位地址。主体为个人的须明示个人的姓名和户籍地或常住地（临时户籍地）。

2. 仓储物的详细信息

这是指仓储合同当事人双方约定的仓储物的品种、数量、质量、包装、件数和标记等。仓储物必须是动产、能够存放到仓储地进行保管。

（1）仓储物的品种需要采用完整的货品名称或种类名称表达。

（2）数量采用通用的计量方法确定并达到最高的精度，用最小的独立封装单元确定件数，如箱装仓储物以封口的外包装为单位，或者以最小的组成单位，如成捆的管材，用具体管材根数表达。

（3）质量可以仅用外包装可见质量或者仓储物本身的质量，标准可以采用国家标准、行业标准，或者约定的标准来表达，必要时也可以仓储物质量检验报告为准。

（4）标记应采用标注在外包装上的标记或者拴挂的标签标记。

3. 交接时间、地点、验收方法

这是指仓储合同当事人双方约定的交接时间和地点、验收方法。交接时间确定了仓储物入库时间，保管人须在此前准备好货位、人员和工具等交接条件。交接地点表明了运送仓储物入库的责任承担人。合同中还需明确交接地、装卸搬运的承担人、交接理货的方法等。

4. 验收方式方法

合同中需明确验收的内容、标准、时间和方式。验收内容与质量标准具有较强的相关性，往往就是针对质量标准进行验收。约定了验收标准的，保管人仅对验收事项负责（如约定仅对仓储物的外包装进行验收，当返还仓储物时，保管人仅对外包装的损坏承担责任，而对内容不承担责任，除非能够证明为保管不当造成损害）。

5. 仓储物的损耗标准

仓储物的损耗标准是指仓储合同当事人双方在仓储合同中明确的仓储物损耗标准。仓储物在经过长期存放和多次作业后，由于挥发、散失、扬尘、氧化、计量方法不同等原因或造成耗损减量，对于这类减量，保管人很难承担责任，一般采用协议免责的方法处理，也就是在合同中订立合理耗损条款，双方约定不追究对方责任的数量减少标准，包括重量或者件数的减量。仓储物损耗标准可以采用国家标准或者行业标准，无国家或行业标准的，由双方协商确定标准。

6. 储存场所

储存场所是指仓储合同当事人双方约定的仓储物存放的仓库地理位置、存放的仓库或货场。根据仓储物的特性，储存场所可以约定得较为笼统或者极为具体明确。对于特殊仓储物，必要时要明确保管条件和保管方法。储存场所不仅表达了保管人的保管条件和存货人的保管要求,还确定了运输便利程度和出入库的运输成本。储存易燃、易爆、有毒、有腐蚀性、有放射性等危险物品的,保管人应当具备相应的保管条件。

7. 储存期间

储存期间是指仓储合同当事人双方约定的仓储物的储存时间,有三种表示方法:一是用期限表示,如储存 3 个月,自仓储物入库起算;二是以日期的方式表示,如 9 月 10 日至 12 月 9 日;三是不约定具体的存放期间,但约定到期方式的确定方法,如提前一个月通知等。储存期间是保管人计收仓储费的基础,是承担责任的期间,也是库容使用计划安排的依据,未能遵守储存期间条款的,保管人有权要求存货人承担违约责任。

8. 仓储费

仓储费是指仓储合同当事人双方确定的仓储费的费率,仓储费的计算方法、支付方法和时间的条款。仓储费有预付、定期支付、结算等支付方式。存货人应当按照约定的期限向保管人支付仓储费。在合同生效后,当事人就仓储费支付方式等内容没有约定或者约定不明确的,可以协议补充;不能达成补充协议的,按照合同相关条款或者交易习惯确定。仍不能确定的,应当在提取仓储物的同时支付。存货人未按照约定支付保管费或者其他费用的,保管人对仓储物享有留置权,但是当事人另有约定的除外。关于仓储费的计算方法,详见本项目的任务二。

9. 仓储物的保险约定

这是指仓储合同当事人对仓储物的保险约定。一般而言,由于仓储物具有一定价值,一旦灭失,会造成较大的损失,因此,需要对仓储物购买必要的保险。若保管人已对仓储物进行了保险,必须告知保管人所投保的保险人、保险金额、保险期间;未保险的可以委托保管人进行投保,但需由存货人承担保险费。保险相关信息应记录在仓单上。

【资料 4-8】仓储货物保险协议的主要内容

10. 违约责任

这是指仓储合同当事人约定的对违反仓储合同应承担的责任。合同约定存货人未交付仓储物或未在约定时间交付仓储物的违约责任,保管人不能接受仓储物或者不能在约定的时间接受仓储物的违约责任,存货人未在约定时间提取仓储物的超期费用,仓储物在仓储期间造成保管人或者其他损害的赔偿,违约金的标准,补救措施等出现违约情况时的处理方法,诸如此类。违约金是违约责任的主要承担方式,但必须在合同中明确,包括违约金数额标准或者计算方法、支付条件等。

11. 合同变更、解除的条件

这是指仓储合同当事人约定的合同变更解除条件。合同的订立和履行是合同双方期望发生的结果,但由于客观原因发生重大变化或者双方利益的需要,原合同的继续履行可能对双方都不利,可以采用变更或解除的方法防止不利局面发生。当事人在订立合同时就预判不利于履行合同的具体情况,以及变更或者解除合同的处理方法,就是合同变更和解除条款。

12. 争议处理

仓储合同当事人约定的合同争议处理方式,如诉讼或者仲裁的约定。

13. 合同签署

合同签署是合同当事人对合同协商一致的表示，是合同成立的表征。作为诺成合同，也就意味着合同开始生效。签署合同由企业法人代表或授权代表人签名，注明签署时间，法人或者组织还需要加盖公章或合同专用章。个人签订合同时需签署个人完整姓名，一般还应注明身份证号。

【资料 4-9】仓储保管合同/协议（范本）

三、仓储合同的订立及执行

仓储合同的订立及执行

（一）仓储合同的订立

1. 要约与承诺

要约亦称订约提议，是指当事人一方向特定的他人提出合同条件，是希望和他人订立合同的意思表示。承诺亦称接受提议，是指受要约人同意要约的意思表示。

仓储合同的订立需经过要约和承诺的过程。当事人一方向另一方提出要约，另一方予以承诺，仓储合同即成立。作为一项有效的要约，必须具有明确的订立合同的愿望和完整的交易条件，这些条件可以是在要约中明示的，也可以为受要约人通过合理判断确定的条件，要约人在要约送达受要约人后承担遵守要约的责任。承诺是对要约无条件的接受，任何对要约实质性的变动都不是承诺，是要约人的反要约。承诺必须是明确的、有确切表现的。承诺到达要约人即生效，承诺人即受承诺的约束。

一方向另一方发出不明确的交易愿望的行为为要约引诱，要约引诱不具有约束力，如广告、推销宣传等。但是如果广告、宣传页等具有明确交易条件和交易愿望，且明示有约束力的，则成为要约。

当一方（主要是存货人）向另一方（主要是保管人）发出愿意订立仓储合同的要约，但没有明确合同的主要事项，这种要约构成了双方订立预约合同的要件。保管人的承诺表明双方成立了预约合同。预约合同并不是仓储合同本身，仅仅是双方达成了将要订立仓储合同的协议。生效的预约合同也是有效的合同，双方承担将要订立仓储主合同的义务，否则需承担违约责任。

2. 订立仓储合同的原则

（1）平等。当事人双方法律地位平等是合同制度的基础，是任何合同行为都需要遵循的原则。订立仓储合同的双方应本着平等的法律地位，进行平等协商，订立公平的合同。任何一方采取恃强凌弱或者以大欺小，或以行政命令的方式订立的合同都是无效合同，无效合同在订立时起就是无效的。平等的原则还包括订立合同机会平等的原则，不能采取歧视的方式选择订立合同。

（2）等价有偿。仓储合同是双务合同，合同双方都要承担相应的合同义务，享受相应的合同权利。保管人的权利体现在收取仓储费和劳务费上，保管人在仓储过程中劳动和资源投入的多少，决定了所能获得报酬的多少。等价有偿的原则也体现在当事人双方合同权利和义务的对等上。

（3）自愿与协商一致。当事人在订立合同时完全根据自身的需要和条件，利用各自的知识和能力，通过广泛的协商，在整体上接受合同的约定，是合同生效的条件。任何采取胁迫、欺诈的手段订立的合同都是无效的合同。合同未经协商一致，将会在合同履行中发生严重的争议，从而造成合同无法履行。

（4）合法和不损害社会公共利益。当事人在订立合同时要严格遵守法律法规的规定，不得从事超越经营权、侵害所有权、侵犯国家主权、危害环境等违法行为。不损害社会公共利益的原则要求合同主体在合同行为中不进行有损社会安定、扰乱社会经济秩序、妨碍人民生活、进行不道德的行为等不良行为。要尊重社会公德，维护国家形象，有利于精神文明的建设。不损害社会公共利益从内容上说属于道德规范，但在《民法典》的规范中形成了法律规范，损害社会公共利益已成为违法的行为。

3. 选择恰当的仓储合同形式

根据《民法典》的规定，合同可以采用书面形式、口头形式或其他形式。采用电子数据、电子邮件也可以作为书面形式。订立仓储合同的要约、承诺既可以是书面的，也可以是口头或其他形式。

（1）尽可能选择完整的书面合同。完整的书面合同有利于合同的保管、履行和发生争议时的处理。特别是在仓储的货量较大、存期较长，还可能进行配送、加工等作业并涉及其他关联方的情况下，仓储合同使用完整的书面合同较为合适。

（2）可以选择格式合同。在未订立合同之前，存货人将仓储物交给仓储保管人，保管人接收仓储物，则构成合同成立。在周转极为频繁的公共仓储中，保管人可以采用预先已设定好条件的格式合同订立仓储合同。采用格式条款订立仓储合同的，保管人应当遵循公平原则确定当事人之间的权利和义务，并采取合理的方式提示对方注意免除或者减轻其责任等与对方有重大利害关系的条款，按照对方的要求，对该条款予以说明。保管人未履行提示或者说明义务，致使对方没有注意或者理解与其有重大利害关系的条款的，对方可以主张该条款不成为合同的内容。对格式条款的理解发生争议的，应当按照通常理解予以解释。对格式条款有两种以上解释的，应当作出不利于保管人一方的解释。格式条款和非格式条款不一致的，应当采用非格式条款。

（二）仓储合同的生效与无效

1. 仓储合同生效的条件

仓储合同属于诺成合同，即在合同成立时就生效。仓储合同生效的条件为合同成立，具体表现为：双方签署合同书；合同确认书送达对方；受要约方的承诺送达对方；公共保管人签发格式合同或仓单；存货人将仓储物交付保管人，保管人接受。无论仓储物是否交付存储，仓储合同自成立时生效。在仓储合同生效后，发生的存货人未交付仓储物、保管人不能接受仓储物等，都属于未能履行的情况，应由责任人承担违约责任。

2. 无效合同的认定及形式

无效合同是指已订立的合同违反了法律规定，从而被认定为无效。无效合同可以是部分无效，也可以是整体无效，部分无效的合同不影响其有效部分的效力。合同无效由人民法院或者仲裁机构、工商行政机关认定，可以认定为合同整体无效或者部分无效，可以采取变更或者撤销的方式处理。合同无效可以在合同订立之后、履行之前、合同履行之中或者合同履行之后认定。

产生无效仓储合同的形式主要有以下几个方面：一方以欺诈、胁迫手段订立合同，损害国家利益的仓储合同；恶意串通，损害国家、集体或者第三方利益的仓储合同；以合法形式掩盖非法目的的仓储合同；损害社会公共利益的仓储合同；违反法律、行政法规强制性规定的仓储合同；无效代理的合同。对于因重大误解订立的合同、在订立合同中显失公平的合同，当事人一方有权请求人民法院或者仲裁机构给予变更或者撤销。

3. 无效合同的法律效力

无效仓储合同具有违法性、不得履行性、自始无效性、当然无效性等特征，也就是说，因无效合同所产生的民事关系无效。依法采取返还财产、折价赔偿等使因无效合同所产生的利益消亡，通过没收所得对违法造成合同无效一方给予处罚。

（三）仓储合同的变更与解除

合同生效后，当事人应按照约定全面履行自己的义务；但当事人协商一致，可以变更合同，这是我国《民法典》所确定的合同履行原则。仓储经营具有极大的变动性和复杂性，因而会由于主客观情况的变化而变化。为避免当事人双方的利益受到更大的损害，变更或者解除已生效的不利合同会是更有利的选择。

1. 仓储合同的变更

仓储合同的变更是指对已生效仓储合同的内容进行修改或补充，不改变原合同的关系和本质事项。

仓储合同当事人一方因利益需要，向另一方提出变更合同的要求，并要求另一方限期答复，若另一方在期限内答复同意变更，或者在期限内未作答复，则合同变更成立，双方须按变更后的条件履行。如果另一方在期限内明确拒绝变更，则合同变更不能成立。合同变更后按变更后的合同履行，对变更前已履行的部分没有追溯力，但因为不完全履行发生的利益损害，可以作为请求赔偿的原因，或者变更合同的条件。

2. 仓储合同解除的方式

当事人协商一致，可以解除合同。当事人可以约定一方解除合同的事由。解除合同的事由发生时，解除权人可以解除合同。仓储合同的解除是未履行的合同或合同还未履行部分不再履行，由此发生的权利义务关系消亡，合同履行终止。

（1）存货人与保管人协议解除合同。协议解除合同和协议订立合同一样，是双方意见一致的结果，具有至高的效力。解除合同协议可以在合同生效后、履行完毕前双方协商确定；也可以在订立合同时订立解除合同的条款，当约定的解除合同的条件出现时，一方通知另一方解除合同。

（2）出现法律法规规定的仓储合同解除条件而解除合同。当事人一方依照《民法典》的规定有权采取解除合同的行为。《民法典》第563条规定，有下列情形之一的可以解除合同：因不可抗力致使不能实现合同目的；在履行期限届满前，当事人一方明确表示或者以自己的行为表明不履行主要债务；当事人一方迟延履行主要债务，经催告后在合理期限内仍未履行；当事人一方迟延履行债务或者有其他违约行为致使不能实现合同目的；法律规定的其他情形。

因不可抗力致使合同的目的不能实现，任何一方可通知对方解除合同；一方当事人预期违约，另一方可以行使合同解除权；仓储合同的一方当事人迟延履行合同义务，经催告后在合理期限内仍未履行，另一方可以解除合同。仓储合同一方当事人迟延履行义务或者有其他违约行为，致使合同目的不能实现，另一方可以解除合同，一方依法选择解除合同的，只要书面向对方发出解除合同的通知，当通知到达对方，合同解除。一方未通知对方，直接以提起诉讼或者申请仲裁的方式依法主张解除合同，人民法院或者仲裁机构确认该主张的，合同自起诉状副本或者仲裁申请书副本送达对方时解除。有权解除合同方也可以要求人民法院或仲裁机构确定解除合同。

3. 仓储合同解除后的事项

合同解除后，尚未履行的，终止履行；已经履行的，根据履行情况和合同性质，当事人可以请求恢复原状或者采取其他补救措施，并有权请求赔偿损失。合同因违约解除的，解除权人可以请求违约方承担违约责任，但是当事人另有约定的除外。合同的权利义务关系终止，不影响合同中结算和清理条款的效力。双方仍需要按照清算条款的约定承担责任和赔偿损失，承担违约责任的一方仍要依据合同约定承担违约责任、采取补救措施和赔偿损失的责任。如违约的存货人需要对仓库空置给予补偿，造成合同解除的保管人要承担运输费、转仓费、仓储费差额等损失赔偿。

（四）仓储合同的违约责任和免责

1. 违约责任

违约是指存货人或者保管人不履行合同义务或者履行合同义务不符合约定。违约方应当承担继续履行、采取补救措施或者赔偿损失等违约责任。由违约方承担违约责任不仅是法律制度的规范，也是当事人协商合同条款的必要事项。通过法定的和合同约定的违约责任的承担，增加违约成本，弥补被违约方的损失，减少违约的发生，有利于市场的稳定和市场秩序的建立。

违约责任往往以弥补对方的损失为原则，违约方需对对方的损失，包括直接造成的损失和合理预见的利益损失予以弥补。违约责任的承担方式有支付违约金、赔偿损失、恢复原状、继续履行合同等。

（1）支付违约金。违约金是指按合同约定，一方违反合同约定时，需向另一方支付违约的金额。违约金产生的前提是合同约定和违约行为的发生，包括发生预期违约，而无论是否发生损失。违约金本身是对违约的惩罚。《民法典》第585条规定，约定的违约金低于造成的损失的，人民法院或者仲裁机构可以根据当事人的请求予以增加；约定的违约金过分高于造成的损失的，人民法院或者仲裁机构可以根据当事人的请求予以适当减少。当事人就迟延履行约定违约金的，违约方支付违约金后，还应当履行债务。

合同违约金的约定可以按照违约的现象进行约定，如未履行合同的违约金、不完全履行的违约金、迟延违约金等，也可以确定一种违约金的计算方法，当发生违约时通过计算确定具体违约金。违约金以约定支付的方式进行，对于合同履行中因一方责任造成对方损失的赔偿，采取违约金支付的方式有利于简化索赔过程。实践中违约金的约定也成为简化纠纷处理的手段。

（2）赔偿损失。当事人一方由于违反仓储合同的约定，不履行合同义务或者履行合同义务不符合约定，使对方发生损失的，应承担对方损失的赔偿责任。赔偿损失的条件为违约和给对方带来损失。损失赔偿额应当相当于因违约所造成的损失，包括合同履行后可以获得的利益；但是，不得超过违约一方订立合同时预见到或者应当预见到的因违约可能造成的损失。违约的赔偿责任既是法定的责任也是约定的责任，这是因为合同的权利和义务的约定未得到履行，出现了损失，才导致赔偿的法律责任。

合同中约定违约金时,一方的违约造成另一方超过所支付的违约金的损失时,另一方仍有权要求违约方赔偿超额的损失。赔偿损失可以采用支付赔偿金的方式,也可以采取其他方式进行,如实物补偿等。

(3) 继续履行。发生违约行为后,被违约方有权要求对方或请求法院强制对方继续履行合同的义务。继续履行合同是一种违约责任的承担方式,而无论违约方是否支付了违约金和承担了对方的损失赔偿,其条件为合同还可以继续履行和违约方还具有履行合同的能力。但继续履行合同不违背原合同的性质和法律关系,也就是原来的合同标的、仓储标的物、仓储地点和仓储条件等。若法律上或者事实上不能履行、继续履行费用过高、继续履行合同对于当事人一方明显不公平,受不利影响的当事人可以与对方重新协商;在合理期限内协商不成的,当事人可以请求人民法院或者仲裁机构变更或者解除合同。人民法院或者仲裁机构应当结合案件的实际情况,根据公平原则变更或者解除合同。

(4) 采取补救措施。发生违约后,被违约方有权要求违约方采取合理的补救措施,弥补违约的损失,并减少损失的进一步发生。如对损坏的仓储物进行修理、将仓储物转移到条件更为优越的仓库存放、修复仓储设备等行为,或者支付保养费、维修费、运杂费等金钱支付方式。违约方在履行义务或者采取补救措施后,对方还有其他损失的,应当赔偿损失。

(5) 定金惩罚。在订立合同时,当事人可以约定一方向对方给付定金作为债权的担保。包含定金的合同自实际交付定金时成立,在合同履行完毕,退还定金或者抵作价款。给付定金的一方不履行债务或者履行债务不符合约定,致使不能实现合同目的的,无权请求返还定金;收受定金的一方不履行债务或者履行债务不符合约定,致使不能实现合同目的的,应当双倍返还定金。定金的数额由当事人约定;但是,不得超过主合同标的额的百分之二十,超过部分不产生定金的效力。实际交付的定金数额多于或者少于约定数额的,视为变更约定的定金数额。当事人既约定违约金,又约定定金的,一方违约时,对方可以选择适用违约金或者定金条款。定金不足以弥补一方违约造成的损失的,对方可以请求赔偿超过定金数额的损失。

2. 免责

(1) 免责的概念。免责又称为免除民事责任,指不履行合同或法律规定的义务,致使他人财产受到损失,由于有不可归责于违约方的事由,违约方可以不承担民事责任。免责原因有法律规定的免责事项和合同约定的免责事项。但是,因故意或者重大过失造成对方财产损失的不能免责。

(2) 免责的几种情形。在出现下述几种情况时,可以免责。

1) 不可抗力。不可抗力是指当事人不能预见、不能避免并且不能克服的客观情况的发生,包括自然灾害和某些社会现象,如火山爆发、地震、台风、冰雹、洪涝等自然灾害,战争、罢工、国家行为等社会现象。

不可抗力的免责必须是实际发生的不可抗力,免责的对象是直接由于不可抗力造成的损失和不可抗力致使当事人不能履行合同或者不能完全履行合同的损失赔偿责任和违约责任。

不可抗力免责的范围仅限于不可抗力的直接影响,当事人未采取有效措施防范、救急所造成的损失扩大部分不能免责。对于延迟履行合同中所遇到的不可抗力不能免责。在发生不可抗力事件后所订立的合同不得引用不可抗力免责。

2) 仓储物自然特性。因仓储物的性质、超过有效储存期造成仓储物变质、损坏的损失,保管人不承担赔偿责任。

3）存货人的过失。由存货人造成的仓储物的损害，如包装不符合约定、未提供准确的验收资料、隐瞒和夹带、存货人的错误指示和说明等，保管人不承担赔偿责任。

4）合同约定的免责。基于当事人的利益，双方在合同中约定免责事项，对免责事项所造成的损失，互相不承担赔偿责任。如约定仓储物入库时不验收重量的，则保管人不承担重量短少的赔偿责任；约定不检验仓储物内容质量的，保管人不承担非作业保管不当导致的内容变质、损坏责任。

【资料4-10】仓储合同与租赁合同的异同辨析

（五）订立与执行仓储合同时的注意事项

1. 认真审阅条约，对合同进行合法性审查

签订仓储合同时，当事人应对主要条款进行全面协商，达成一致。仓储物检验方法、标准、包装、保险、运输等事项，须在合同中明确规定。审阅合同语言是否明确，有无歧义和误写，主要条款是否涵盖。订立合同时，保管人应知晓存货人存放的仓储物是什么，凡法律禁止流通仓储物及未经正式批准被存货人占有的限制流通物，保管人不得为其提供仓储场所。

2. 细致周到，履行保管人应尽义务

（1）收货后向存货人交付仓单，保管储存易燃、易爆、有毒、腐蚀性、放射性有害仓储物，符合规定条件，按约定对其检查验收。

（2）发现入库仓储物变质或其他损坏，危及其他仓储物安全和正常保管，催告存货人或仓单持有人做出必要处置。情况紧急时，可按约定代替存货人做出必要处置，于事后及时通知存货人或仓单持有人。遇有第三人对其保管仓储物主张权利起诉或扣押，保管人应及时通知存货人或仓单持有人。

（3）写全写清出入库手续，确立其出入库时间、地点，有运费时写明运费由谁承担，双方当事人须办理签收手续。

（4）明确仓储物储存期间和运输过程中的损耗、磅差标准执行原则。有国家或行业标准的，按国家或行业标准规定执行；无国家或行业标准的，在保证运输和存储安全前提下由双方做出约定。

（5）明确仓储物包装条款和包装具体要求。

（6）仓储物储存条件和要求在合同中明确做出规定，冷冻库储存或在高温、高压下储存的，通过合同订明。对易燃、易爆、易渗漏、易腐烂、有毒等危险物品储存，应明确操作要求储存条件和方法。有国家规定操作程序按国家规定执行，无国家规定按合同约定储存。

（7）接受存货人要求，对仓储物检查或提取样品。保管人在保管期届满时返还仓储物。仓储物约定保管时间未到，存货人有权提前要求保管人返还仓储物，保管人不能拒绝，但可要求存货人支付赔偿费。在合同中未确定保管期限，保管人也可以随时请求存货人或者仓单持有人提取仓储物，但是应当给予必要的准备时间。

问题与思考

一、单选题

1. 以下（　　）不是仓储成本的核算方法。
   A. 按支付形态核算仓储成本
   B. 按仓储项目核算仓储成本
   C. 按 ABC 重点控制法核算仓储成本
   D. 按适用对象核算仓储成本

2. 以下（　　）不是仓储营销策略。
   A. 4Ps　　　　　B. 4Cs　　　　　C. 4Ds　　　　　D. 4Rs

3. 下列关于合同仓储的说法中，不正确的是（　　）。
   A. 合同仓储公司能为客户提供定制服务
   B. 合同仓储公司能为客户降低成本
   C. 合同仓储公司能提高客户对新市场的反应灵活性
   D. 合同仓储能降低货品损耗

4. 下列与合同仓储业务有关的说法，不正确的选项是（　　）。
   A. 合同仓储是一种定制的公共仓储形式
   B. 从本质上说，合同仓储体现了制造厂商与仓储公司之间的临时合作关系
   C. 一般来说，凡是期望得到超出平均服务质量的客户应当采用合同仓储
   D. 合同仓储公司通过提供客户要求的整套物流服务来支持客户的物流渠道，而不仅限于提供储存服务

5. 下列关于仓储合同的说法，不正确的是（　　）。
   A. 仓储合同的标的物必须是动产，不动产不能成为仓储合同的标的物
   B. 订立仓储合同必须坚持自愿与协商一致的原则
   C. 根据《中华人民共和国民法典》，仓储合同的形式只能是书面形式
   D. 仓储合同是不要式合同，当事人可以协议采用任何合同格式

二、多选题

1. 以下可以作为仓储费率单位的有（　　）。
   A. 元/（天·货位）　　　　　　　　B. 元/（月·平方米）
   C. 元/（天·立方米）　　　　　　　D. 元/（天·平方米）

2. 以下（　　）是一般仓储保管人的义务。
   A. 合适的储存条件　　　　　　　　B. 验收仓储物
   C. 用仓储物　　　　　　　　　　　D. 发生危险时通知存货人

3. 以下（　　）可以作为仓储合同的形式。
   A. 合同书　　　　　　　　　　　　B. 电报、传真和电子数据
   C. 经双方签署的计划表　　　　　　D. 仓库编制的格式合同

4. 仓储合同违约责任的承担方式有（　　）。
   A. 支付违约金　　B. 损害赔偿　　C. 继续履行　　D. 采取补救措施
5. 以下（　　）是存货人的义务。
   A. 告知仓储物的状态　　　　　　B. 处理好所要储存的仓储物
   C. 按约定时间交付仓储物　　　　D. 任意时间提货

三、案例分析

1. 某公司的仓库面积从小到大、物资由少到多，但是几乎没有聘请过专业的仓库管理人员，因为感觉这个职位是不需要什么能力的。但是，现在由于管理不规范，每次交接时间都很长，严重影响公司绩效的提升，以至于公司不得不要求仓库管理员必须非常稳定地在此岗位服务3～5年，这么想追求稳定又对薪水要求不高的员工实在难找，所以该公司希望能对仓库进行改革，比如对物品的摆放、出入库流程等进行规范，以解决交接问题、人员问题。请你为该公司出个优化调整的主意。

2. 受"一带一路"倡议的号召，某货运公司在西北边境城市成立，主要业务是向周边几个国家运送出口的货品。由于政策支持和潜在的巨大利润，该公司成立仅一年半，业务量即迅猛增加，从最初半年月均发出1000立方米货品，增加到现在月均7000立方米以上，货品类别主要是百货，包括吃、穿、住、行等各方面的东西（如电视、鞋子、餐具、床上用品、家具）。所有货品全部以陆运方式出口，使用海关监管车辆。因是货运公司，货品流通量大，库房内的货品周转周期相当短，70%的货品在当天就完成入库、出库，白天入库的货品多数在晚上要装运出去。但同时因公司成立不久，在人员方面暂时不打算增加，仅有最基本的负责货品入库和出库的人员。随着货品流通量的增加，最近一年，货品的丢失和破损情况也日渐严重，已赔付120余万元，其中80%是因为把货品弄丢了。

根据所学专业知识，结合以上信息，试回答如下问题：
(1) 使用何种方式能更好地保证货品进库数量上的准确性？
(2) 因同一天装运的车辆不止一辆，如何保证每一辆车上所装货品数量的真实、准确？

3. 甲公司与专营仓储业务的乙公司签订了一份仓储合同。合同约定，乙公司为甲公司储存货品50件，储存期限为6个月，仓储费用为每件每月100元人民币，储存期间内，甲公司陆续提货，6个月期满，提清全部货品。合同生效后，甲公司开始根据销售陆续提走货品，但合同期满，仍有10件货品未提走。合同期满的第三个月，乙公司催告甲公司领取货品，并要求甲公司支付有关费用。甲乙公司就仓储费用产生纠纷。根据所学专业知识，结合以上信息，试回答如下问题：
(1) 甲公司提前领取40件货品，是否可以要求乙公司返还部分仓储费？
(2) 合同期满后，乙公司是否负有催告甲公司领取货品的义务？
(3) 对合同期满后，甲公司有10件货品又储存了3个月，甲公司是否应向乙公司支付仓储费，如何支付？

四、计算题

1. 某仓库第二季度库房折旧为5000元，设备折旧为4000元，库房固定人工工资为24000元，另外，该季度水、电、气费用总额为10000元。求该仓库第二季度的总费用。

2. 某仓储企业，3月仓储费用基本资料如下：仓库作业人员日工资（包括工资和福利费）680元；仓库一线管理人员日工资（包括工资和福利费）380元；场地日折旧费（通过仓库建造投资额和使用年限测算）86元；叉车日折旧费（通过购入叉车投资额和使用年限测算）120元；办公设备日折旧费（打印机、电脑、办公桌椅等）260元；管理费为以上费用总计的15%。

试计算该仓储公司3月的总成本。

3. 某仓储公司自建仓库面积20000m^2，建造费用6000万元，按照40年折旧；大型设备2台，每台购置费用600万元，按照15年折旧；电动叉车2台，其他操作工具多部，合计50万元，按照5年折旧；另外，公司还长期租赁外部仓库10000m^2，租赁价为0.5元/（天·平方米）（全年以360天计）；员工数量100名，平均每人每月基本工资为5000元；平均每人每月加班10小时，每小时加班费为20元；本年度发生的设施、设备维护维修费用为建造和购置费的5‰，维护维修的零部件费用为10万元。根据所学专业知识，结合以上信息，试回答如下问题：

（1）该仓储公司本年度总成本为多少？

（2）如果该仓储公司将两个仓库通盘考虑，则对外报价的仓储费率［元/（天·平米）］成本价是多少（全年按360天计）？

五、技能训练题

湖州盈丰仓储服务有限公司（以下简称盈丰仓储）主营第三方仓储业务，拥有A~F共计6个高标仓库，每个仓库约3000m^2。近期，拟洽谈两笔仓储业务。

1. 湖州锐达机械设备进出口有限公司（以下简称锐达机械）有一批零配件DF01，共有500箱，每箱30个，每箱单价为1420元，每箱长×宽×高为1.1m×0.6m×1m，每箱重60kg，可叠放3层，其中3箱的包装箱有轻微破损，欲存入盈丰仓储的F仓库。初步约定入出库需要检验产品数量、包装、品质，存储时间为即日起30天，允许有0.3%的损耗，要求做防虫、防潮工作。锐达机械拟自行在平安保险公司办理财产险，保险费率为0.5‰。盈丰仓储的F仓库是平面仓库，占地3000m^2，实际存储货位面积为1500m^2，层高为8m，仓库储存货品较多，现还有360m^2空货位，地面承载能力为3T/m^2。仓储费为2元/（天·平方米），采用一半预付、一半出库付清的结算方式。请完成该业务仓储合同的拟定。

2. 湖州盛丰食品有限公司（以下简称盛丰食品）有一批食品添加剂，共2400箱，每箱24瓶（塑料瓶），每箱单价为468元，每箱长×宽×高为600mm×300mm×330mm，每箱重18kg，可承重60kg，欲存入盈丰仓储的C仓库。初步约定：存储时间自即日起3个月，任何一方违约，均按存储费的15%支付违约金；入库时实物检验，检验期限为期一天，地点在盈丰仓储D仓库，盈丰仓储只负责外包装验收，不对其内在质量负责；货品一经经办人签收出库，出现的损坏、缺少等情况盈丰仓储不予承担责任。盛丰食品承诺仓储物无瑕疵，但所储存货品要采取防霉防潮措施。仓储物已由盛丰食品在太平洋保险公司办理财产保险，保险期限为即日起的3个月。双方还约定：盛丰食品可随时提取仓储物，盛丰食品未向盈丰仓储支付仓储费的，盈丰仓储可以留置仓储物，超议定储存量储存或逾期不提时，除交纳仓储费外，还应增加特别服务费，按照每月2万元收取。提前提取的，不减收仓储费。C仓库是重型货架仓库，现有空余储位150个，单个储位净长×宽×高为1200mm×1000mm×1450mm（含叉车作业空间150mm），额定承重450kg，所用托盘规格为1200mm×1000mm×150mm（托盘自重6kg，静载2t）。仓储费为2.6元/（天·货位），采用一半预付、一半出库付清的结算方式。请完成该业务仓储合同的拟定。

★六、课程思政实践题

1．通过网络自行查找仓储企业宣传视频（或相关业务介绍视频），也可以实地调研某仓储企业，在获得允许的情况下收集所需相关素材（如图片、视频、文本等），根据上述视频或收集到的素材，以小组为单位，制作仓储企业宣传、推广所用的PPT及讲稿，要求如下：

（1）提供仓储业务的企业选择恰当、合理。

（2）PPT内容包括且不限于所选仓储企业的区位优势、硬件设施、业务操作、服务标准、价格标准、员工风采等，页面数量应不少于10张。

（3）PPT制作美观、大方、合理，体现正能量。

（4）讲稿的仓储业务介绍用语专业，体现仓储业务的竞争力，能吸引客户关注。

2．调研、收集仓储企业典型人物的工作事迹、先进事迹，所选人物包括但不限于技能大师、最美员工、最美工匠、先进员工等，在获得允许的情况下，试为其制作主要内容时长不少于120秒的介绍视频。

项目五　仓储管理技术

📖 项目目标

1. 知识目标

（1）掌握 6S 管理、目视化管理、看板管理等仓储现场管理方法。
（2）理解仓储安全管理的内容。
（3）理解仓储绩效评价指标体系。
（4）理解仓储绩效考核要求与改进方法。

2. 技能目标

（1）能应用 6S 管理对仓储现场进行管理。
（2）能按照目视化管理和看板管理的要求提出现场管理的改进意见。
（3）能严格执行仓储消防管理的要求，并正确进行火灾报警。
（4）能正确计算仓储绩效评价的各项指标。
（5）能正确填写仓储部门的绩效考核表。

3. 素养目标

（1）在仓储作业中具备一定的安全意识。
（2）能主动熟悉并掌握与仓储相关法律法规的要求。
（3）能将所学知识运用于业务操作，做到"知行合一"。

📖 重点难点分析

1. 重点分析

（1）仓储现场管理方法。
（2）仓储消防管理要求及仓库火灾报警要求。
（3）仓储绩效评价的各项指标。

2. 难点分析

（1）6S 管理的执行。
（2）仓储绩效评价各项指标的计算。
（3）仓储部门的绩效考核与绩效改进。

本项目的思维导图

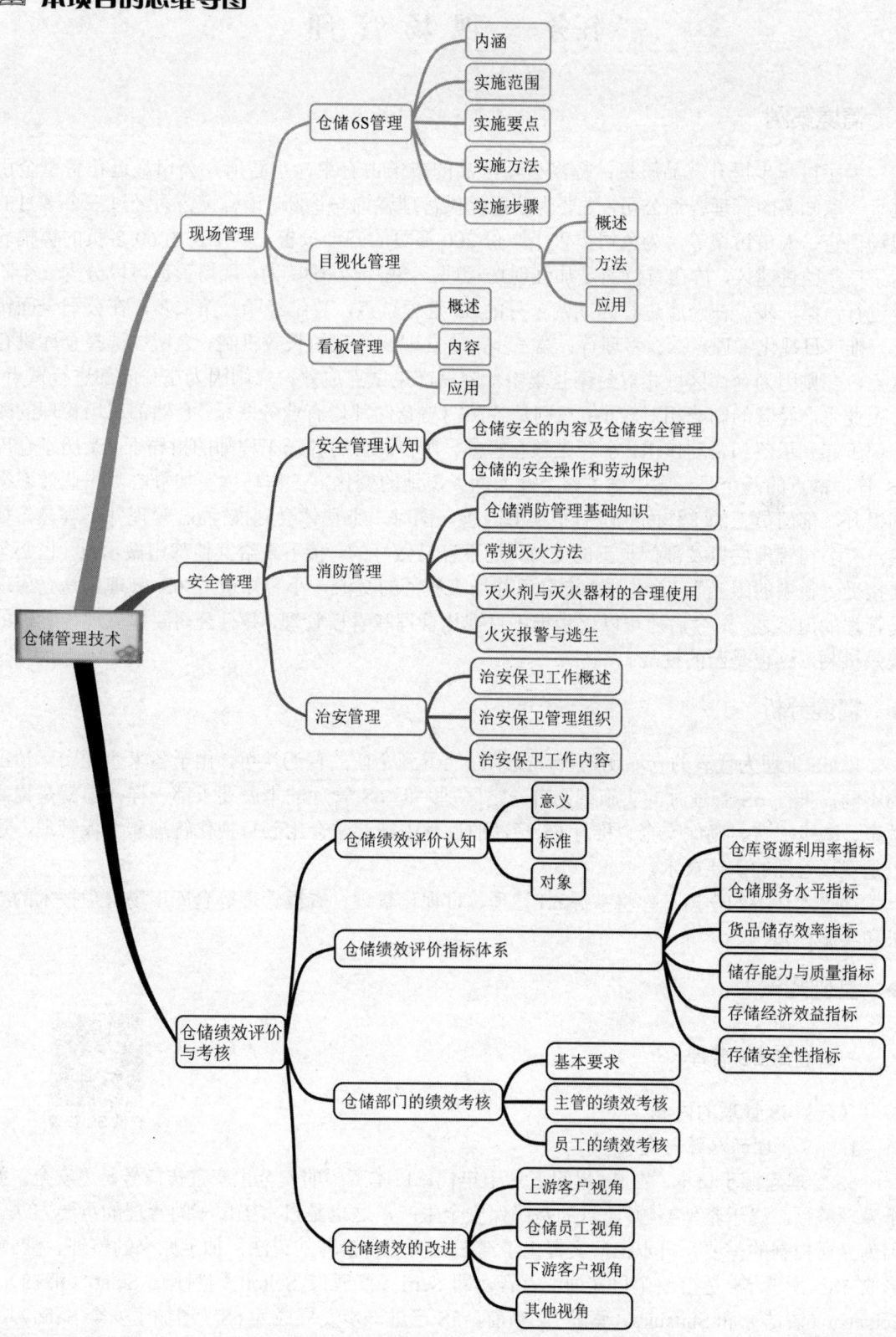

任务一　现场管理

◆ **情境案例**

为了进一步提升产品质量，提高公司产品的市场占有率，小智所在公司最近花费重金引进了一家知名的管理咨询公司，主要为公司提供管理咨询与诊断。该咨询公司经过三个多月的现场调查、人员访谈等，为公司提供了一份200多页的咨询报告，其中，用60多页的篇幅表达了三个改进建议，放在首位的是加强现场管理。该咨询公司认为，现场管理可以分为三个阶段进行：第一步，在仓库进行为期两个月的6S管理试点，总结经验；第二步，在公司全面铺开，推广目视化管理、看板管理等；第三步，建立现场管理的长效机制。之所以选择仓库进行试点，一则因为仓库区域相对封闭且集中，容易产生试点成效；二则因为在仓储部进行试点，对企业生产经营的影响相对较小；三则是各部门与仓储部均有业务联系，仓储部现场管理的改进便于起到示范和带动作用。小智带领仓管部，在咨询公司驻场工程师的指导下，亲历了仓库6S管理试点的两个月，感受到了整个仓库翻天覆地的变化，工作环境更加舒心，作业效率得到提升，部门员工的工作面貌也有很大的改善。同时，小智体会到推行6S管理并不容易，如果没有公司管理层以及部门员工的支持，是不容易做好的，接下来给其他部门做示范，也必须要接受"挑剔的眼光"。通过与咨询公司驻场工程师的交流，小智知道了6S管理只是仓库现场管理的内容之一，今后还可以逐步推进目视化管理和看板管理，并且公司要建立现场管理的长效机制，这也是新的挑战。

◆ **情境分析**

以6S管理为代表的仓库现场管理技术已经得到企业的普遍认可，由于各家企业实际情况的不同，推行6S管理时的实施细则有一定区别，但6S管理的本质要求都一样，那就是提高效率、减少浪费、确保安全。推行6S管理的过程中，通常会用到目视化管理和看板管理，这也是现场管理的重要技术。

通过本任务的学习，你将掌握6S管理、目视化管理、看板管理等仓库现场管理技术的要求和实施要领。

◆ **基础知识**

一、仓储6S管理

（一）6S管理的内涵

1. 6S管理的起源与发展

仓储6S管理

6S管理起源于日本。在20世纪五六十年代，日本工厂的安全生产宣传口号是"安全，始于整理整顿，终于整理整顿"，目的是确保安全生产，这也是日本工厂车间管理的重要方法。因为品质控制的需要，日本工厂又提出了清扫、清洁、素养的说法，加上原来的整理、整顿，形成5S。所谓5S是指5个日文词汇首音，即Seiri（整理）、Seiton（整顿）、Seiso（清扫）、Seiketsu（清洁）和Shitsuke（素养）。当前，5S已进一步发展成为6S（增加了安全Safety）、

7S（增加了节约 Save）、8S（增加了学习 Study），甚至还有 13S（增加了服务 Service、满意 Satisfaction、速度 Speed、坚持 Stick、共享 Share）等的说法，但是，最根本的仍是以 5S 为基础。考虑到"安全"这一要求在各项工作中的重要作用，我们重点介绍 6S 管理，即整理、整顿、清扫、清洁、素养和安全。

2. 6S 管理的作用

（1）提升形象。6S 活动的有效实施，有助于营造整洁的工作环境、安全的作业场所，使员工拥有饱满的工作热情，实施有序的管理方法，使客户对企业有充分的信心，容易吸引客户。6S 管理做得好，老客户会不断地免费进行宣传，会吸引更多的新客户。在客户、同行、员工的亲朋好友中相传，产生吸引力，吸引更多的优秀人才加入企业。

（2）营造文化。6S 活动能创造良好的企业文化，增强员工的归属感：共同的目标拉近员工的距离，建立团队感情。容易带动员工上进的思想，产生内生动力和职业认同感。看到了良好的效果，员工对自己的工作有一定的成就感。员工们养成了良好的习惯，都变成有素养的员工，容易塑造良好的企业文化。

（3）降低成本。习惯性的整理整顿，不需要专职整理人员，减少人力。对货品进行规划分区，分类摆放，减少场所的空间浪费。货品分区分类摆放，标识清楚，找货品的时间短，节约时间。减少人力、减少空间浪费、节约时间就是降低成本。

（4）保障品质。养成工作认真的习惯，做任何事情都一丝不苟，不马虎，注重细节，品质自然有保障。

（5）改善情绪。清洁、整齐、优美的环境带来美好的心情，员工工作起来更认真。上级、同事、下级谈吐有礼、举止文明，给人一种被尊重的感觉，容易融合在这种大家庭的氛围中。

（6）确保安全。工作场所宽敞明亮，通道畅通。地上不会随意摆放、丢弃货品，墙上不悬挂危险品，这些都会使员工人身、企业财产有相应的保障。

（7）提高效率。工作环境优美，工作氛围融洽，工作自然得心应手。货品摆放整齐，不用花过多寻找时间，工作效率自然就提高了。

（二）仓储 6S 管理的实施范围

1. 仓库库区

仓库库区包括按空间、功能所划分的原材料库、半成品库、成品库，或按仓储业务所划分的仓储作业区、分拣打包区、待检区、发运区、收发货月台、设备停放区、充电区、通道等。

2. 行政办公区域

行政办公区域包括仓储部门员工所在的现场办公区域，及其他相关部门所在的行政办公区域。

3. 后勤生活区

后勤生活区包括食堂、宿舍等生活区，以及大门、停车场、绿地等。

需要说明的是，区域划分按照同一时间在同一地点只能有一人负责的原则，并且每个人负责的区域之间必须有明确的界线，不允许与他人区域交叉。个人对自己所负责区域的 6S 执行情况负全部责任，仓储主管对本管理区的 6S 执行情况负全部责任。

（三）仓储 6S 管理的实施要点

1. 整理

整理的目的是腾出更大的空间，防止货品混用、误用，创造干净的工作场所。实施要点包括以下内容：

（1）区分作业区域里的货品是否常用。经常用的，放在工作场所容易取到的位置，以便随手可以取到；不经常用的，储存在相对固定的位置；不再使用的，清理出作业区域。

（2）定期对作业区域进行全面的检查，每周一次即可。

（3）把日常产生的有价值的并且数量多的货品集中处理，如纸箱。处理时间、处理频率可以根据具体情况确定。

（4）定期检查货架，并将货架货品补足数量。

（5）建立仓库档案制度，包括入库订单、出库订单和退货订单等方面的档案。信息化的环境下，可以以电子方式存档。

（6）清洁工具统一有序地放置。

（7）每天要求每个员工自我检查。

2. 整顿

整顿的目的是把有用的货品按规定分类摆放好，并做好适当的标识，杜绝乱堆乱放、货品混淆不清，应用定点、定容、定量的"三定原则"，使工作场所一目了然，不用浪费时间寻找东西。仓库定位图如图5-1所示。

图5-1　仓库定位图

实施要点包括以下内容：

（1）工具放在工具箱里，以便用时就能找到，个人保管好自己的工具箱。

（2）把所有的车辆（包括搬运车辆）统一划线停放，防止由乱停乱放导致的找不到或者停放位置碍事的问题。

（3）划分卸货区、发货区、退货处理区、紧急供货区等，防止货品混合和乱放，使作业区域井然有序。

（4）退货小组应把退回的货品分为可二次使用品和残次品（分为可修复和不可修复），

分类放置，并定期处理不可修复的残次品。

（5）货架边上放货时要明细化和规范化，杜绝货品混合和随意堆放现象。

（6）定期对货架进行维护，包括检查标示物的完好程度，货品的摆放整理以及货架空间的整理。

（7）入库订单单独合理地装订放置，理论上按照一天装订一次的原则做。

（8）贴单据撕下来的纸直接放入垃圾桶内，严禁直接扔在地上。

（9）货品入库地堆摆放三要素为"正确、整齐、平稳"，即摆放位置正确，标签向外；和旁边的货品保持整齐一致；摆放平稳，杜绝因摆放不平稳产生的安全隐患。

（10）货品上架摆放三要素为"数量合理、属性匹配、位置正确"，严禁图方便而一次拿很多货品导致货位放不开后占用别的货位；放置位置按照规定的货位准确放置；相同型号、规格不同的货品严格区分开来，货位相邻。

3．清扫

清扫的目的是保持作业场所的清洁、稳定服务品质、减少灰尘伤害。将工作场所内所有的地方，工作时使用的仪器、设备、工量夹具、模具、材料等打扫干净，使工作场所保持干净、宽敞、明亮。实施要点包括以下内容：

（1）指定每日卫生值班人，要求责任到人，并严格控制。

（2）要求每个人对自己的工作区域卫生负责。

（3）养成良好的习惯，个人垃圾直接放入垃圾桶内，严禁乱扔垃圾。

（4）定期进行例行扫除和检查，以无尘作为标准严格执行。

4．清洁

主要目的是维持上面 3S 效果，这就需要经常性地做整理、整顿、清扫工作，并对以上三项进行定期与不定期的监督检查。

（1）严格按照上面的 3S 要求执行。

（2）对于违反规定的员工和表现突出的员工，会在员工考核的时候加以体现，包括员工等级的升降、奖金的发放等。

（3）第一次实行的时候应评选先进小组，并对其进行奖励。

（4）进行经常性的自我检查、相互检查、专职定期或不定期检查等，同时，高层应定期巡检。

（5）定期奖励一些先进的个人和团队。

5．素养

素养的主要目的是培养员工的良好习惯，并引导员工按规则做事。例如，通过晨会等手段，提高全员文明礼貌水准，保持工作时的饱满精神。开展 6S 管理容易，但长时间的坚持必须靠素养的提升。实施要点包括以下内容：

（1）所有员工必须严格遵守有关规定，养成好的习惯。

（2）坚持每天应用 6S，使之成为日常工作的一部分。

（3）"今日事今日毕"，检查今天的工作是否完成，并把用过的文件、工具及私人物品放在该放的位置。

（4）下班前按值日表排班打扫卫生。

（5）将 6S 考核纳入绩效中。

6. 安全

安全的主要目的是强化员工安全意识，注重职业卫生安全，减少意外风险。实施要点包括以下内容：

（1）做好防火、防盗、防意外伤害等措施。

（2）灭火设备应按照规定设置，放在明显容易取用的地点，并定期检查，应保持随时可用的状态，同时要熟悉使用方法。

（3）电线不得接用过大保险丝，用电结束后，应确保关闭电源。

（4）电器设备应经常检查、维护。

（5）使用电器设备、易燃物发生故障，或增设电器设备时，均应请示上级领导，并由专职人员办理。

（6）首先发现起火的人，应立即关闭电源或其他火源，在场员工均应立即协同灭火。

（7）发现火灾应迅速将着火物附近的可燃物移开。

（8）下班后必须关闭门窗、电源，并确认上锁。

（9）盗窃案发生后，应保护现场，第一时间上报及报有关单位。

（10）有安全隐患的货品（如剪刀、刀片等）禁止乱放，以免误伤到人。

（11）两不搬，即货品太重单人不搬，货品太高单手不搬，也即货品太重、一个人搬不动的情况下不搬，防止货品掉落砸伤人；货品太高、双手够不到的时候不搬，防止单手抓不稳下落砸伤人。

（12）定期检查仓库货品摆放情况，发现危险摆放即刻纠正。

（13）所有人员发现危险源立即报告给相关负责人。

【实例 5-1】某制造企业仓储管理的 6S 管理规范表

（四）仓储 6S 管理的实施方法

仓储 6S 管理实例分析

1. 查检表

根据不同场所的工作要求制定不同的查检表，即不同的 6S 操作规范，如货仓查检表、办公区查检表、宿舍查检表、餐厅查检表等。检查项目应结合管理目标有针对性地设置，并符合 SMART 原则。SMART 原则中，S=Specific，具体，目标必须具体明确，用具体的语言清楚地说明要达成的行为标准；M=Measurable，可衡量，目标应该是数量化或行为化的，有一组明确的数据作为衡量目标是否达成的依据；A=Attainable，可达成，目标必须是可达成的，这意味着目标设置要坚持员工参与、上下左右沟通，使拟定的工作目标在组织及个人之间达成一致；R=Relevant，相关，目标必须和其他目标具有相关性，制定的目标要与组织的长远目标一致，也要与部门的工作和职责一致；T=Time-bound Specific，有时限，目标必须具有明确的截止期限，即在规定的时间内完成目标。

对照查检表，进行定期或不定期的检查，发现问题，及时采取纠正措施。

2. 红色标签策略

制作一批红色标签，红色标签上的不合格项有整理不合格、整顿不合格、清洁不合格，配合查检表一起使用，在 6S 实施不合格的环境、场所、对象，尤其是一些"疑难杂症"管理对象上，粘贴红色标签，要求负责人在规定期限内改正并且记录，公司内按部门、部门内按个人分别绘制"红色标签比例图"，时刻起警示作用。当然，这种方法也有一定的副作用，需慎重使用。

3. 目视化管理

目视管理即一看便知，一眼就能识别，在 6S 实施上运用，效果不错。对目视化管理，在本任务的"二、目视化管理"里做重点说明。

（五）仓储 6S 管理的实施步骤

1. 组织

如同 ISO 推行小组、TQM 推行小组、MRPⅡ推行小组一样，成立 6S 推行小组，明确工作职责，如负责设定 6S 推行的目标、制订 6S 推行的日程计划和工作方法、负责 6S 推行过程中的培训工作、负责 6S 推行中的考核和检查工作等。

2. 规划

成立组织后，要制定各种 6S 的规范及激励措施。根据企业的实际情况制定工作目标，组织仓库一线管理人员进行调查和讨论，建立合理的规范及激励措施。

3. 宣传

很多人认为 6S 太简单，做起来没多大意义，或者认为工作重点是品质，将人力放在 6S 上纯粹是浪费时间，或者认为工作太忙，搞 6S 是劳民伤财等。因此，要做好以下宣传工作：为什么要推行 6S，推行 6S 有什么功效，与公司、与个人有什么关系等。可以将 6S 推行目标、6S 具体开展办法等分期在宣传栏中刊出，将宣传口号制成标语，在各部门显著位置张贴宣导。

4. 培训

培训的对象是全体员工，主要内容为 6S 基本知识、6S 规范和要求等，可采取逐级培训的方式。

5. 实施

最高管理层做总动员，全公司正式执行 6S 各项规范，各办公室、生产车间、仓库等，对照适用于本场所的 6S 规范（查验表）严格执行，各部门人员都清楚了解 6S 规范，并按照规范严格要求自己。

此阶段为推行 6S 活动的实质性阶段，每个人的不良习惯能否改变，能否培养一个良好的 6S 工作习惯，在这个阶段可以表现出来。具体实施时，可以先选择样板单位、区域进行示范，然后分阶段或分片区逐步推广。同时，需要明确 6S 区域责任和个人责任制的办法。

6. 推进

举办一些内容丰富、形式多样的活动，如设计一些在 6S 方面有教育意义，并结合实践的小品、相声、脱口秀，组织 6S 知识问答比赛、各部门 6S 实施竞赛，拍摄 6S 情景短视频等，以不断推进 6S 活动的进行。

7. 监督检查与考核

坏习惯是相当难以改正的，在执行的过程中，容易碰到以下问题：6S 规范制定得不太完整；有人仅做一些形式上的应付；借口工作太忙不认真执行，检查完毕后又恢复原样等。因此，监督检查要和考核结合起来，不能流于形式。

【实例 5-2】某公司制定的仓库 6S 检查评比表

仓储目视化管理

二、目视化管理

(一) 目视化管理概述

1. 目视化管理的定义

目视化管理,也叫可视化管理,是利用形象直观而又色彩适宜的各种视觉感知载体来组织现场生产活动,达到提高劳动生产率的一种管理手段,也是一种利用视觉来进行管理的科学方法。仓储的可视化管理是指对仓库内外的一切物品、一切工作,尽可能通过定位、画线、挂标识牌、设置看板等方法进行统一管理,使仓储业务现场规范化、标准化。目视化管理既可以作为 6S 推进的一种方法,也可以单独使用,也就是说,即便企业不实施 6S 管理,也可以单独实施目视化管理。

2. 目视化管理的作用

(1) 便于工作监督、检查。目视化管理以视觉信号显示为基本手段,通过各种形象直观、色彩适宜的标志牌、图、工作栏、颜色区分以及显示装置,将仓库现场中的作业情况、质量保障、安全作业环境、物品存放以及仓储设备运转等管理事项明确标示出来,让现场管理人员和作业人员一目了然,利于现场管理人员的监督、检查。

(2) 便于激发员工的自主管理。目视化管理以公开化、透明化为基本原则,能够督促和激发作业人员自主管理、自我控制,以利于及时地发现异常问题,采取预防和纠正措施,确保仓储作业顺利进行。

(3) 便于建议、成果的交流展示。现场的作业人员可以通过目视的方式将自己的建议、成果展示出来,与领导、同事及工友们进行相互交流。

(二) 目视化管理的方法

1. 红牌作战

红牌适宜于 6S 管理中的整理,是改善的基础起点,用来区分日常生产活动中的非必需品。挂红牌的活动又称为红牌作战。

仓储目视化管理实例分析

2. 作业流程图

作业流程图,也称为步骤图,是描述作业重点和作业顺序的简明指示书,用于指导仓储作业,一般张贴于仓库入口位置。

3. 反面教材

一般结合实物和图片表示,目的是让现场的作业人员明白未按作业要求操作可能导致的不良现象及后果,以起到警示、警醒的作用。

4. 提醒板

提醒板是通过自主管理的方法来最大限度地减少遗漏或遗忘。比如有的仓库在出入口处设置任务看板,提示今天有多少货品要在何时送到何处。一般用纵轴表示时间,横轴表示日期,纵轴的时间间隔通常为 1 个小时,一天用 8~12 个小时来区分,每小时记录一次作业情况,或让作业者自己记录。提醒板通常每天或每周统计一次,在每日晨会、每周例会、每月例会中总结,与上周或上月进行比较,对比是否有进步,并确定下一时期的目标。

信息化程度高的仓库,已采用电子提醒板,所提示的信息甚至可以具体到某位员工的工作状态。

5. 区域线

区域线就是对货品放置的场所或通道等区域,用线条画出,主要用于整理与整顿、异常原因等。其中,通道线、区域线、一般物品的定位线等用黄色,垃圾箱、不良品等用红色,而消防器材、警示区、警示线等一般用黄黑相间的颜色,如图5-2所示。

6. 警示线

警示线就是在仓库或其他货品放置处用来表示消防、配电等涂在地面上的彩色漆线,如图5-2所示。

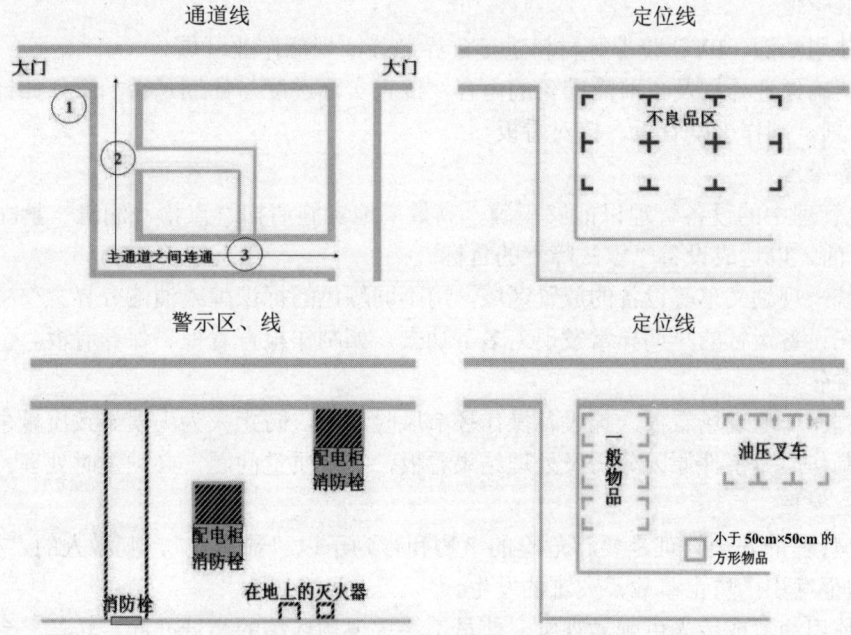

图5-2 某公司仓库的定位线、通道线、警示线示意

7. 告示板

告示板,也就是发布公告的看板,如通知今天下午两点钟开会等。一些管理严格的仓库是禁止员工在工作期间使用手机的,往往通过看板或广播的形式发布公告。

8. 作业管理板

作业管理板是揭示流水线作业状况、进度的看板,记录生产实绩、设备开动率、异常原因(停线、故障)等。

(三)目视化管理的应用

1. 人员管理

(1)制作工作服、工卡、来宾卡等,分别佩戴,明确人员身份。

(2)制作组织架构看板、排班看板,确定员工岗位分工和工作职责。

(3)制作绩效考评看板、员工工作差错看板、员工优秀事迹表扬看板、员工之星看板、培训考核结果看板，营造氛围。

（4）制作仓库人员外出看板，标示员工工作状态。

（5）制作仓库工作栏、公告栏，方便信息发布及员工接收信息。

2. 货品管理

日常工作中，需要对工装夹具、计量仪器、设备的备用零件、消耗品、材料、在制品、完成品等各种各样的货品进行管理。"什么货品、在哪里、有多少"及"必要的时候、必要的货品、无论何时都能快速放入取出"成为货品管理目标。

（1）对不同货品分类标识及用颜色区分，明确货品的名称与用途。如红色标签通常表示不合格品，黄色标签表示待检货品。

（2）实施定位定置管理，用有颜色的区域线及标识加以区分，使货品的放置位置容易判断。

3. 作业管理

（1）使用油漆、PVC 胶带等材料进行分界划分，规范作业区域。

（2）明确作业计划及事前需准备的内容，核查实际进度与计划是否一致，如针对入库计划、提货计划，制作进度看板、核对看板。

4. 设备管理

目视化管理中的设备管理以能够正确、高效率地实施清扫、点检、润滑、紧固等日常保养工作为目的，以达成设备"零故障"的目标。

（1）统一规划叉车等设备的放置区域，用不同颜色的标识牌或油漆分界。

（2）在设备运行的早期异常发现上多下功夫，如制作检查看板、保养看板。

5. 品质管理

（1）制作作业现场看板，挂设各操作环节风险看板，防止人为失误导致质量事件。

（2）制作质量事件原因分析及处理结果看板，发现质量问题，必须及时处理。

6. 安全管理

目视化管理的安全管理是要将危险的事物和行为予以"显露化"，刺激人的"视觉"，唤醒人们的安全意识，防止事故、灾难的发生。

（1）使用油漆或荧光色刺激视觉，使员工注意现场环境的高低凸起、转弯、台阶、上下坡等。

（2）使用油漆进行分界标识，区分作业场所的车行道、人行道、叉车道等。

（3）在易发事故地段使用警示牌进行标识，将近期发生频率最高的叉车事故类型在作业现场进行明确公告，确保叉车的安全使用。

（4）在叉车、电动叉车、手推车等仓储设备停放区张贴安全操作规程。

（5）制作仓库布置平面图，标示消防器材位置、操作方法，标注区域功能，库区划线分区。

（6）制作库区安全标志、悬挂安全宣传标语等。如四色标识的使用，见资料 5-1。

【资料 5-1】四色安全标志

三、看板管理

(一) 看板管理概述

1. 看板管理的范畴

看板管理是现代生产模式中的重要概念,指为了达到准时生产目标,控制现场生产流程的工具,属于目视化管理的范畴。

在仓库中也会运用到看板管理。用来加强和改进仓储业务的看板称为仓库管理看板,具备目视化管理的一些功能,如对库存数据、作业信息等的状况一目了然地呈现,帮助企业在仓储管理中实现目视化管理。

仓储看板管理

2. 仓储看板管理的作用

(1) 传递信息,指引路线。解决入库时供应商对仓库物料入库流程不熟悉,导致入库拖延的问题;仓库管理员摆放物料、盘货、点货时不能准确迅速地定位物料位置,通过看板指引可以迅速找到;帮助出库员熟悉出库流程,避免出库拖延。图 5-3 展示了某制造企业仓库作业流程管理看板。

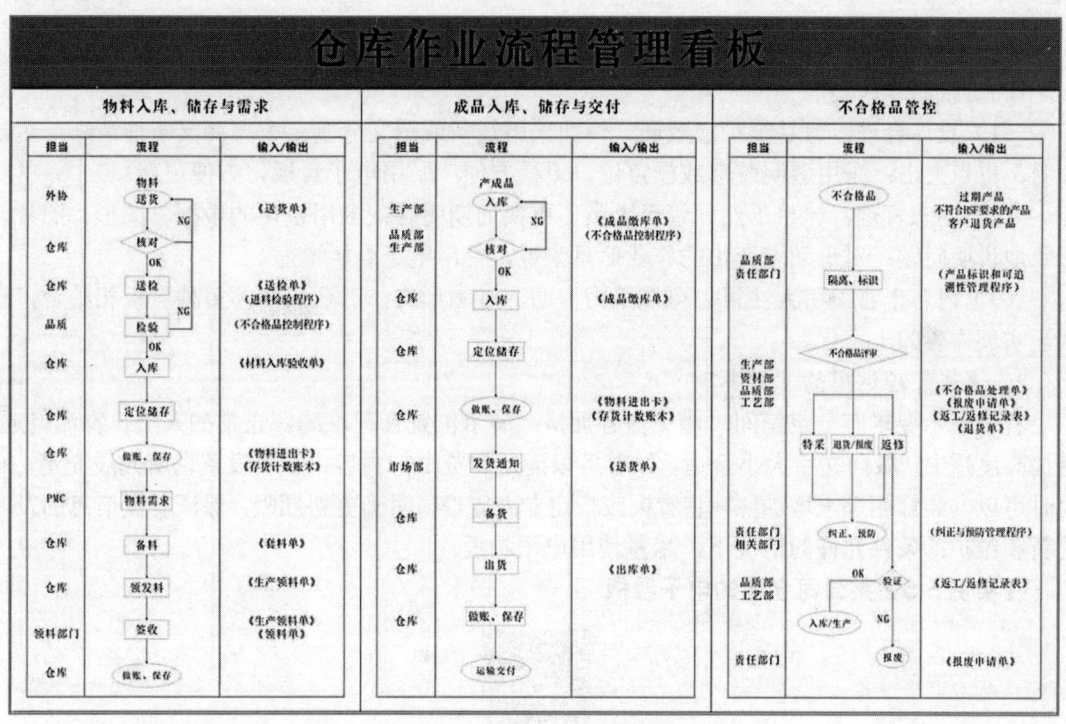

图 5-3 仓库作业流程管理看板

(2) 协助管理,杜渐防漏。看板上的数据、计划揭示便于管理者判定、决策或跟进进度,便于新人更快地熟悉业务,便于仓库工具的使用规范、摆放管理,便于营造有形及无形的压力、活跃作业现场的氛围,有利于工作的推进,便于展示业务改善的过程,让员工学到好的方法及技巧。

(3) 加强客户印象,树立良好的企业形象。看板能让客户迅速全面了解仓库状况,并留下好印象。

（二）看板管理的内容

一般来说，仓库管理看板可标示如下信息：员工信息、企业文化、日常管理工作、仓库信息、仓库规章制度、规范信息等；出入库流程、路线指引信息；物料分类、摆放位置信息；出库流程、路线指引信息；搬运工具（小车、叉车等）使用、摆放信息；其他需要公布的信息项目。

【实例 5-3】某公司仓库管理传统看板

【实例 5-4】某公司物料现场存放管理看板

（三）看板管理的应用

1. 看板制作的要求

（1）设计合理，容易维护。版面、栏面采用线条或图文分割，大方而又条理清晰；主次分明，重点突出；采用透明胶套或框定位，更换方便；采用电子看板，方便更新。

（2）动态管理，一目了然。管理人员、更换周期明确；多用量化的数据、图形、照片，形象地说明问题；对于动态变化的作业信息来说，使用电子看板更好。

（3）内容丰富，引人注目。可以采用卡通、漫画形式，活跃版面；多种看板相结合，有利于实现内容的丰富化。

2. 看板管理运用的注意事项

看板展示要求有一定空间，避免内容拥挤；展示位置合理，确保正常的人流、物流畅通；悬挂高度适中，版面文字大小合适，站着可以清楚阅览全部内容；看板设置场所光线充足，必要时可以安装灯箱等来增加照明；看板应指定专人管理，明确更新期限，保证看板信息的及时更新和维护；条件允许的情况下，尽量使用电子看板。

【实例 5-5】某公司仓库的电子看板

任务二 安全管理

◆ 情境案例

小高所在公司经常接到当地安委会、安监、消防等部门的安全检查通知，要求公司先行自查，每月提交安全生产报告，相关部门将不定期地到现场核查，一旦发现问题，将予以严肃处理。小高知道，仓库安全无小事，需要常抓不懈，以前在仓管部，主管对安全要求就特别高，曾经出现过一名员工在仓库抽烟，主管直接报请公司予以开除。如今，小高也单独负责一个部门了，虽然仓库规模还不是很大，但对部门安全负有全部责任。前几年，一家专做皮草线上销售的公司烧掉了6000万元的货，还有几个员工受伤；最近，小高又从同学处得知一家知名鞋企的电商仓库起火，7万多双鞋子被烧毁，损失达900余万元。一桩桩案例，让小高倍感压力。小高分析了所负责电商仓库的业务特点，认为一定要严格执行公司的安全规章制度，强化对部门员工的安全教育，对仓库里的灭火器、消防水管进行定期检查，最重要的是严把入口关，明火、火源等一律不得进入仓库。

◆ 情境分析

仓储包括消防安全、治安安全等，其中，消防安全是重中之重，一旦发生火灾等安全事故，将对企业的人财物造成无可挽回的损失，对社会造成不良影响。仓储管理，务必坚持"安全第一、预防为主"的方针，同时，仓储员工还需具备一定的消防知识和技能，能在火情发现之初，开展有效的工作。

通过对本任务的学习，你将深刻认识到仓储安全的重要性，从公共安全治理、维护社会稳定的高度来看待仓储安全问题；你将进一步了解仓储安全的内容，尤其是消防安全方面，逐步具备一定的安全隐患意识，掌握基本的消防操作技能。

◆ 基础知识

一、仓储安全管理认知

（一）仓储安全的内容及仓储安全管理

仓储安全管理是针对在库货品与人员所采取的一系列综合性管理措施，主要包括人身安全、货品安全、设备安全及其他安全等。

1. 人身安全

在仓储作业过程中，仓储工作人员从事装卸搬运、盘点、包装、堆码、苫垫、货品养护等作业，会与各种操作设备及不同特性的货品接触，因此在工作过程中提高人身安全意识，做好人身安全工作至关重要。可以从以下几个方面着手：

（1）优化工作环境，消除事故隐患。
（2）加强全员安全意识教育。
（3）进行仓储设施设备安全操作规程的培训。
（4）建立健全工作场所的安全检查制度，并严格落实与监督。
（5）作业人员应对当日（班）的安全生产情况做好记录。多班制作业的应对当班生产的安全情况在交接班记录单（本）中做好记录。

2. 货品安全

货品安全管理是仓储工作人员根据货品本身的理化性质与存储特点的不同，结合货品受温度、湿度、光照等客观条件的影响，为避免发生变质、自燃、虫蛀、火灾及灭失等事故所采取的管理措施。为切实加强货品的安全管理工作，可着重从以下几个方面入手：

（1）加强货品养护知识的教育培训。
（2）根据货品特性及保管条件设置货品的仓储环境。
（3）根据货品特点选用合适的物流设备。
（4）仓储区域采取有效的防水、防火、防病虫害等有关措施。
（5）引进先进的智能管理系统，加强货品的全方位管理，对货品保质期实施预警管理。
（6）采用自动防盗、防火与报警的监控系统，加强自动化手段的使用。

【实例 5-6】某公司采用多传感器联动实现对仓库的实时监控

3. 设备安全

仓储设施设备是开展仓储作业的重要工具，包括轻重型各类货架、叉车、堆垛机、计量设备、AGV 小车、包装设备等。在使用这些设备的过程中，应严格按照设备使用的技术要求实施操作。关于仓储物流设备的安全管理工作，可以从以下两个方面入手：

（1）做好仓储设施设备的技术培训工作。为保证仓储设备能够正常运作，企业必须对仓储设备的管理者与使用者进行有关设备的技术培训，以便于使用与保养。

（2）仓储管理部门根据设备的有关参数与使用频次，制定并严格执行仓储设施设备的安全检查与保养制度。

4. 其他安全

除了上述安全内容外，还应关注信息安全、环境安全等，特别是在当前仓储部门广泛应用信息化手段的情况下，更要注意网络安全、仓储业务数据安全、客户信息安全等，避免信息泄露。对于保管有价值较高货品的仓库而言，还应注意治安环境安全，做好防盗、防骗等工作。

应该说，仓储安全的内容是相互联系、相互渗透的，上述四个方面的内容必须引起仓储管理部门的高度重视。

仓储安全管理工作直接影响到企业的生存与发展。影响仓储安全的因素是多方面的，需要企业根据自身的实际情况，认真分析各类因素，制定切实可行的仓储安全管理办法，并采取行之有效的措施，以杜绝事故隐患，确保仓储安全。

（二）仓储的安全操作和劳动保护

安全操作和劳动保护，是指为了在仓储作业过程中保护员工的身体健康和人身安全，预防和消除职业中毒、职业病和伤亡事故，而进行的一系列组织工作和技术工作。安全操作和劳动保护是仓库安全管理工作的一个方面，是关系到员工身体健康和操作安全的一个重要问题，是关系到仓库劳动生产率和经济效益能否提高的问题，也是我国政府一项政策性很强的工作。

做好安全操作和劳动保护工作，需要解决的问题很多，但主要应抓住安全技术、工业卫生和劳动保护制度等三个方面的工作。

1. 安全技术

安全技术是在操作过程中，为保障劳动者和作业设备的安全，创造合乎科学要求的作业条件，以保证仓储业务安全地进行，防止发生事故所采取的一系列技术管理措施。

（1）仓储设备作业安全。仓库大量的作业是由各类仓储设备辅助完成的，在这个过程中，做好仓储设备的安全操作培训，避免设备事故、人身事故的发生，对保证设备、货品和人身安全有着重要意义，主要包括装卸、搬运和堆垛设备的安全操作，起重机械的安全操作，电器设备的安全操作，以及自动化、智能化、无人化设备的安全操作等。

（2）仓库和其他建筑物的安全。对于仓库和建筑物的一般要求是坚固耐久，特别是装有桥式起重机的大型仓库要特别坚固。对存放可燃、易燃、易爆货品的危险品仓库，要求有良好的消防器材和设施，要求地坪有足够的承压能力，尤其是多层仓库。仓库的建筑结构、仓库与仓库或其他建筑物间的距离等都要符合国家规定的安全防火标准。

2. 工业卫生

工业卫生是指在仓储作业中，为了改善劳动条件和作业环境，保护员工的健康，消除高温、粉尘、噪声、有毒气体及其他有害因素对员工健康的不利影响，防止有毒、有害物质泄漏而采取的一系列技术措施。

（1）防止粉尘的危害。有的仓库需要储存产生大量粉尘的货品，如水泥、石灰、原煤和其他粉状化工产品。这些货品在装卸、搬运过程中容易飞扬，污染仓库和货场。即使是包装的粉状货品，也会因包装不严或破漏而使空气中带有大量的粉尘。这些粉尘被吸入人体，对肺部的健康有很大危害。仓库应根据实际情况和现有条件，采取一切有效措施，减少空气中粉尘的含量，尽可能为员工创造无尘的作业环境。如实现装卸、搬运设备密闭化，使散装货品输送管道化，增设吸尘、滤尘和通风设备，尽量以设备代替人工操作等。

（2）防止有毒物质的危害。在化工仓库和危险品仓库中，常常存放着一些有毒的物质，这些有毒物质一旦侵入人体，危害极大。防止有毒物质的侵害是仓库中劳动保护的一项重要工作，直接关系到员工的身体健康。必须根据安全操作的要求，加强对化工危险品仓库的通风排气，对所存储的有毒物质进行妥善保管，经常检查包装的完整性，严格遵守安全操作规程，做好防护用品的使用检查，严防中毒事故。

（3）防止中暑和冻害。为了保护员工的身体健康，工作场所尽可能保持一定的温度范围，当气温过高或过低时，要采取降温或保暖、取暖的措施，防止员工中暑或冻伤。

【资料5-2】仓库防暑降温措施

（4）配发劳保用品。企业还应为员工配备必要的安全帽、劳保鞋、劳保手套、反光背心等，为员工的作业安全提供必要支撑。

3. 劳动保护制度

劳动保护制度是指根据政府有关劳动保护法规而制定的一系列保护劳动者生产安全和身体健康的制度和规定。企业在贯彻执行劳动保护法规的过程中，要因地制宜地结合自己的具体情况，制定相应的制度。虽然仓储企业与生产企业的情况不同，各自的制度也不同，但归结起来都应当包括两个方面的内容：一方面是属于生产安全管理制度，如安全操作责任制度、工伤事故报告制度等；另一方面是属于生产安全管理规程，如安全操作规程等。

综上所述，安全技术、工业卫生、劳动保护制度等三个方面的内容构成了安全操作与劳动保护工作的基本内容，它们三者是有机联系着的。在实际工作中，必须把三者结合起来进行。

二、仓储消防管理

消防工作是保障国家和人民生命财产安全所不可缺少的，是仓库管理中的头等大事。仓库作为货品集中储存的地方，易燃、易爆货品在所难免，一旦遇到火源，极易发生火灾。一旦发生火灾，会带来严重损失。火灾事

仓储安全之消防管理

故不仅会造成货品损失，还会对仓库建筑及设施设备造成破坏，甚至造成人员伤亡，直接影响企业的生产运作，也影响企业的品牌传播。

因此，仓储消防工作要认真贯彻"预防为主，防消结合"的方针，这也是仓库消防工作的指导思想。"预防为主"，是指要把预防摆在消防工作的首位，采取有力措施，从根本上取得同火灾做斗争的主动权，为此，需要加强消防设施的建设，认真贯彻执行《仓储场所消防安全管理通则》（GA 1131—2014），并对员工进行经常性的消防教育。仓库的消防规章制度是以往经验、教训的总结，是做好消防工作的基本保证。

（一）仓储消防管理基础知识

1. 产生燃烧的条件

火灾的发生，必须同时具备三个条件：可燃物质、助燃物质、火源。可燃物质包括火柴、草料、棉花、纸张、油品等；助燃物质一般指空气中的氧和氧化剂；火源是指能引起可燃物质燃烧的热能源，比如明火、电气火、摩擦冲击产生的火花、静电产生的火花、雷电产生的火花、化学反应（包括货品自燃、遇水燃烧和与性能相抵触的物质接触起火）等。燃烧不是随便发生的，凡发生燃烧，以上三个条件必须同时具备，并相互作用。

防火的基本原理及应对措施是针对上述三个条件来实施的，尤其是针对其中的"火源"，可以说，控制好了"火源"，加强日常巡查管理，再附以必要的消防设备，也就基本上能够管控好仓库火灾风险。

【实例 5-7】仓库失火案例分析

2. 仓储过程中常见的消防隐患

在仓库中，火灾发生和扩散的原因很复杂。从技术方面看，它和仓储过程中的火险特征有密切的关系，如仓库中对起重搬运、采暖、加热、照明、电气等设备使用和维修不当，对可燃、易燃货品的运输、装卸搬运、储存保管不善，使用明火不慎（如气割），违反操作规程等均可能引发火灾。

【资料 5-3】仓库火灾的成因

筑物的耐火等级不符合要求或防火间距太小，也会增加火灾的危险性和使火势快速蔓延。

【资料 5-4】仓库火灾危险性分类

3. 仓储防火作业

仓库保管员应当熟悉储存货品的分类、性质、保管业务知识和防火安全制度，掌握消防器材的操作使用和维护保养方法，做好本岗位的防火工作。对仓库新员工应当进行仓储业务和消防知识的培训，经考试合格方可上岗作业。仓储部门应认真贯彻执行《仓储场所消防安全管理通则》（GA 1131—2014），对货品的储存和装卸过程、电器管理和火源管理等严格按照防火规定进行工作。

（二）常规灭火方法

燃烧必须同时具备前文所述三个条件：可燃物质、助燃物质和火源。灭火是为了破坏已经产生的燃烧条件，只要能去掉一个燃烧条件，火即可熄灭。人们在灭火实践中总结出了下述几种基本方法。

1. 冷却灭火法

所谓冷却灭火法，就是把燃烧物的温度降到其燃烧点以下。对于可燃固体，将其冷却在燃点以下；对于可燃液体，将其冷却在闪点以下，燃烧反应就可能会中止。将灭火剂直接喷洒在可燃物上，使可燃物的温度降到自燃点以下，从而使燃烧停止。也可采取用水冷却尚未燃烧的可燃物质防止其达到燃点而着火的预防方法；用水扑救火灾，其主要作用就是冷却灭火，水具有较大的比热容和很高的汽化热，冷却性能很好，一般物质起火，都可以用水来冷却灭火。

2. 窒息灭火法

所谓窒息灭火法，就是隔断燃烧物的空气供给。可燃物的燃烧是氧化作用，需要在最低氧浓度以上才能进行，低于最低氧浓度，燃烧不能进行，火灾即被扑灭。一般含氧量低于14%的条件下是不能燃烧的。

采取适当的措施，阻止空气进入燃烧区，或用惰性气体稀释空气中的含氧量，使燃烧物质缺乏或断绝氧而熄灭，适用于扑救封闭式的空间、生产设备装置及容器内的火灾。火场上运用窒息法扑救火灾时，可采用石棉被、湿麻袋、湿棉被、沙土、泡沫等不燃或难燃材料覆盖燃烧或封闭孔洞；用水蒸气、惰性气体（如氮气）充入燃烧区域，降低空间的氧浓度；利用建筑物上原有的门以及生产储运设备上的部件来封闭燃烧区，阻止空气进入，从而达到窒息灭火的目的。

3. 隔离灭火法

所谓隔离灭火法，也称拆移法，即搬开、拆除可燃烧的东西，使火不能蔓延。

可燃物是燃烧条件中最重要的条件之一，如果把可燃物与引火源或空气隔开，那么燃烧反应就会自动中止。如用喷洒灭火剂的方法，把可燃物同空气和热隔开、用泡沫灭火剂灭火产生的泡沫覆盖于燃烧液体或固体的表面，把可燃物与火焰和空气隔开等，都属于隔离灭火法。

采用隔离灭火法的具体措施很多。例如，将火源附近的易燃易爆物质转移到安全地点；关闭设备或管道上的阀门，阻止可燃气体、液体流入燃烧区；拆除与火源相连的易燃建筑结构，形成阻止火势蔓延的地带等；自动喷水泡沫联用系统在喷水的同时喷出泡沫，泡沫覆盖于燃烧液体或固体的表面，在发挥冷却作用的同时，将可燃物与空气隔开，从而灭火。

4. 抑制灭火法

所谓抑制灭火法，就是将化学灭火剂喷入燃烧区参与燃烧反应，使游离基（燃烧链）的链式反应中止，从而使燃烧反应停止或不能持续下去。

抑制灭火法的灭火剂常见的有干粉和七氟丙烷。灭火时，将足够数量的灭火剂准确地喷射到燃烧区内，使灭火剂阻断燃烧反应，同时应采取冷却降温措施，以防复燃。化学抑制法灭火，灭火速度快，使用得当可有效地扑灭初期火灾，减少人员伤亡和财产损失。

抑制法灭火对于有焰燃烧火灾效果好，但对深位火灾，由于渗透性较差，灭火效果不理想。在条件许可的情况下，采用抑制灭火法的灭火剂与水、泡沫等灭火剂联用，会取得明显效果。

在现实中，可根据实际情况，采用上述一种方法，或多种方法并用，以达到迅速灭火的目的。

（三）灭火剂与灭火器材的合理使用

仓库应当根据货品性质，正确选用适当的灭火剂、消防器材和扑救方法，以便有效地防止火灾事故的扩大和蔓延。

1. 水

水是仓库消防的主要灭火剂，水在灭火时有显著的冷却和窒息作用，水能使某些物质的分解反应趋于缓和，并能降低某些爆炸货品的爆炸能力；当水成柱状时，形成一股冲击力，能破坏燃烧结构，把火扑灭。水还可以冷却附近其他易燃物质，防止火势蔓延。

由于水能导电，对电气装备不能用水来灭火，水更不能用于对水有剧烈反应的化学危险品（如电石、金属钾、保险粉等）的灭火，也不能用于比水轻、不溶于水的易燃液体（如汽油、苯类货物）的灭火。

2. 沙土

沙土是一种廉价的灭火物质。沙土能起窒息作用，覆盖在燃烧物上，可隔绝空气，从而使火熄灭。沙土可以扑救酸碱货品的火灾，以及过氧化剂及遇水燃烧的液体和化学危险品的火灾。

需要注意的是，对于爆炸性货品（如硫酸铵等），不可用沙扑救，而要用冷却法，也就是用水把旧棉被或旧麻袋浸湿，覆盖在燃烧物上。

3. 灭火器

正确使用灭火器，及时扑救初期火灾是避免火灾蔓延、扩大和造成更大损失的有力措施。因此，仓库管理员应该熟练掌握各种灭火器的正确使用方法，具体可以参看各类灭火器罐身的使用说明。

（1）灭火器的设置要求。主要是位置明显，取用方便，不影响安全疏散。设置高度：顶部离地不高于 1.5m，底部离地应高于 0.15m。设置方式可采用挂钩式、托架式、灭火箱式。设置地点：不潮湿和温度不高的地方，不受风吹雨淋、阳光暴晒，不受腐蚀性物质的腐蚀。

（2）灭火器类型及特征。

1）干粉灭火器：不导电，不腐蚀，毒性低。

2）卤代烷灭火器：不导电，不腐蚀，不污损仪器和设备。

3）二氧化碳灭火器：不导电，不含水分，不污损仪器和设备，但不能用于含碳货品的灭火，如木材、棉、毛、麻、纸张。

4）泡沫灭火器：可导电，不能用于带电设备的灭火。

各类灭火器的适用范围如表 5-1 所示。

表 5-1 灭火器适用范围

火灾类型	常用灭火器类型
A 类：含碳固体可燃物，如木材、棉、毛、麻、纸张等	干粉、卤代烷、泡沫
B 类：有机液体，如汽油、煤油、柴油、甲醇、乙醚等	干粉、卤代烷、二氧化碳
C 类：可燃气体，如煤气、天燃气、乙炔等	干粉、卤代烷、二氧化碳
D 类：可燃的活泼金属，如钾、钠等	干沙、金属火灾灭火器
E 类：带电物体，如电器、电子设备、电线、电缆等	干粉、卤代烷、二氧化碳

需要说明是，卤代烷灭火器所用的卤代烷虽然具有灭火效率高、低毒、无残留和不导电等优点，但也容易破坏大气臭氧层，因而目前已明令禁止。尽管人们至今还没开发出各方面灭火性能都替代卤代烷的洁净气体灭火剂，但为了生态环境的安全，不得不淘汰它们。

（四）火灾报警与逃生

1. 火灾报警

发生火灾后，如果依靠自己或周围人的力量无法扑灭初期火灾，应立即拨打 119 电话向消防应急部门报警，在报警时，仓库管理员应在短时间内向接警人员讲清楚以下几点：

（1）着火仓库的具体位置。

（2）仓库内存放的货品类型、起火货品及燃烧情况。

（3）仓库的大体结构，如是平房还是楼房。

（4）自己的姓名、所在单位和电话号码。

报警后，仓库管理员应在路口等候消防车的到来，指引消防车去火场的道路，以便迅速、准确地到达起火地点。

2. 火灾逃生火灾发生后，可以采用下列方式逃生。

（1）毛巾保护法。可把毛巾浸湿，叠起来捂住口鼻；无水时，干毛巾也行；身边没有毛巾时，餐巾、口罩、帽子、衣服也可以替代。捂住口鼻，以最快的速度穿过烟雾区。

（2）通道疏散法。根据火情优先选用最便捷、最安全的通道和疏散设施逃生。

（3）绳索滑行法。当各通道全部被浓烟烈火封锁时，可利用结实的绳子，将其拴在牢固的地方，被困人员逐个顺绳索沿墙缓慢滑到地面，或下到下一个楼层逃生。

（4）低层跳离法。如果被困在仓库楼房的二层，若无条件采取其他自救方法或短时间内得不到援助，在烟火威胁、万不得已的情况下，可以尝试跳离逃生。在跳离前，选择土壤松软、草坪地面，还可先向地面抛一些瓦楞纸箱、气泡膜等具有缓冲功能的物品，如有可能要尽量抱些棉被、沙发垫等松软物品，以减缓冲击力。有条件的情况下，可以扯些被单、衣服之类的拧成麻花，然后一头固定在窗框上，一头系在自己身上，且是缠绕状最好。如果徒手跳楼，一定要人先出去，双腿悬空，双手抓紧窗台，使身体自然下垂，然后跳下，以尽量降低垂直距离，落地前要双脚并拢，并使双脚先着地，同时，双手抱紧头部，身体弯曲，缩成一团，减缓身体冲击力，以减少伤害。如果被烟火围困在三层及以上的楼房内，只要有一线生机，就不要冒险跳楼。

（5）暂时避难法。关紧房间邻近火势的门窗，打开背火面的门窗（但不要打碎玻璃，有烟进来时，要赶紧把门窗关上），积极采取一切可能的措施维持生命，等待救援，或坚持到明火熄灭。

总之，在火灾面前首先要稳定自己的情绪，沉着、冷静地面对突如其来的险情，结合实际情况，积极地创造生存的机会，选择有效、安全、可靠的逃生方式方法，快速脱离险情。当然，我们希望大家永远都不要遭遇仓库火灾的情况。

三、仓储治安管理

仓储安全之治安管理

（一）治安保卫工作概述

仓库的治安保卫工作是仓库为了防范和制止恶性侵权行为，意外事故对仓储治安与保卫仓库及仓库财产的侵害和破坏，维护仓库环境的稳定，保证仓库生产经营的顺利开展所进行的管理工作。

治安保卫工作是仓库管理的重要组成部分，是仓库实现经营效益的保证。治安保卫工作开展良好，才能确保仓库业务顺利进行。在提高业务效率和经营效益与治安保卫发生冲突时，要优先治安保卫工作。

仓库治安保卫工作应以预防为主、严格管理、确保重点、保障安全和主管负责制等为原则。

（二）治安保卫管理组织

1. 治安保卫管理机构

治安保卫管理机构由仓库的整个管理机构组成，高层领导对整个仓库的安全负全责；各部门、机构的领导是本部门的治安责任人，负责本部门的治安保卫管理工作，对本部门的治安保卫工作负责；治安保卫的职能机构协助高层领导的管理工作，指导各部门领导其执行机构。仓库治安保卫执行机构一般采用由专职和兼职安全员相结合的组织方式。部分规模较大的物流园区，将治安保卫工作外包给了专业的保安公司，尤其具体负责园区的治安保卫工作。

2. 专职保卫机构

该机构既执行整个仓库的保卫工作，同时负责治安管理。专职保卫机构根据仓库规模的大小、人员的多少、任务的繁重程度、仓库所在地的社会环境确定机构设置、人员配备。一般设置保卫部、保卫队、门卫队等。专职保卫机构在仓库高层领导的领导下，制定仓库治安保卫规章制度、工作计划；督促各部门领导的治安保卫工作，组织全员的治安保卫学习和宣传，做好仓库内的治安保卫工作；与当地公安部门保持密切联系，协助公安部门在仓库内的治安管理活动，管理治安保卫的器具，管理专职保卫员工。

3. 兼职治安保卫

治安保卫的兼职制度是实行治安保卫群众管理制度的体现，兼职安全员主要承担所在部门和组织的治安保卫工作，协助部门领导的管理工作，督促部门执行仓库治安保卫管理制度，组织治安保卫学习及各项检查工作。

此外，部分治安工作可由在岗员工负责，如办公室防火防盗、财务防骗、商务保密、锁门关窗等。

（三）治安保卫工作的内容

治安保卫工作的具体内容就是执行国家治安保卫规章制度，防盗、防骗、防抢、防破坏、防火、防止财产侵害，维持仓库内交通秩序、防止交通意外事故，员工人身安全保护、保密，协调与外部的治安保卫关系,维持仓库的安定局面,保证库内人员生命安全与货品安全等。具体包括下述五个方面。

1. 守卫大门和要害部门

大门守卫是维持仓库治安的第一道防线。大门守卫要负责开关大门,限制无关人员,接待入库办事人员,及时审核身份与登记,检查入库人员是否携带火源,及易燃、易爆货品,检查入库车辆的防火条件,确认放行条内容是否相符,收取放行条,查问和登记出库人员随身携带的货品,特殊情况下有权检查当事者货品、封闭大门。对于危险品仓、贵重品仓、特殊品仓等要害部门,需要安排专职守卫看守,限制无关人员接近,防止危害、破坏和失窃。

2. 治安检查

治安责任人应按规章准则经常检查治安保卫工作。治安检查实行定期检查与不定期检查相结合的制度。班组每日检查、部门每周检查、仓库每月检查,及时发现治安保卫漏洞、安全隐患,通过有效手段消除各种隐患。

3. 巡逻检查

巡逻检查一般由两名保安员共同进行,携带保安器械和强力手电筒不定时、不定线、经常性地巡视整个仓库的安全保卫工作。保安员应查问可疑人员,检查各部门的防卫工作,关闭无人办公的办公室、关好仓库门窗、关闭电源,禁止挪用消防器材,检查仓库内有无异常现象,确认停留在仓库内过夜的车辆是否符合规定等。巡逻检查中发现不符合治安保卫制度要求的情况,应采取相应的措施处理或者告知业务部门处理。部分企业还建立了"巡更"制度。

4. 防盗设施、设备的使用

仓库的防盗设施大至围墙、大门、防盗门,小到门锁、窗,仓库应该根据法规规定和治安保管的需要设置和安装这些设施。仓库使用的防盗设备除了专职保安员的警械外,主要有视频监控设备、自动警报设备、人工报警设备,仓库应按照规定合理利用配置的设备,由专人负责操作和管理,确保其有效运作。

【实例 5-8】仓库偷盗案例

5. 治安应急

治安应急是指仓库发生治安事件时,采取紧急措施,防止和减少事件造成损失。治安应急需要制定应急方案,明确应急人员的职责,规定发生事件时的信息(信号)发布和传递方法。这些应急方案要在平时经常进行演习。

任务三 仓储绩效评价与考核

◆ 情境案例

每个月底是小智、小商、小高最为头疼的时候,而到了年底就更加头疼了,因为这意味着公司要开展年度业绩考核了,在主管、组长的岗位上,既要被公司管理层考核,又要考核本部门的员工，既要提交部门业绩报告，又要与其他部门的业绩做横向比较，考核的结果往往与员工个人的收入和晋升挂钩。看着辛苦在一线干活的员工，因为几个不经意的失误，在业绩考核时排在最后，甚至面临被淘汰的危险，他们也是心痛不已。从库存组组长升任仓储部副主管后，小商每天都处在业绩考核的压力之下，一方面，公司使用 ERP 系统之后，各项数据一目了然，随时可以进行库存数据、作业数据的查询和统计，以小高的权限，甚至可以查到其他仓配中心的部分数据，几番对比之下，小商发现，在现有的考核指标体系里，部门的货损货差率居高不下，发货准时率也比以往低了不少，仅是这两个指标，就让仓储部的业绩得分少了好几分。小商觉得，有必要和主管沟通一下，根据部门的业绩情况找到问题产生的原因，并采取针对性的措施。主管同意了小商的建议，但要求小商具体落实，包括找问题、提方案。又是一个考核周期了，小商又要忙起来了。

◆ 情境分析

绩效评价与考核是企业管理中的重要内容之一，是考评员工及部门业绩的重要手段。通过绩效评价与考核，企业可以明确员工和部门在上一个评价与考核周期里的工作表现，并为工作先进的员工和部门提供必要的激励，同时，还可以在评价与考核中，找到问题和差距，从而为下一个评价和考核周期的业绩改进打下基础。仓储绩效评价与考核通常需要根据企业自身情况及国家标准《仓储绩效指标体系》（GB/T 30331—2021）制定指标体系，并以月度、季度等为单位，对相关员工及部门进行评价和考核；评价和考核的结果应引起相应员工及部门的足够重视，以便不断改进绩效。

◆ 基础知识

一、仓储绩效评价认知

仓储绩效评价认知

仓储绩效评价是指运用数量统计的方法，通过建立仓储绩效评价体系，对仓储组织（仓储企业或企业内部的仓储部门）在仓储设施管理、成本管理、作业管理、客户服务管理等方面的效益和效率进行的综合评价。

仓储绩效评价是仓储管理成果的集中反映，是衡量仓储管理水平的尺度，也是考核评价仓库各方面工作和各作业环节成绩的重要手段，给企业进一步改善和提高仓储管理的作业效率和技术水平提供了客观且科学的依据。通过仓储绩效评价，企业可达到有效调动员工内在积极因素，充分发挥员工积极性、主动性和创造性的目的。

（一）仓储绩效评价的意义

1. 有利于提升仓储管理水平

任何管理都不是一成不变的，需要随着市场经济形势的发展而不断发展，以适应新的变化。仓储管理也要根据企业仓储目标的调整、企业的生产和经营需求的变化而改变。管理也不可能一步到位，很难一开始就设计出一整套完善的管理制度实施于企业。因此，仓储管理要从简单管理到复杂管理、从直观管理到系统管理，通过有效的仓储绩效评价，在管理实践中不断补充、修正、完善，从而不断提高管理水平。

2. 有利于落实仓储管理责任

仓储管理是依据管理幅度、因事设岗、责权利对等的原则，通过客观而科学的仓储绩效评价体系的实施，客观评价员工的工作效率、设备利用率、仓储空间利用率等，它有利于充分发挥内部管理经济杠杆的作用，层层落实责任目标，从而建立高效的仓储管理机构和管理队伍。

3. 有利于改进仓库设备配置

通过仓储绩效的量化指标评价，企业能够正确判断仓储能力是否满足生产经营的需求，给决策者提供科学的依据，根据设施设备的利用率来决定设施设备的配置，如需购置货架来提升仓库储存空间利用率，投入现代化、智能化的装卸搬运设备来实现装卸搬运作业效率的提升等。

4. 有利于提高仓储经济效益

仓储作业的组织遵循高效、低耗的原则，通过仓储绩效经济指标的量化分析，充分利用仓储设备，应用先进的保管技术、有效的管理手段，实现仓储快进、快出，提高仓储利用率，降低成本，不发生货差、货损、作业差错，保持连续、稳定的生产，满足企业低成本、高效益的良性运营需求。

（二）仓储绩效评价标准

仓储绩效评价标准是对评价对象进行分析评价的标尺，是评价工作的准绳和前提。根据不同的用途，评价标准分为下述四类。

1. 计划（预算）标准

计划（预算）标准是仓储绩效评价的基本标准，是指以事先制订的计划、预算和预期目标为评价标准，将仓储绩效实际达到的水平与其进行对比。该标准反映了仓储绩效计划的完成情况，并在一定程度上代表了现代企业经营管理水平。但该标准的人为因素较强，主观性较大，要科学合理地制定才能起到较好的激励效果。

2. 历史标准

历史标准是以历史同期水平或历史最高水平为衡量标准，将仓储绩效实际达到的水平与其自身历史水平进行纵向比较。这种比较能够反映仓储绩效指标的发展动态和方向，为进一步提升仓储绩效提供决策依据。但历史标准的评价结果缺乏横向可比性，具有排他性。

3. 客观标准

客观标准是将国际或国内同行业绩效状况作为评价本企业仓储绩效的标准，采用这一评价标准，评价结果较为真实且具有横向可比性，便于了解企业本身在行业中所处的位置，有助于企业制定仓储发展战略。

4. 客户标准

客户标准是以客户要求来衡量企业的仓储绩效，以客户的满意程度来评价仓储组织运作服务水平，是企业改进和提高仓储水平的重要依据。

（三）仓储绩效评价对象

1. 仓储业务部门

通过对仓储组织内各业务部门的评价，分析各部门对于仓储作业的效率、成本产生的影响，考核各部门是否实现既定的评价指标，进而制订各业务部门今后的任务目标和工作计划。

2. 仓储工作人员

通过对仓储各个岗位工作人员的工作表现和工作业绩进行评价，分析其任务完成情况，以此对员工进行引导和激励，提高员工的工作积极性。

3. 仓储作业环节

通过对收货、入库、检验、分拣、出库等各作业环节的绩效评价，掌握各个作业环节的效率和成本，寻找效率低、成本高的作业环节，加强对此类作业过程的管理和控制，以提高效率、降低成本、增强仓储作业的竞争力。

4. 客户服务水平

客户服务水平绩效评价是对仓储组织与上下游客户之间的合作关系做出评价，主要是从客户角度评价服务质量，尤其是那些对仓储绩效有较大影响的大客户，即评价仓储给客户带来的业绩和客户的满意度，并以此寻找提高客户服务水平的途径和方法，加强客户与仓储组织之间的合作关系。

二、仓储绩效评价指标体系

对仓储活动进行明确而又有一定连续性的绩效评价是仓储管理的关键工作，绩效评价既要反映服务水平又要反映存货水平。如果只集中在存货水平上，管理者就会倾向于存货水平最低，而有可能对服务水平产生负面影响；与此相反，如果把绩效评价单一地集中在服务水平上，将会导致管理者忽视存货水平，所以绩效评价应能够清楚地反映企业的期望和实际需要。下面我们将从仓库资源利用率、仓储服务水平、货品储存效率、储存能力与质量、存储经济效益和存储安全性等六个方面来构建仓储绩效评价指标体系。

仓储绩效评价指标体系

（一）仓储资源利用率指标

1. 仓库面积利用率

仓库面积利用率=(仓库可利用面积/仓库建筑面积)×100%

该指标用来评价仓库面积的利用是否恰当。此指标小，表示仓库面积存在一定程度的浪费。

【实例 5-9】面积利用率的计算

> 盈丰仓储公司近期有 7200 件贵重货品到库，单件货品外形尺寸为 60cm×60cm×60cm，重 20kg，货品外包装显示堆码极限标志为 6，仓管员小张拟将该批货品单独存放在使用面积为 650m² 贵重货品仓库中，贵重货品仓库可用高度 6m 米，地坪载荷 2t/m²。请问：
> （1）小张需要为该批货品准备多少面积的仓位？
> （2）贵重货品仓库仅存放该批货品时，其面积利用率是多少？
> 解：验证堆码高度：0.6×6=3.6<6，可堆 6 层
> 验证地坪载荷：1÷(0.6×0.6)×6×20=360kg<2t
> 所以，可堆 6 层，每层可堆放的货品件数为：7200÷6=1200（件）
> 存储货品所使用的面积为：1200×(0.6×0.6)=432（m²）
> 仓库的面积利用率为：432÷650×100%=66.5%

2. 仓库利用率

1）仓库利用率=(实际使用仓库面积/仓库有效面积)×100%。

面积也可以替换为容积、货位。

2）单位面积储存量=(平均库存量/可用储存面积)。

判断储位规划及使用的料架是否适当，以考察是否有效利用储位空间。

仓库利用率偏低，一般有两种可能：一是由于每一储位都有一定的重量限制，若在库品重量较重，则无法堆叠太高或摆放太密；二是存货量相对于储区较少，以至于储位剩余太多。仓库利用率高，但单位面积保管量却低，此状况有两种可能：一是在库品体积较大；二是所使用的货架高度较低，储区的高度可能未被有效利用，以至于虽料架上储位已充分使用，但每单位面积的货品储存量仍偏低。

3. 设备利用率

设备利用率=(全部设备实际工作时数/设备可用工时数)×100%

该指标用来评价仓储中心仓储设施装备的配置是否合理，此数值大于1，说明部分或全部的仓储设施装备处于一种超负荷运行状态，需要增加仓储设施和装备；此数值过小，说明前期的设计不合理，仓储设施装备投资费用过高。

4. 设备完好率

设备完好率=(期内设备完好台数/同期设备总数)×100%

该指标用来评价设备管理的水平，此数值如太小，说明在作业过程中对设备的使用欠妥，或者对设备的管理维护工作没有做好，或是缺少设备维护人员，或是维护人员技术水平较低。因而，需要加强员工的设备操作培训。工业物联网环境下，每台设备的实际使用情况可以被准确统计，更便于仓储设备管理。

（二）仓储服务水平指标

1. 收货及时率

收货及时率=(按约定时间完成的收货量/收货总量)×100%

收货量的单位可以是吨（t）、件数、托盘个数（个）、订单行数（行）、订单个数（个）。该指标反映按约定时间完成收货量的情况。

2. 订单满足率

订单满足率=(满足客户要求的订单数量/客户要求的订单总数量)×100%

该指标用来评价仓储服务的客户满意程度。客户（内部或外部）是仓储组织存在的根本，而客户订单是仓储组织能够继续营运的基本要件，因此设法降低客户的订单取消率及抱怨次数是刻不容缓的工作，尤其是对于外部客户来说。如果这个指标过低，原因不外乎以下几方面：产品品质不良，服务态度不佳，交货时间无法满足实际需求，交货延迟，和同行业比较有差距，客户本身存在问题。

3. 缺货率

缺货率=(缺货次数/客户订货总次数)×100%

该指标反映存货控制决策是否适宜，是否需要调整订购点与订购量的基准。一旦缺货率太高，很容易让客户失去信心而流失客户或影响企业的正常生产。因此，必须迅速寻求改善。缺货发生的原因可能在于：存量控制不好，或库存档案资料不正确；采购不及时；供应商交货不及时；库存与实际客户需求或生产需求不一致；生产计划执行不到位。

4. 准时交货率

准时交货率=(准时交货次数/总交货次数)×100%

该指标用来评价发货的及时性。仓储管理的最终目的是要有能力满足客户订单的需求或满足企业自身的生产需求，准时交货率的高低反映了仓库服务水平的高低。若此数值过低，显示仓库无法做到按生产计划或按客户要求的时间发货。

5. 货损货差赔偿率

货损货差赔偿率=(货损货差赔偿费总额/同期业务收入总额)×100%

该指标反映出货作业的精确度。货损货差赔偿费率过高，必然导致客户经常抱怨及反感，很容易影响企业运营，甚至导致客户流失，因此必须迅速查找原因并尽快改善。该指标主要适用于仓储型物流企业。造成货损货差赔偿率过高的原因无非是仓储作业过程中造成失误及检查时不仔细，具体有如下几点：接单时登录的错误；拣货单列印的错误；分拣员拣货时造成的短少；订货品分类时造成的错误；包装过程造成的误差；复核检查时的疏忽；搬运装车造成的货损；运送过程的损耗；未经认可的替换代用。

【资料5-5】产生仓储业务差错的主要原因

（三）货品储存效率指标

1. 库存周转率

库存周转率是某一时间段内库存货品周转的次数，是反映仓储工作水平的重要效率指标。

方法一：库存周转率=(使用数量/库存数量)×100%。

方法二：库存周转率=(使用金额/库存金额)×100%。

由于使用数量并不等于出库数量，因为出库数量包括一部分备用数量，所谓备用数量是指生产时按该物料给定的损耗率分配的备损数量，这部分并没有完全使用，或一部分转换成不良品再回库了。除此之外也有以金额计算库存周转率的。同样的道理，使用金额并不等于出库金额。

【资料5-6】电商仓储管理库存周转率中SKU的含义详解

设置库存周转率的目的在于从财务的角度计划预测企业的现金流，从而考察整个企业的需求与供应链运作水平。

库存周转率是反映库存周转快慢程度的指标，对于企业的库存管理来说具有非常重要的意义。在物料保质期及资金允许的条件下，企业可以适当增加库存控制目标天数，以保证合理的库存；反之，则可以适当减少其库存控制目标天数。

对于制造企业而言，库存周转率等于销售的物料成本除以平均库存。在这里，销售的物料成本是指企业完成的最终货品销售所包含物料的总成本，而平均库存是指所有原材料、在制品、成品、呆滞物料等的平均库存。这里的平均库存通常是指各个财务周期期末各个点的库存的平均值。有些企业取每个财务季度底的库存平均值，有的是取每个月底的库存平均值。

周转率越高，库存周转时间越短，表示用较少的库存完成同样的工作，使积压在存货上的资金减少。换句话说，资金的使用率高，利润也会因货品的周转率提高而增加。库存周转率低，显示公司多数货品的周转速度慢，库存品有过多的现象，很容易造成原材料的陈腐、库存品耗费增加、保管费用和利息激增、收益性相对降低、资金调度困难等问题。库存周转率高，显示公司多数货品的周转速度快，此现象虽好，但有时可能发生存货不足以致缺货的情况。

对于库存周转率，目前没有绝对的评价标准，通常是同行业相互比较，或与企业内部的其他期间进行比较分析。

【实例 5-10】某制造企业的库存周转次数

> 某制造企业在第一季度的销售物料成本为 200 万元，该季度初的库存价值为 30 万元，该季度底的库存价值为 50 万元，那么其库存周转次数为 200/[（30+50）/2]=5 次。
>
> 相当于该企业用平均 40 万元的现金在一个季度里周转了 5 次，赚了 5 次利润。
>
> 照此推算，如果每季度平均销售物料成本不变，每季度底的库存平均值也不变，那么该企业的年库存周转率就变为 200×4/40=20 次，就相当于该企业一年用平均 40 万元的现金赚了 20 次利润。

2. 期间库存周转次数

上述使用金额也好，库存金额也好，是何时的金额要搞清楚。因此，规定某个期限来研究周转次数时，需用下列算式：

$$期间库存周转次数 = 该期间的出库总金额/该期间的平均库存金额$$
$$= 该期间出库总金额 \times 2/(期初库存金额 + 期末库存金额)$$

3. 周转期间

$$周转期间（天数）= 360 天/年度存货周转次数$$

周转期间通常假定以一年为单位，指在这期间每一次周转所需要的时间，也就是，企业持有的库存可供几天使用。实际上，周转期间也可以是周、月、半年等单位。

在上述实例 5-10 中，因存货每季度周转 5 次，故全年共周转 20 次，据此，周转期间（天数）=360/20≈18（天）。

【实例 5-11】库存指标的计算

> 甲公司去年的产品销售成本为 200 万元，期初存货为 50 万元，期末存货为 30 万元。则：
> 平均库存金额=（50 万元+30 万元）/2=40 万元
> 存货周转率=200 万元/40 万元=5 次
> 存货周转天数=360 天/5 次=72 天/次

（四）储存能力与质量指标

1. 仓库吞吐能力实现率

$$仓库吞吐能力实现率 = (期内实际吞吐量/仓库设计吞吐量) \times 100\%$$

该指标作为设定产品标准库存的比率依据，以供存货管理参考。若仓库吞吐能力实现率远大于 1，表示期内实际吞吐量超出原先设计的吞吐量。原因可能在于：设计吞吐量订得太低，未根据实际情况；期内实际吞吐量太高，库存没能有效控制管理。若仓库吞吐能力实现率约等于 1 或小于 1，表示公司的确将库存控制在预期之内。但此时若发现库存周转率指标太小，则表示公司实际库存相对于出货量仍太高，因而可判断现行标准库存量订得太高。

2. 仓储吨成本

$$仓储吨成本 = (仓储费用/库存量) \times 100\%$$

该指标衡量每单位存货的库存管理费用,也是经济性指标。一旦此指标数值过高,表示公司对于库存管理费用没有良好的控制。

3. 作业准确率

$$收发货准确率=(期内吞吐量-出现差错总量)/期内吞吐量\times100\%$$

$$收货准确率=准确收货量/收货总量\times100\%$$

$$发货准确率=准确发货量/发货总量\times100\%$$

$$分拣准确率=准确分拣量/分拣总量\times100\%$$

该指标衡量仓储作业的品质,以评估仓储工作人员的细心程度或自动化设备的准确性功能。收发货、拣货准确率过低,对后续作业及客户服务品质都会造成影响,因而应尽量提高作业准确率。

4. 货品缺损率

$$货品缺损率=(期内货品缺损量/期内货品总数)\times100\%$$

该指标用来评价储存的精准性。此数值太高,一种可能是保管不当而引起品质恶化、破损损失、盘点调查数量不合、盘点损失等,另一种可能是库存结构不当、季节品过时等。与缺损率对应的是货品完好率,即:

$$货品完好率=100\%-货品缺损率$$

5. 呆废料处理率

$$呆废料处理率=(处理呆废料数量/全部呆废料数量)\times100\%$$

该指标用来测定物料耗损影响资金积压状况。一般来说,若物料停滞仓库时间超出其周转期间,则可视为呆料处理。一旦此指标过高,应检讨呆废料发生原因。仓库中呆废料发生原因有下列几种:验收疏忽;产品变质;仓储管理不善,保管欠妥当;存量过多、过久;设计变更或企业产品结构的变化(出现新物料,致使旧物料废弃不用);废弃包装材料,经济价值较低,经常集中一处以废料处理;订单取消或客户退货;市场的变化;采购不当。

(五)存储经济效益指标

此类指标主要针对仓储型物流企业,生产制造企业和商业流通企业的仓储部门也可以参考。

1. 平均存储成本

$$平均存储成本(元/吨)=(年度货品存储成本总额/年度存储总量)\times100\%$$

该指标用以综合衡量公司年度经济效益、管理水平和设备等资源的使用情况。

2. 利润总额

$$利润总额=仓储营业总收入-仓储营业总成本$$

该指标综合衡量企业的盈利能力。

3. 资金利润率

$$资金利润率=(利润总额/(固定资产投入总额+流动资金总量))\times100\%$$

该指标用以反映企业运用资本获得收益的能力。它是投资者和潜在投资者进行投资决策的重要依据。资金利润率越高,说明企业经济效益越好,投资者的风险越少,值得投资和继续投资。

4. 收入利润率

$$收入利润率=(利润总额/仓储营业总收入)\times100\%$$

收入利润率是反映企业获利能力的重要指标,这项指标越高,说明企业营业收入获取利润的能力越强。

5. 人均实现利润（人均仓储收入）

人均实现利润=利润总额/平均员工人数

人均实现利润也就是人均贡献率，是分析企业经济效益的一个指标。

6. 单位面积产值

单位面积产值=年仓储总收入/仓库建筑面积

该指标反映企业单位面积的产出能力。

（六）存储安全性指标

仓库是货品储存的重要场所，必须搞好以防火、防盗等为中心的仓库安全工作，以保证货品的安全。存储安全性指标主要用来反映仓库作业的安全程度，可以用发生各种事故的次数和损害程度来表示，这类指标一般不需要计算，只是根据实际出现事故的损失大小来划分等级。

三、仓储部门的绩效考核

仓储部门的绩效考核是对从事仓储业务的员工的工作业绩、工作能力、工作态度及职业道德等进行客观评价，并用以判断员工与岗位要求的相称性。

仓储部门的绩效考核

（一）仓储绩效考核的基本要求

仓储组织开展绩效考核，需要投入一定的时间和精力，因为各项考核指标的数据都来自平时的收集和积累，这些数据不是抽象概念化的，而是具体量化的，考核不是主观的而是客观的，而且考核的重点随着组织结构、任务分工、市场需求等的变化而变化。绩效考核的核心工作离不开目标设定、考核执行和结果应用。

1. 目标设定

需要注重结果导向、突出重点、量化管理。具体而言，应关注结果性指标，少用过程性指标，关键绩效指标的数量一般不超过 5 个，尽可能通过客观取值、计算的方式得出结果。

2. 考核执行

一线管理者需要在员工绩效考核工作上投注时间和精力，尊重不同职能领域的工作特点，在考核周期、考核方式上更具针对性，避免"一刀切"的管理模式。

3. 结果应用

应有告知、有兑现、有预期，即无论考核结果如何，都需要跟员工进行沟通反馈，绩效考核结果需要在员工收入和岗位晋升层面有较为明显的体现，除了直接的物质激励外，员工还能够知道好的绩效表现会成为自己晋升发展的重要依据。在实践中，企业往往结合考核结果，对员工的薪酬和岗位做出一定的调整。

不同企业由于业务特点和发展阶段的不同，在进行绩效考核时，往往设置不同的指标，因此，并没有绝对统一的考核表格，在此，我们以部分企业实例做说明。

（二）仓储部门主管的绩效考核

仓储部门主管作为仓库中的核心人物，负责整体仓储作业流程监管指导，确保先进先出与日清日结，对出入库相关手续的规范性进行审核，对仓储部门员工的工作进行安排和指导，因而承担着很大的责任和义务。对仓储部门主管的绩效考核可以说是对整个仓储业务开展情况的全面考核。一般可以从"日常管理、工作计划、综合能力、工作态度"等方面实施考核。

【实例 5-12】某公司仓库主管绩效考核表

（三）仓储部门员工的绩效考核

仓储部门员工在工作中有强烈的被认同感需求和归属感需求，他们需要管理者肯定他们的成绩，认同他们的价值，这就需要领导者和业务部门以走动式管理的方式，通过个别交谈和沟通等方式，表达出对员工成绩的肯定，同时，指出存在的问题，并给出改进建议。一般可以从"日常表现、作业效率、工作态度、执行能力"等方面实施考核。

【实例 5-13】某公司仓管员绩效考核表

【实例 5-14】某公司仓管员的工资结构

仓储部门绩效的改进

四、仓储绩效的改进

在绩效评价与考核过程中，必须明确其目的是通过梳理管理方式、方法等问题，铺设管理者与员工合作的途径，帮助改进绩效。绩效改进是绩效评价与考核的后续应用阶段，是下一循环计划目标制定的关键环节。

绩效改进的形式多种多样，但其过程大致上可以分为以下几个步骤：首先，分析员工的绩效考核结果，找出员工工作中存在的问题；其次，针对存在的问题，制定合理的绩效改进方案，并确保其能够有效地实施，如个性化的培训等；再次，在下一阶段的绩效辅导过程中，实施已经制定的绩效改进方案，尽可能为员工的绩效改进提供知识、技能等方面的帮助，即为员工赋能。

由于仓储总是出现在物流各环节的接合部，如生产与销售之间，批发与零售之间，采购与生产之间，不同运输方式转换之间等，仓储环节集中了上下游流程整合的所有矛盾。因此，在进行仓储绩效改进时务必从多个角度看待问题，从而良好地协调仓储业务联系到的各个方面。这里，我们将从上游客户视角、仓储员工视角、下游客户视角和其他视角等来思考仓储绩效改进的方法。

（一）上游客户视角

上游客户主要是指前来送货的一方，可能是供应商，也可能是企业内的其他部门（如生产部门的成品入库、客户退货入库等），其共同点在于，都需要面对仓储管理一方的收货、检验，都希望能够尽快完成这项工作。基于此，仓储管理绩效可在如下几个方面做相应改进。

1. 优化业务流程

在收到送货一方的到货信息以后，合理安排收货时间（与送货方约定到货时间），保证人员、工具、设备、储备等及时到位，在尽可能短的时间内，完成收货、验收和上架等，尽量减少送货一方的等待时间。验收方面，做好对供应商的分类和评级，对优秀的供应商可以减少检验数量、检验次数，甚至免检。

2. 改进设施设备

在条件允许的情况下，仓储一方能够改进仓库的设施设备，如使用传送带卸货，使用托盘搬运车进行搬运业务，再如同时开放多个月台，同时进行收货作业，从而提高作业效率。

3. 关注工作负荷

对仓库作业进行监测很普遍。仓库管理人员应及时掌握每个区的工作负荷，并在必要的情况下为操作人员重新指派任务以平衡工作量。有些大型仓库使用的是基于时间和动作的工程类劳动力标准来计算每项任务所需的理论时间，并与实际作业所使用的时间进行比较。通常，这些标准决定了操作人员的基本工资标准，但是要使用这些数据更好地计划每天的人力需求，则要求管理人员针对具体任务设定一个目标完成时间，如在分拣高峰期计算所需要的人力资源和确定每项任务的完成时间。

（二）仓储员工视角

员工是改进仓储绩效的重要因素。再好的改进方案也需要员工认真执行才可能获得良好的效果，再先进的设备也需要员工熟练使用才可能发挥作用。但是，经常有仓储员工抱怨自己的工作，他们认为自己工作得很辛苦，也很希望改进工作绩效，但是需要具备一些条件，他们还认为绩效改进不能停留在口头上。基于此，我们认为应从如下几个方面考虑来改进绩效。

1. 应精心设计仓储作业流程

为了提高仓库的生产效率，减少操作人员在仓库内部的作业行程，加快订单处理速度，就需要精心设计分拣策略和路线，这并非普通仓储员工所能解决的。借助射频和条码技术系统，操作人员可以同时拣配多个订单。另外，仓库管理人员应当熟悉仓库作业的基本标准，如每人每小时搬运的货件数、订单未完成率、压单时间和每件货的搬运成本等。对改变运作方式或操作的结果进行比较分析，仓库管理人员就能够不断发现更好的运营方式，如调整同时周转的货品的存放货位、调整操作人员的任务或改变分拣的程序。

2. 为仓储员工提供专业培训

增加人员和设备配置以及管理效率在很大程序上影响着整个供应链的操作成本。如果不能保证正确的进货、验收、质量保证及发货，就会导致浪费时间、产生库存、延迟交货、增加成本以致失去为客户服务的机会。一方面，需要行政人事部组织各级主管进行培训，以提高其对业务理论的认识，另一方面，根据各级主管制定的员工工作改进方案，有针对性地组织员工培训，以提高员工的专业知识、技能。最好能够员工亲身体验到工作方式改进所带来的效率提高的效果。培训可以有针对性地提高员工工作水平，改进工作绩效；虽然要为此投入大量的时间和精力，甚至是一定的资金，但它却能防患于未然，给企业带来长远效益。

（三）下游客户视角

下游客户一般是货品的使用部门，或者亲自上门提货（如企业生产部门的物料领用），或者需要仓储一方送货上门（如针对生产部门的配送制）。下游客户更加关注到货的及时性和准确性。因此，可以从下述几个方面改进绩效。

1. 把下游客户的业务活动引入仓储管理

比如采用下游客户认可的标签、单证和合适的包装，再如根据所送货品的重量和体积选择合适的送货工具、送货目的地。现代化的仓库应能够实现延时装配、准时配送，增加产品配置的选择性，满足包括核心产品在内的个性化客户需求。

2. 向下游客户承诺到货时间

对下游客户承诺到货时间，将使仓储企业更容易获得客户。一旦对下游客户承诺到货时间，则应确保承诺的履行。

3. 及时向下游客户通报库存状态

先进的仓储管理系统，一般具备使客户能够随时检查库存状态信息的功能。如果没有此类系统，那么仓库一方要能够了解仓库的库存情况，定期或不定期地（根据存货的价值高低或者库存周转率）向下游客户通报库存情况，为下游客户改进业务运作提供帮助。

（四）其他视角

1. 企业投资视角

既然是投资，就要考虑投资回报的问题。仓储部门需要针对绩效考核中发现的仓储业务亟须解决的瓶颈问题，提出改进措施及资金使用计划，以便投资人做出合适决策。

2. 企业获得更多收益的视角

为了获得更多的收益，仓储组织需要根据自身情况和客户需求开发更多的增值服务项目，尤其是仓储型物流企业。

问题与思考

一、单选题

1. 在 6S 管理中，不符合"素养"要求的是（　　）。
   A. 上班前检查仓储设备是否正常　　B. 随手清洁，保持仓储工作场所干净整洁
   C. 穿着随意，不强调工作服　　　　D. 对人谦虚有礼，乐于助人

2. 常见的火源是（　　）。
   A. 酒精　　　　B. 氯酸钾　　　　C. 火星　　　　D. 过氧化钠

3. 用水扑灭一般固体物资的火灾，通过水大量吸收热量，使燃烧物的温度迅速降低，最后使燃烧终止，这种灭火方法称为（　　）。
   A. 窒息灭火法　　　　　　　　　B. 冷却灭火法
   C. 隔离灭火法　　　　　　　　　D. 抑制灭火法

4. 主要反映仓库保管和维护质量和水平的指标是（　　）。
   A. 收发正确率　　　　　　　　　B. 业务赔偿费率
   C. 物品损耗率　　　　　　　　　D. 账实相符率

5. 主要反映仓库仓储生产的经济效益的指标是（　　）。
   A. 业务赔偿费率　　　　　　　　B. 全员劳动生产率
   C. 人均利税率　　　　　　　　　D. 仓容利用率

二、多选题

1. 仓储绩效考核的意义在于（　　）。
   A. 提高仓库的管理水平　　　　　　B. 有利于说服客户和扩大市场占有率
   C. 有利于仓库设施设备的现代化改造　D. 有利于稳定客户关系
2. 仓库火灾的特点包括（　　）
   A. 易发生，损失大　　　　　　　　B. 易蔓延扩大
   C. 危险性大　　　　　　　　　　　D. 扑救困难
3. 反映仓库生产物化劳动和活化劳动的指标主要有（　　）。
   A. 库用物资消耗指标　　　　　　　B. 平均验收时间
   C. 单位进出库成本和单位仓储成本　D. 作业量系数
4. 反映仓库生产物化劳动占用的指标主要有（　　）。
   A. 仓库面积利用率　　　　　　　　B. 全员劳动生产率
   C. 仓容利用率　　　　　　　　　　D. 设备利用率
5. 反映仓库生产成果质量的指标主要有（　　）。
   A. 收发差错率　　　　　　　　　　B. 业务赔偿费率
   C. 物品损耗率　　　　　　　　　　D. 账实相符率

三、案例分析

试从图 5-4 所示的作业现场中找出至少 20 处安全隐患。

图 5-4　作业现场

四、计算题

1．某仓储中心有固定资产 6000 万元，流动资金 1200 万元，全年的营业额 14000 万元，利润为 1000 万元，仓库总面积 10000m²，其中，通道及其他非存储区有 2500m²。

（1）请计算该仓储中心的面积利用率。
（2）请计算该仓储中心的流动资金周转次数。
（3）请计算该仓储中心的资金利润率。

2．某公司去年 6 月的销售成本为 280 万元，存货期初额为 150 万元，6 月当期存货 130 万元。试计算：

（1）平均存货金额。
（2）存货周转次数。
（3）存货周转天数。

3．国花公司今年到库物资共 2000t，出库 1500t，年初库存 500t，全年错发错收 10t，丢失 2t，损害 5t，赔偿 60000 元，另因消防不合格被罚款 5000 元。全年营业收入 8000000 元。试计算：

（1）吞吐量。
（2）年平均库存量。
（3）物资收发差错率。
（4）业务赔偿率。

4．某仓库今年的营业额为 7200 万元，利润率为 10%。该库在今年共接受订单 25600 份，但由于运输车辆等问题，实际装运了 24850 份。该库配备管理人员 10 人、技术人员 8 人、作业人员 54 人。请计算该库今年的订单满足率、人均利润。

5．盈丰仓储公司近期有 8400 件 27 寸液晶显示器到库，单件外形尺寸为：70cm×21cm×52cm，毛重 9kg，外包装上标示的堆码极限标志为 5，问：至少需要为此批货品准备多少储存面积？若该批显示器全部存放在一个使用面积为 650m² 的仓库中，该仓库的面积利用率和储存该物资的有效容积为多少？

6．某企业准备建一综合型仓库，其中就地堆码货品的最高储存量为 600t，仓容物资储存定额为 3t/m²，上架存放的货品最高储存量为 90t，单排货架长 12m、宽 1.2m、高 4.8m，货架容积充满系数为 0.6，上架存放货品的平均质量为 200kg/m³，若面积利用系数为 0.4，则该仓库有效面积至少应为多少平方米？

五、技能训练题

1．试就近选择物流实训区、相关专业实训室或所在教室寝室等，完成如表 5-2 所示的检查表的检查内容（可根据表格和实际需求自行增行）及相应配分的填写，并尝试进行检查、打分，同时对背离 6S 检查内容的项目提出整改措施。

表 5-2 ＿＿＿＿＿＿＿＿区 6S 检查表

项目	检查内容	配分	得分	扣分原因
整理 ①=a+b+c		a=（ ）		
		b=（ ）		
		c=（ ）		
整顿 ②=d+e+f		d=（ ）		
		e=（ ）		
		f=（ ）		
清扫 ③=g+h+i		g=（ ）		
		h=（ ）		
		i=（ ）		
清洁 ④=j+k+l		j=（ ）		
		k=（ ）		
		l=（ ）		
素养 ⑤=m+n+o		m=（ ）		
		n=（ ）		
		o=（ ）		
安全 ⑥=p+q+r		p=（ ）		
		q=（ ）		
		r=（ ）		
总计（①+②+③+④+⑤+⑥=100）		100		
问题				
改进 措施				

2．就近找一个灭火器，根据灭火器瓶身的使用说明，录制一段介绍灭火器使用方法的视频，要求手机横屏录制，MP4 格式，主要内容时长不少于 50 秒。（注：不可拔出灭火器的保险销；视频录制完成后，要将灭火器放回原处）

★六、课程思政实践题

1．仓库火灾模拟报警

湖州盈丰仓储服务有限公司位于湖州市吴兴区新马路 2 号，公司主营第三方仓储，共有 A～F 共计 6 个大型高标仓，每个库区约 3000m^2，其中，D 库位于整个库区的正中，主要存放客户的鞋类产品（包括皮鞋、运动鞋等）。

某天，D 库其他员工已经下班，只剩下库管员小王，他要为叉车充电，在接通电源后，小王刚转身走了几步，突然闻到了橡胶烧焦的味道，循着气味，发现叉车充电器附近一段裸露的电线滋滋地冒着白烟，并伴随明火。小王立刻就近去拿灭火器，待他返回时，产生明火的电线已经引燃附近零散堆放的纸箱，火苗蹿起一人多高，附近两三米的地方堆着刚刚到货的 9 托盘运动鞋，五六米开外就是放满鞋子的整排隔板货架。

小王试着用灭火器灭火，但并没有效果，火反倒越烧越大，纸箱的火花飘散开，引燃了托盘上的运动鞋盒。这时，小王只能拿出手机，拨打了 119。

由一名同学模拟消防部门接警员，另一同学根据上述背景信息，模拟小王的角色拨打报警电话。模拟消防部门接警员的同学需向模拟小王角色同学提出如下几个问题：

（1）这里是 119 火灾报警，请问有什么可以帮你的吗？

（2）请说明火警发生的单位、地点？

（3）什么东西烧了？火势怎么样？

（4）有没有人员被困？

（5）请报姓名和电话？

（6）请至路口等待消防车，并指引消防车去往火场。

2．通过网络查找有关部门公开发布的"××××火灾事故调查报告"，认真阅读，撰写一篇不少于 500 字的心得体会。

项目六 仓储新技术及业务新模式

（可不列入常规教学，主要用于拓展学习和关注行业最新发展）

📖 项目目标

1. 知识目标
（1）熟悉密集仓储、无人仓、冷链仓储的基本概念。
（2）理解仓配一体化、前置仓、云仓、金融仓储的基本概念。
2. 技能目标
（1）能列举密集仓储、无人仓、冷链仓储的若干应用案例，并做简要分析。
（2）能列举仓配一体化、前置仓、云仓、金融仓储的若干实践案例，并做简要分析。
3. 素养目标
（1）具备主动了解行业发展最新动态和发展趋势的意识。
（2）具备一定的创新创业意识。

📖 重点难点分析

1. 重点分析
（1）密集仓储、无人仓、冷链仓储的概念。
（2）仓配一体化、前置仓、云仓、金融仓储的基本概念。
2. 难点分析
（1）对密集仓储、无人仓、冷链仓储等具体应用案例的理解。
（2）对仓配一体化、前置仓、云仓、金融仓储等具体实践案例的理解。

本项目的思维导图

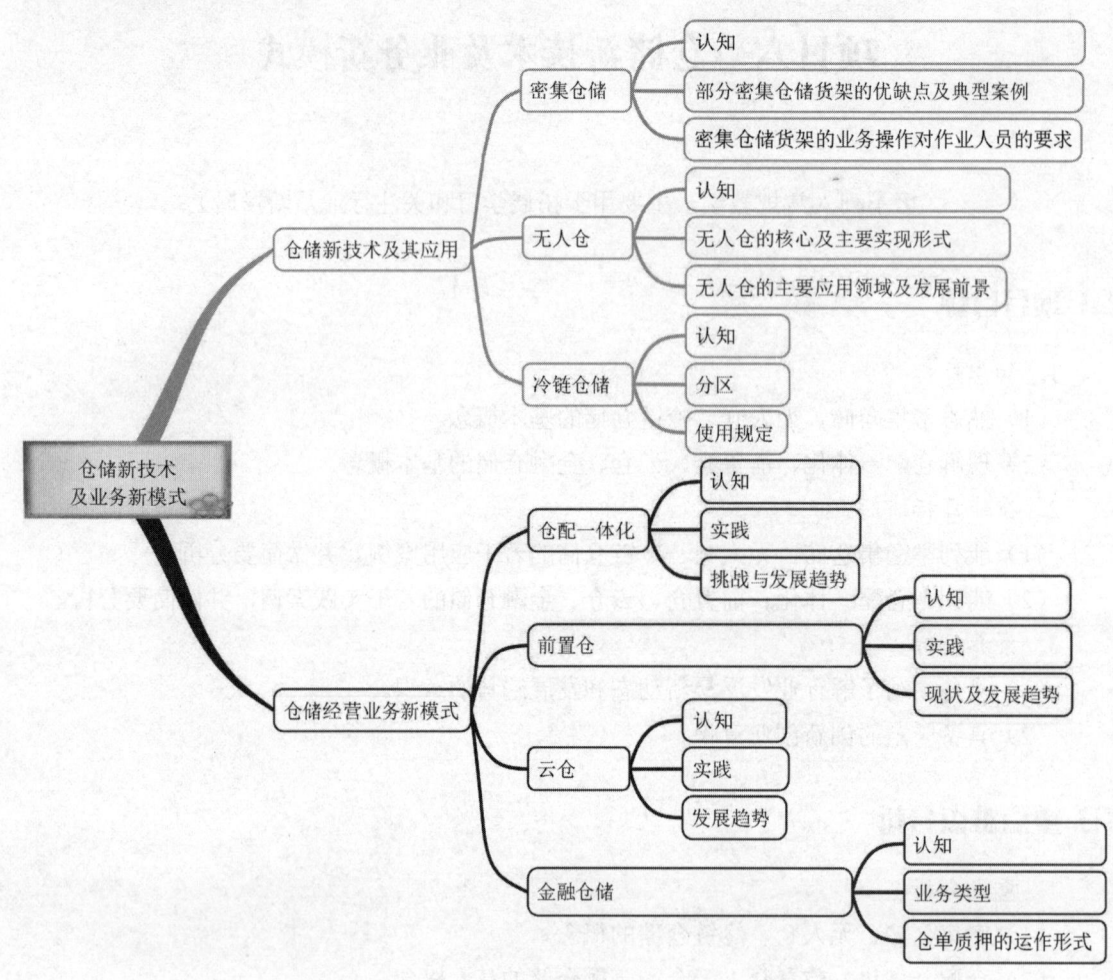

任务一　仓储新技术及其应用

◆ 情境案例

小高所在公司，最近刚刚租得一块仓储用地，租期 20 年，面积不大，仅有 50 亩，但比较靠近市区。考虑到公司所在城市经济发展增长势头良好，城市规模不断扩大，人口增速明显，社会消费品零售总额持续增长，城市配送业务需求旺盛，公司决定筹资在这里建设城市仓配中心。考虑场地面积较小，以及未来一段时间的社会物流需求，仓配中心将建设一幢三层楼，一楼用于收发货、密集仓储，以及一定面积的冷库；二楼用于拆零、拣选、包装等；三楼为托盘平置区。分配给小高的任务是，落实潜在客户，掌握客户需求，使仓配中心在建设之初，就能拥有入驻意向的客户。小高此前听说过密集仓储和冷库，但对于其具体业务运作情况并不清楚，趁此机会，刚好可以好好补足一下专业知识。

◆ 情境分析

密集仓储并不是新事物，只是随着技术的不断发展进步，新的密集仓储技术不断涌现，从而再次引起广泛关注。同时，冷链仓储所使用的冷库也早已有之，只是，在全流程可视化的新要求下，对冷库的信息化程度要求越来越高。小高所在公司新建城市配送中心，面向的是城市消费群体，以及为这一群体提供产品和服务的商家，在土地面积有限、服务水平要求高的情况下，需要综合考虑新技术的应用，以降低成本、提升效益。

通过本任务的学习，你将了解部分密集仓储货架，了解无人仓这一未来的仓库发展趋势，同时，对生活中越来越重要的冷库进行一定程度的了解。今后还可能出现其他仓储新技术，也希望引起大家的关注。

◆ 基础知识

一、密集仓储

（一）密集仓储认知

1. 密集仓储的定义

仓储新技术之密集仓储

密集仓储一般是指利用特殊的存取方式或货架结构，实现货品的连续存储，以达到存储密度最大化。

密集仓储消除了货品托盘或周转箱之间的冗余距离（纵向），压缩了货箱高度方向设备存取的余量（纵向），以及设备穿行存取的空间（横向）。通过三维空间上的紧密压缩，使货架与货品形成了一个密度极高的整体，从而有效提高空间利用率。据测算，仓储面积可节省80%。由于密集仓储可以有效利用仓库空间，最大化仓库的货品仓储能力，因此，主要用于存储货品量大、对仓库库存量的要求高的企业。

2. 密集仓储的特点

（1）存放更多的货品。密集仓储与传统仓储的一个显著区别就是采用了多层货架进行仓储作业，并能够根据货品的体积大小对货架层数进行设置和调整，在相同货架体积情况下能储存更多的货品，可以有效提升仓库的仓储能力。

（2）自动化控制。密集存储型货架结合了互联网技术和智能控制技术，能够实现货品存储的智能控制，省去大量的人力，提升货品仓储效率。

（3）使用灵活。密集仓储采用单体货架组合结构设计，在密集存储货架安装的时候可以根据仓库的大小及高度进行调节，因为每层货架都是相对独立的，所以，可以增加或者减少货架，具体安装方法可结合仓库实际情况来确定。

（4）适用范围广。密集仓储能够根据存储货品的大小进行调节，所以它能够存储货品的类型有很多，例如电子产品、贵重货品、易碎货品等，都能够实现有序高效的存储。

（二）部分密集仓储货架的优缺点及典型案例

1. 驶入式货架

驶入式货架，在行业内称为贯通式货架，如图6-1所示。这是一种典型的传统密集式货架，使用叉车结合人工存取。驶入式货架一般由一头驶入放入货品，而另一头取货。贯通式的货架上可以连续放置7~10个托盘的货品。

（a）贯通式货架模型

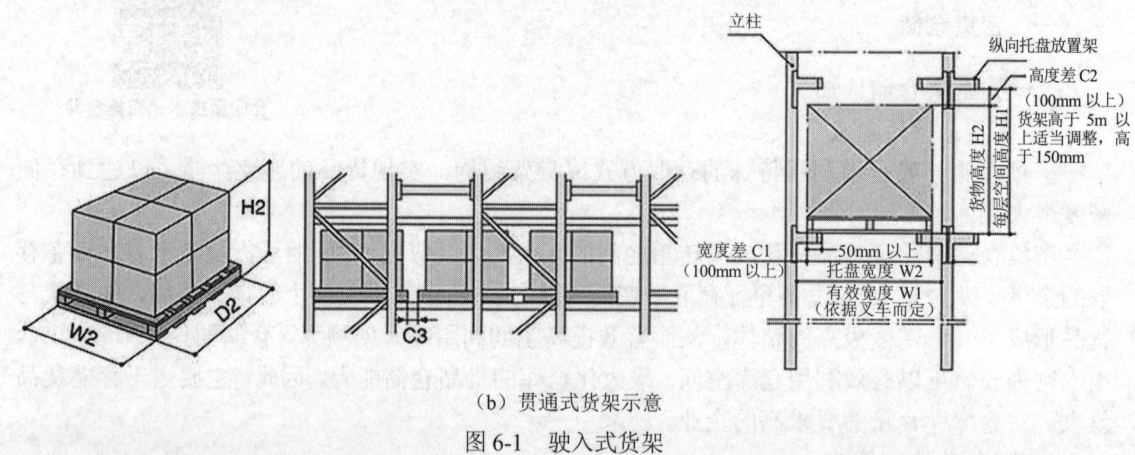

（b）贯通式货架示意

图 6-1　驶入式货架

（1）优点。驶入式货架是目前应用最广泛的密集化仓储货架，其成本最为低廉，结构简单，维护成本低，且能实现很高的存储率，广泛应用于饮料、烟草等行业。

（2）技术难点及缺点。驶入式货架由于缺少横梁构件，导致其结构稳定性较难控制，一般高度不宜超过 10m，高度越大，其稳定性就越差。该类型货架需要精确的计算和合理的选材，才能确保货架的安全性。

（3）案例。中国乳业领军品牌伊利、光明等在中国各地仓库建造了大量的驶入式货架，既实现了大密度的仓储，又节约了大量成本；在烟草行业，常德卷烟厂醇化库、湖南长沙吉首醇化库、上海卷烟厂醇化库也大量使用驶入式货架，很好地实现了预定设计目标。

2. 压入式货架

压入式货架依靠其轨道的运动存取货品，叉车在导轨较低的一端作业，无须进入货架的通道内操作，如图 6-2 所示。

（1）优点。压入式货架的单侧存取特性使其适合作为仓库中的中转暂存区域，也非常适用于仓库空间有限，但又想在小面积内实现密集存储的客户，其典型布置为仓库内靠墙排布，制作 3～4 个深位。压入式货架结构较稳定，且对叉车操作人员的要求较低，能降低误操作撞击货架的概率。

仓储新技术及业务新模式 | 项目六

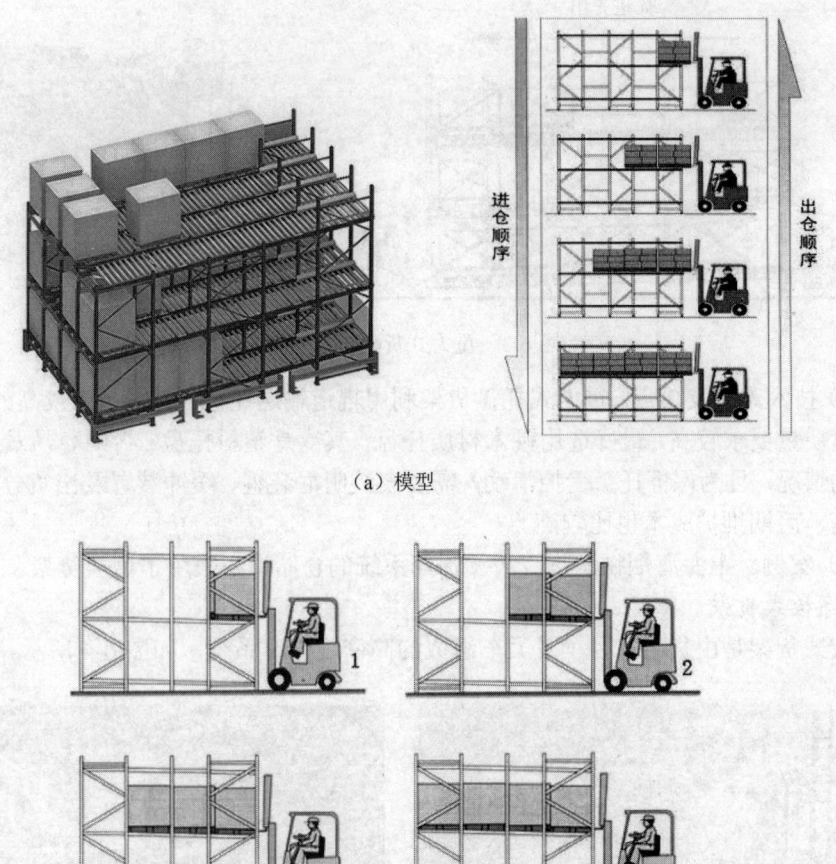

（a）模型

（b）操作

图 6-2　压入式货架的进仓与出仓

（2）技术难点及缺点。压入式货架需要用托盘小车来承载货品，其中涉及不同层次小车之间、小车与导轨之间，以及导轨与货架之间的配合问题，存储深度越大，设计难度越大，对货架制作精度要求越高，成本较高，且受货架结构特点所限，货位深度一般不超过 5 个，存储率在密集化仓储货架中属较低之列。

（3）案例。世界最大的饮料公司之一可口可乐从 2007 年开始使用压入式货架，至今一直将其作为首选；此外，宝洁公司也大规模使用了压入式货架。

3. 重力式托盘货架

重力式托盘货架是依靠货品自身的重力作用让货品移动从而存取货，如图 6-3 所示。重力式货架可以看作是有滚轮的贯通式货架，在有一定倾斜度的通道里面安装有滚轮的设备进行相关操作。这种货架既有贯通式货架的密集存储特点，又有自己的特色。

（1）优点。一是空间使用率很高，能够大规模密集存放货品，由于密集程度很高，减少了通道数量，可有效节约仓库的面积；由普通货架改为重力货架后，仓库面积可节省近 50%。二是非常适用于规格统一、批量大的货品。由于进、出货分别位于货架两侧，故可用于车间内生产线不间断物料供给，也可作为仓储中心出货暂存以及叉车或堆垛机的补货系统。

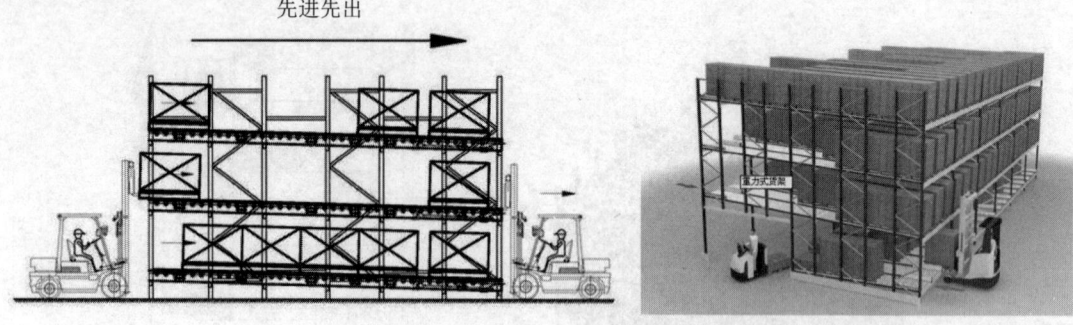

图 6-3 重力式货架作业方式图示

（2）技术难点及缺点。重力式托盘货架利用辊道输送托盘，对辊子有较高的同心度要求，且对托盘质量要求较高，最好选用硬木材质托盘，其次是塑料托盘，否则容易发生托盘卡住难以滑动的情况；且为保证托盘受控滑动，需要安装阻尼装置、缓冲装置及出货分离装置，因此造价较高，后期维护成本也比较高。

（3）案例。上海海烟物流、宝洁及国药系统的仓储中心采用了这类货架。

4. 穿梭式货架

穿梭式货架是由货架、台车及叉车组成的高密度储存系统，如图 6-4 所示。

（a）穿梭式货架模型

（b）穿梭式货架现场

图 6-4 穿梭式货架

（1）优点。穿梭式货架集合了多种密集化仓储货架的优点，比驶入式货架的叉车操作要求低，比压入式货架、重力式货架的存储率高，比移动式货架的效率高。适用范围广泛，没有明显的缺点就是其最大优点。此外，穿梭式货架可以实现货品在货架内的自动运输，适应性良好，多数密集仓储问题都可以解决，且可根据实际情况灵活地选择先进先出或先进后出功能；由于其输送货品实现自动化，非常适用于冷库等极端条件仓库，以减少人员活动，提高人员工作效率及作业安全性。

（2）技术难点及缺点。为保证穿梭车稳定地运行，企业对货架、导轨的精度及地坪均有较高的要求。穿梭车是该系统的核心构件，其品质直接关系到售后费用的高低。该系统投资成本及后续维护成本比较高，需要有专业可靠的服务团队负责维修、维护。

（3）案例。天津大洋冷库大量使用了穿梭式货架，实现了功能性与经济性的良好结合；广州中远物流公司、嘉里物流集团也配备了此种货架，获得了良好的使用效果。

5. 重型移动式货架

重型移动式货架由重型托盘式货架演变而成，开架式结构，仅需设 1~2 个通道，空间利用率极高，货品由叉车进行整托存取，如图 6-5 所示。

（a）重型移动式货架模型　　　　　　　　（b）重型移动式货架现场

图 6-5　重型移动式货架

（1）优点。减少了通道数，使地面使用率达 80%，且存取方便，可先进先出，使用高度可达 12m，单位面积储存量可提升至普通货架的两倍左右。在能实现连续存放货品的密集仓储货架中，移动式货架是唯一能实现任意货位存取的货架类型，故十分适合出入库频率低、存储密度高但库存品种繁多的客户使用。

（2）技术难点及缺点。建造时需要配备导轨、电力系统及电机，成本非常高，且存取货品时需要移动货架方可执行，存取效率比较低，能耗较高，后续使用及维护成本也较高。

（3）案例。森松集团、住友机械、佑康食品等知名企业，均选取了移动式货架，并达到了预期设计要求。

6. 多深位自动化立体货架

多深位自动化立体货架是通过软件、货架、配套设备的搭配，利用计算机程度控制，实现自动化存取货品的一套系统。货架以重型货架为原型，存取货的主要设备是堆高机，再配合流水线等装置，由计算机来实现全程控制，如图 6-6 所示。

图 6-6　多深位自动化立体货架现场

（1）优点。货品存、取全部由计算机控制，实现从入库到出库的全自动作业，效率高，且能最大限度地利用仓库高度，增加存储率；库区内无人工操作，提高工人和货品安全性，并能达到最高的订单精确性。该货架最大的特点在于其复合性，能结合多种密集存储方式，实现多样化的存储可能。未来，随着人力成本的持续增加以及对高效、精确物流的不断追求，多深位自动立体仓库货架必然成为高科技货架的发展方向。

（2）技术难点及缺点。该货架对制造精度、制造工艺及系统集成的能力提出了很高的要求，受这些技术条件的制约，该货架的制造成本和运维成本都较高。

【资料6-1】不同类型密集货架的比较

（三）密集仓储货架的业务操作对作业人员的要求

1. **专业技能与知识要求**

（1）熟悉货架结构与特性。作业人员应深入了解所操作货架的类型、结构特点、承载能力及工作原理，以便正确、安全地进行操作。

（2）掌握操作技能。作业人员需熟悉如何利用重力作用使托盘自动滑动，掌握穿梭车的遥控操作技巧，确保货物准确存放和取出；了解自动化设备的操作界面和流程，能够按照系统指令进行操作。

2. **安全操作要求**

（1）遵守安全规程。作业人员必须严格遵守密集货架安全操作规程，包括但不限于货架检查、货物摆放、设备操作等方面的安全要求。在操作过程中，应佩戴好个人防护装备，如安全帽、防护鞋等，确保人身安全。

（2）防止货物损坏与事故。使用叉车等辅助设备时，应确保设备状态良好，操作规范，避免对货架造成碰撞或损伤。

（3）应急处理。作业人员应了解密集货架故障的应急处理措施，如遇到货架倾斜、货物卡住等紧急情况，能够迅速采取有效措施进行处置。

3. **作业效率与准确性要求**

（1）提高作业效率。作业人员应熟练掌握操作技巧，合理规划作业路线，减少空驶和等待时间，提高作业效率。

（2）保证作业准确性。在进行货物存取时，应仔细核对货物信息，确保货物的准确存放和取出。对于多深位自动立体货架等自动化设备，作业人员需准确输入系统指令，避免误操作导致货物存取错误。

4. **维护与保养要求**

（1）定期检查与维护。作业人员应定期对货架进行检查和维护，包括货架结构、连接部位、滑道、滚轮等关键部位的检查和保养工作，确保货架的完好性和稳定性。

（2）保持货架清洁。作业人员应保持货架及周围环境的清洁整洁，避免杂物堆积和灰尘积累影响货架的使用效果和安全性。

二、无人仓

（一）无人仓认知

仓储新技术之无人仓

无人仓是指货品从入库、上架、拣选、补货，到包装、检验、出库等仓储作业流程全部实现无人化操作，是高度自动化、智能化的仓库。

随着机器人、自动化设备技术的提升，大数据技术、人工智能和运筹学相关算法的应用，在需求、技术、资本的多方促进下，我国无人仓技术发展迅速，应用逐步落地，未来市场前景广阔。无人仓不是为了"无人"而不要人，也不是完全淘汰人工，而是设备的作业效率大大超越人工所能达到的效率，进而把人工从重复体力劳动与简单脑力劳动中解放出来，以扮演更有创造性和挑战性的角色，如技术创新、策略规划、业务监督及协调、维护智能仓储装备机器的正常运作等，这将对从业人员的素质和技能提出更高的要求。

（二）无人仓的核心及主要实现形式

1. 无人仓主要构成及核心技术

无人仓的目标是实现仓库作业流程的无人化操作，这就需要具备自主识别货品、追踪货品流动、自主指挥设备执行生产任务、无须人工干预等条件；此外还要有一个"智慧大脑"，针对无数传感器感知的海量数据进行分析、精准预测、自主决策后协调智能设备的运转，根据任务执行反馈的信息及时调整策略，形成对作业的闭环控制，即具备智能感知、实时分析、精准预测、自主决策、自动控制、自主学习的特征。无人仓的构成包括硬件与软件两大部分。

（1）硬件部分。存储、搬运、拣选、包装等环节有各类自动化仓储设备，其中，存储设备的典型代表是自动化立体库，搬运典型设备有输送线、AGV、穿梭车、类Kiva机器人、无人叉车等，拣选典型设备有机械臂、分拣机等，包装典型设备有自动称重复核机、自动包装机、自动贴标机等。

（2）软件部分。软件部分包括仓储管理系统（Warehouse Manager System，WMS）和仓储控制系统（Warehouse Control System，WCS）。

1）WMS。时刻协调存储、调拨货品、拣选、包装等各个业务环节，根据不同仓库节点的业务繁忙程度动态调整业务的波次和业务执行顺序，并把需要做的动作指令发送给WCS，使整个仓库高效运行。此外，WMS记录着货品出入库的所有信息流、数据流，知晓货品的位置和状态，确保库存准确。

2）WCS。接收WMS的指令，调度仓库设备完成业务动作。WCS需要支持并灵活对接仓库各种类型、各种厂家的设备，并能计算出最优执行动作，例如计算机器人最短行驶路径、均衡设备动作流量等，以此来支持仓库设备的高效运行。WCS的另一个功能是时刻对现场设备的运行状态进行监控，出现问题立即报警提示维护人员。

此外，支撑WMS、WCS进行决策，让自动化设备有条不紊地运转，代替人工进行各类操作（如行走、抓放货品等），背后依赖的是智慧大脑，运用人工智能、大数据、运筹学等相关算法和技术，实现作业流、数据流和控制流的协同。智慧大脑既是数据中心，也是监控中心、决策中心和控制中心，从整体上对全局进行调配和统筹安排，最大化设备的运行效率，充分发挥设备的集群效应。

总之，无人仓是在整合仓库业务、设备选型定制化、软件系统定制化前提下实现仓库作业无人化的结果。理论上来说，仓库内的每个业务动作都可以用机器替代人工，关键是要在较低成本的前提下，把所有不同业务节点的设备连通，形成一套完整高效的无人仓解决方案。

2. 无人仓的主要实现形式

虽然无人仓代表了仓储技术的发展趋势，但真正实现仓储作业全流程无人化并不容易，从仓储作业环节来看，当前无人仓的主要实现形式如下两种。

（1）自动化存储。卸货机械臂抓取货品投送到自动输送线，货品被自动输送机送到机械臂码垛位置，自动码垛后，系统调度无人叉车送至立体库入口，由堆垛机储存到立体库中。需要补货到拣选区域时，系统调度堆垛机从立体库取出货品，送到出库口，再由无人叉车搬运货品到拣选区域。

（2）机器人拣选。类 Kiva 机器人拣选，这种方案完全省去补货、拣货过程中员工的行走动作，由机器人搬运货品到指定位置，作业人员只需要在补货、拣选工作站根据电子标签灯光显示屏指示完成动作，省人、效率高、出错少。类 Kiva 机器人方案又分"订单到人"和"货到人"两种模式。

3. 无人仓的实现难点

目前，在仓储、分拣、集货、输送环节都有了比较好的无人仓解决方案，但是在拆零拣选及包装环节，虽有不少自动化方案，却无法突破复杂场景的限制，还主要依靠人工进行相应的操作，这也是无人仓技术的突破难点。比如，对于电商行业来说，实现数万个品种货品的自动识别就是难题之一，目前国内外的技术尚不能通过单一的方法，而是需要通过综合的解决方案来实现，但是这样成本会很高；另外，数十台 AGV 的调度相对容易，但是成百上千台 AGV 的调度就非常复杂了，既要保障 AGV 间互不影响，还要考虑订单时效，计算量和复杂度都是呈指数级增长的。无人仓是一个包含多个子系统的复杂工程，需要各参与方密切配合、高效协同，才能实现仓储系统的有机集成和逐步优化。以下两大方面亟须更进一步的突破和发展：

（1）规划与硬件方面。无人仓的规划，需要在一定的建筑面积下达到产出最大化，如果设备的各项主要指标能够得到进一步提升，无人仓的坪效和人效（人力资源的投入产出比）将会有相应的提升。坪效是评价一个仓库单位面积处理订单的能力的指标，所谓坪效是指每日订单量（S）与仓库总面积（A）的比值，公式为：

$$坪效（F）=每日订单量（S）/仓库总面积（A）$$

1）电池。容量和充电速度的提升可以使仓储设备的有效工作时间延长，一方面减少设备的使用数量，降低成本，另一方面让处于工作状态的设备增多，提升坪效。

2）驱动。设备速度和加速度的提升、电池能量更有效的利用，都可以提升设备的搬运效率和续航能力，对空间和人工的有效利用率都有很大的提升。

3）网络设备。提升网络通信设备的覆盖范围和深度可以减少 AGV 在不同网络设备间切换的频次，减少设备的通信延迟、失位等故障，从而提升人效。

（2）技术方面。无人仓融合了物联网、人工智能、大数据等新技术，是数字化、网络化、自动化背景下的资源协同作业平台，是算法智能决策驱动下的实时自治系统。

1）人机协同。人和设备完美结合的背后是各类资源的数据化，以及设备调度系统的智能决策算法。

2）集群处理。无人仓里的每个设备都不是孤立的，而是不断产生各类数据，并及时响应外界指令，同时具备自我感知和智能决策能力的设备集群。

3）异常响应。每台设备都有出现故障的时候，设备间的配合更是如此，系统层面要判定并解决各类预知和未知的异常场景，并智能做出合适决策进行异常隔离，以确保系统的整体运行顺畅。

（三）无人仓的主要应用领域及发展前景

随着各类自动化仓储设备的快速普及应用，机器代人的成本越来越低，各行各业对于无人仓的需求越来越强烈。

1. 主要应用领域

（1）劳动密集型且生产波动比较明显的行业。如电商仓储，对作业时效性要求不断提高，受限于企业用工成本的上升，尤其是临时用工的难度加大，采用无人技术能够有效提高作业效率，降低企业整体成本。

【资料6-2】电商行业无人仓发展状况

（2）劳动强度比较大或劳动环境恶劣的行业。如港口物流、化工企业，引入无人技术能够有效降低操作风险，提高作业安全性。

（3）仓储用地成本相对较高的企业。如城市中心地带的快消品仓储中心，采用密集型自动存储技术能够有效提高土地利用率，降低仓储成本。

（4）作业流程标准化程度较高的行业。如烟草、汽配行业，标准化的产品更易于衔接标准化的仓储作业流程，实现自动化作业。

（5）对于管理精细化要求相对较高的行业。如医药行业、精密仪器，可以通过软件+硬件的严格管控，实现更加精准的库存管理。

2. 无人仓发展趋势及前景

众所周知，我国物流成本占GDP（国内生产总值）的比重还很高，仓储节点的产能、运转效率都有很大提升空间，无论是企业还是个人，对于仓储服务水平提升的需求将是长期持续的，无人仓在高效率、省人力、降成本等方面都显示出优势，是仓储技术领域一个很好的发展方向，市场前景广阔。当然，无人仓市场的良性发展离不开相关政策的引导与行业的规范，也离不开技术的不断创新升级。未来，有以下几个趋势值得关注：

（1）无人仓的发展会推动商业模式的创新，给资本市场、技术市场带来一个有活力的新领域，为新技术的研发与应用提供了土壤，市场将更加细分。

（2）无人仓将从电商行业向其他行业延伸，应用在处理海量订单的电商仓储中心的机器人作业系统也会出现在供应链上下游的各个场景，对于加速传统行业仓储理念的革新、人才梯队的建设、产业升级转型有一定推动作用。

（3）人工智能、大数据、运筹学等领域的技术将在无人仓得到更广泛的应用，新的更复杂多样的解决方案将不断涌现。

【实例 6-1】京东首次公布无人仓的世界级标准

三、冷链仓储

（一）冷链仓储认知

1. 冷库

仓储新技术之冷链仓储

《冷库设计标准》（GB 50072—2021）中，冷库（Cold Store）的定义是："采用人工制冷降温并具有保冷功能的仓储建筑，包括库房、制冷机房、变配电间等。"

冷库是整个冷链的核心节点，事关冷链的品质与效率，是冷链仓储中的重要基础设施，主要存在于冷链链条的原产地节点、中转地节点和销地节点。

冷库多应用于对食品、生鲜、医药、化工等物品的恒温恒湿储藏。

2. 冷链仓储

冷链仓储是利用温控设施创造适宜的温湿度环境，并对货品实施存储与保管的行为，只有让货品处于规定的最佳温湿度环境，才能保证存储货品的品质和性能，防止变质、减少损耗。

冷链仓储也是一个以冷冻工艺学为基础、以制冷技术为手段的低温仓储过程。对冷链仓储过程的控制不够准确的话，将会导致货品品质降低，以及组织结构上的改变、颜色的改变、碰撞挤压中的损伤、微生物的繁殖等。因此，需要完善冷链仓储过程中的包装与存储形式、储运与管理手段、温湿度记录仪或监控系统、冷链数据管理平台等高效运营模式，有效改善和优化冷链仓储管理流程并使之符合相关法规与标准，使企业在营运成本和质量控制间找到最佳的平衡点，以充分保障货品品质，为客户创造持续的价值增长。

3. 冷链仓储单元化与标准化

冷链仓储系统主要包含托盘、保温箱等单元器具，各类货架、搬运设备、温湿度监控系统与管理信息系统等。规范冷链仓储的装载单元、集成单元，包括货架的包装单元尺寸、托板尺寸和其他配套设施，是确定整个冷链标准的基础。

冷链仓储对存储设备、存储环境的要求很高，在对冷链仓储系统进行规划设计时，冷链仓储的装载单元、集成单元的标准化、定制化直接关联到所有冷链对接设施的技术尺寸，是冷链仓储设施进行设计规划的基础技术数据来源之一，直接影响仓储系统解决方案的确立、规划设计与优化、存储设备库容量及其搬运设备的运行效率。

4. 冷链仓储环境下的控制要素

冷链仓储环境下的控制要素包含产品特性、冷链仓储设备、处理工艺和作业管理等方面。

（1）产品特性。产品特性包括原料品质和耐藏性等。不同原料存储温度条件、冷却方法和单元包装要求等都会有差异。冷藏产品的品质变化主要取决于温度控制及温度的可变化范围，存储货品的温度影响，甚至存储货品表面温度与内在温度间的温度梯度也会对其品质产生影响。有资料表明，在常温中暴露1小时的食品，其质量损失可能相当于在-20℃下贮存半年的质量损失量。

（2）仓储设备。仓储设备包括冷链仓储设备的数量、质量及其在仓库内的布局、温湿度监控系统，管理运营平台、低温环境和保鲜储运工具等。针对冷藏冷冻手段与工艺选择适合的冷链仓储设备，以确保冷链仓储环境符合环境温度、湿度、气体成分、卫生等要求。

（3）处理工艺。处理工艺包括冷链仓储的工艺水平、包装条件和清洁卫生程度等。

（4）人为条件。人为条件包括管理模式、仓储作业和对食品的爱护等。

（5）冷藏或冷冻效果。冷藏或冷冻效果包括存储货品的生化特性、冷却方法和冷藏工艺条件等，如采用人工调节冷链仓储环境下的氧气和二氧化碳的比例，以延缓新鲜制品的生理作用及生化反应的速度，延长存储货品的货架期。

上述几种要素中，有些因素是互相影响的，如冷链仓储设备条件对处理工艺、管理和作业过程均有直接影响。

（二）冷链仓库的分区

1. 恒温区（10～22℃）

恒温区适合存储酒类、饮料类、普通食品、药品、电子产品。夏天如果不开空调，室内温度普遍在30℃左右，在如此高温下，药品仓库中药物就会变质、失去药效。药品应按药品说明书上的要求储藏放置，有些要求冷藏的药品应放在冷库里储存。

2. 保鲜区（0～5℃）

保鲜区适合存储果蔬、鲜花、种子、鲜肉、鱼、禽、蛋。种子萌发时温度要求是在最高温度和最低温度之间的范围，超出这个范围都会使酶失去催化能力，从而使种子失去萌发力。在此温度范围内有一个最合适温度是种子萌发的最理想条件，在这个温度条件下酶的活动力最强，催化能力也就最强。

3. 低温区（-10～-5℃）

低温区适合存储低温疫苗、乳制品等。存储鲜牛奶等乳制品的冷库温度一般要求保持在-2～5℃的环境中，以防止鲜奶中的微生物"活跃"起来。我国对乳制品保鲜冷库通常采用蒸发温度。蒸发温度与仓库温度之差一般为10℃，乳制品保鲜冷库的蒸发温度一般设计为-10～10℃。

4. 冷冻区

（1）-20～-18℃。适用于冻肉、水产品的存储。肉经过冷却后（0℃以上）只能做短期贮藏，而要做长期贮藏，就需要对肉进行冻结，使肉的温度从0～4℃降低至-8℃，通常为-18～-15℃。肉中80%以上水分冻成冰晶的过程叫作肉的冻结。

（2）-30～-25℃。为保证雪糕的品质和口感，存储在-30～-25℃是最佳温度。冰激凌要在-25℃以下的条件下保存，保存期为一年。

（3）-45℃以下。适合存储三文鱼、金枪鱼、医疗药品、疫苗等，其中金枪鱼需要-60℃的存储条件。

总体而言，食品一般适合存储在-20～-10℃。当温度降至-15℃以下，食品冻结率较高，微生物和酶类基本上停止活动、生长，氧化作用也非常缓慢。所以食品可以贮存较长时间，并有较好的冷藏质量。

（三）冷链仓库的使用规定

冷库结构复杂，技术性强，冷库的使用、维修、管理，必须严格按照规则进行，认真执行国家颁布的有关标准和法规，做到安全、卫生、低消耗。

国家标准《冷库设计标准》（GB 50072—2021）提出了冷库设计的技术要求，主要用于指导冷库设计、满足食品冷藏技术和卫生要求，达到经济合理、节能环保、安全可靠的目的。国家标准《冷库管理规范》（GB/T 30134—2013）从术语和定义、基本要求、冷库运行管理、食品贮存管理、冷库安全管理设施、冷库建筑维护等六个方面提出有关标准和要求，这也成为冷库管理的标准范例，企业可以参照此标准制定有关工作细则。

【实例6-2】某食品加工企业冷库使用管理规定

任务二　仓储经营业务新模式

◆ **情境案例**

带着公司布置的任务，经过一段时间的客户走访调研，小高发现市场上出现了许多新的仓储业务模式，其中的仓配一体化正是公司新建的城市仓配中心的主营业务模式，目前已经有了一些意向客户；而另外的前置仓和云仓业务模式或许会对公司的城市仓配业务产生一定影响，但也不能绝对避免这样的竞争；另外就是金融仓储，据说利润比较高，只是风险也挺大，不知道公司是否有兴趣。小高拟了一份侧重于仓配一体化业务模式的调研报告，请市场部主管指导。两天后，市场部主管反馈：缺乏行业针对性、业务模式不清晰、利润预期不明确，要求小高再做深入调研，同时，进一步明确客户的具体业务要求。小高不得不再对调研报告进行完善。

◆ **情境分析**

业务模式也称为商业模式或经营策略，描述了一个企业创造价值并获取利润的方式。业务模式是企业所采取的独特的、行之有效的产品或者服务提供方式，能有效满足特定顾客的需求，构成企业竞争优势的核心。小高面临的正是这样的问题，只是业务模式聚焦于"仓配一体化"。近几年，仓储业务新模式不断涌现，打开了社会经济发展对于仓储服务需求的闸门，但新模式的出现也带来了一些新问题，需要在具体实践中努力解决。

通过本任务的学习，你可以了解仓配一体化、前置仓、云仓、金融仓储等仓储业务新模式，同时，建议日常多关注仓储行业的发展，使自己始终站在仓储行业发展的前沿。

◆ **基础知识**

一、仓配一体化

（一）仓配一体化认知

1. 仓配一体化的基本概念

仓配一体化是"仓储+配送"的整合，区别于单纯的仓储、运输和配送。从狭义模式讲，仓配一体化并不是新生事物，20 世纪 90 年代兴起的合同制物流和综合物流服务也是"仓"和"配"一体的，只不过其核心业务是围绕 B2B 物流开展的，主要服务环节为产品下线后到经销商或零售商仓库之间的物流，完成仓储管理、干线发运及配送。

仓配一体化最核心的是要构建仓配一体化服务网络。简单地说，有仓库给客户存储，有车随时配送，有系统可供客户了解整个过程。良好的仓配一体化服务质量依赖于每一个环节。

从供应链管理的角度讲，良好的服务只是基础，随着仓配规模的扩大，仓配一体化的供应链管控能力成为企业构建仓配一体化服务网络的核心竞争力。要实现仓配一体化的全供应链管控，就需要仓储信息透明化，也就是需要依靠供应链管理平台。

在电子商务快速发展的驱动下，当前的仓配一体化是"仓储服务+配送服务+技术支持+售后服务+增值服务"组合在一起的一站式物流服务。

总的来说，仓配一体化是以降低仓储及配送成本、提升服务水平为目的，通过整合、优化仓储及配送服务，与合作企业共同完善物流服务的一种业务模式。从行业发展和企业实践来看，仓配一体化的运作模式将向着高度信息化、高度自动化、高度协同化、高度智能化的方向发展，仓储将成为新的价值中心。

【实例 6-3】海澜之家华东区域的仓配一体化

2. 仓配一体化的优势

仓配一体化通过合理的网点布局，使每个地点享受到同等服务，方便客户企业做出多种选择；专业的仓库管理系统，同时处理种类繁多的大量货品，并能对接客户平台，让客户实时关注库存信息，方便补货；大批量业务的处理和集中配送能降低运输成本；专业化的内部管理提升作业效率；基于大数据的分析和预测，能有效处理季节性生产所存在的货品淡、旺季存储问题，从而提高设备与空间的利用率。

（二）仓配一体化的实践

1. 基本模式

仓配一体化的基本模式是将收货、仓储、包装、分拣、配送等功能集成起来，由一家企业主导完成，服务贯穿整个供应链的始终。比起各环节分离的物流模式，这种模式简化了货品流通过程中的仓储环节，缩短了配送周期，提高了仓储效率，促使整个业务流程无缝对接，如图 6-7 所示。通过系统对接，实现货品的实时追踪与定位，减少仓储作业差错率。同时，货品周转环节的减少，势必降低仓储费用，降低货品破损率，可以根据供应链的性质和需求定制化服务流程。

2. 仓配一体化与合同制物流

合同制物流模式并未过时，经过多年的实践，其服务范围不仅仅限于货品装卸、运输、仓储业务，还参与到客户企业的订货、生产、库存管理、销售等整个生产经营过程，只是在资产价格飞涨、信息日益对称的环境下，非资产型、管理型的运作模式在市场上受到上挤下压，使 B2B 领域的物流业务不断萎缩，业务规模一直发展不起来。

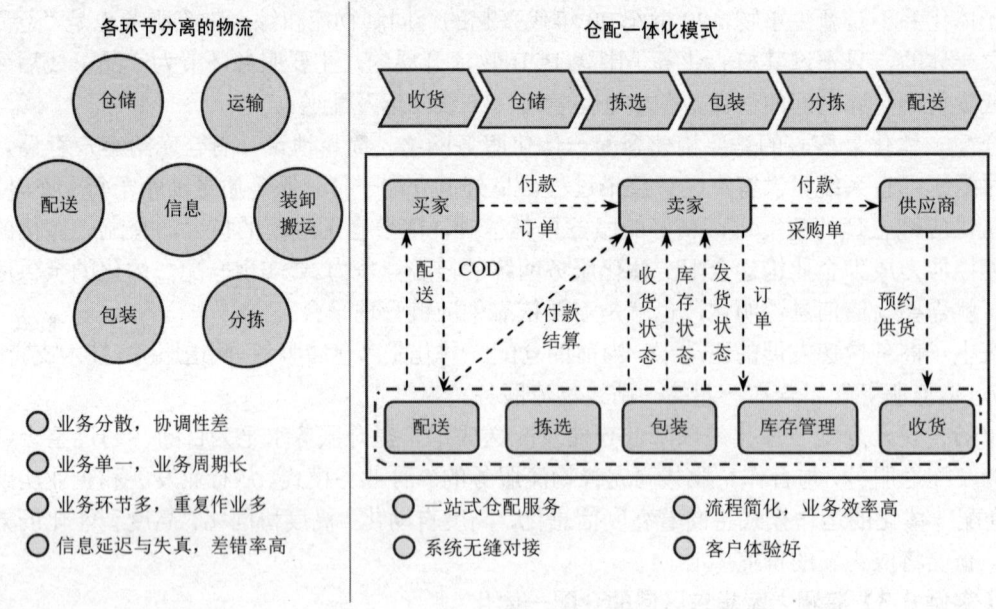

图 6-7　各环节分离的物流模式与仓配一体化对比

与合同制物流公司相比,快递企业、电商物流企业坚持资产型投入,物流网点数成千上万,配送队伍数动辄达到数万、数十万人,网络覆盖能力更强,为实现全国范围内的仓配一体服务打下了坚实的基础,支持批量更小、频次更高的物流,既可服务企业客户 B2B 的大批量物流,还可实现面向终端客户 B2C 领域的包裹级仓储、分拣、配送等,业务兼容性强,反应灵敏。在电商业务高速发展的今天,越来越多的物流包裹由合同制物流公司流向京东、苏宁等电商物流企业与邮政、顺丰、"三通一达"(圆通、中通、申通、韵达)等快递企业,如图 6-8 所示。

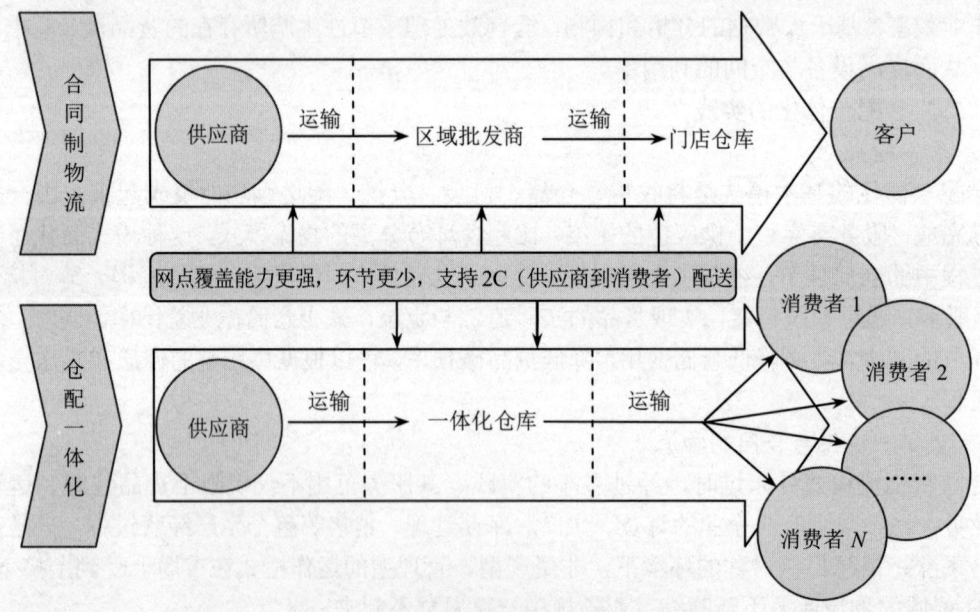

图 6-8　合同制物流模式与仓配一体化对比

3. 新型的仓配一体化模式

新型的仓配一体化能够提供的增值服务是通过物流企业掌握的大数据为客户提供销售预测，提前做好库存调配，一点入仓，发运全国，货品贴近销售地，从而以更快的速度满足客户订单需求。仓配体系不仅要根据销售大数据进行库存分布，还需要有很强的自动化订单履行能力，主动以货主为单位对全渠道库存分布进行自动调拨，对库存进行集中和优化，并拉动上游供应链的补货。供应链整体设计、物流解决方案的制定能力已成为仓配一体化企业争取客户的增值服务。表 6-1 为具有代表性的仓配一体化解决方案。

表 6-1 代表性仓配一体化解决方案

供应链设计 （流程、系统设计）	专业仓储服务 （收货、上架）	库内一站式服务 （分拣、包装）	配送服务 （全程可视化配送）	后续服务 （退货、投诉等）
·销售数据分析与库存网络布局	·ASN（发货清单）与产品属性维护	·波次运行、订单及运单打印	·转运与配送路径优化	·退货前端协调
·定义货品形态与物流需求特性	·自动货位与人工货位有机结合	·按集合单进行货品拣选	·装车与配载管理	·退货入库系统操作与实物交接即时客服响应
·包装要求/耗材准备	·货品上架与实施库存状态更新	·打包与包装作业	·配送状态实时监控	·投诉跟进处理
·流程与系统设计	·库存调整与补货	·运输任务安排与车辆调度	·收款与回单管理	·库内数据更新
·系统接口对接、开发测试	·收货异常处理	·系统物流状态自动反馈	·交接后系统状态更新	·错漏发核实
·退货及异常流程设计	·库存盘点 ·预包装或货品组装	·异常处理	·投诉与异常处理	

这种解决方案的提供者，几乎是 2PL 提供商（设施能力提供商）与 3PL（物流运作管理方）的结合，既需要仓储、运输、配送等密集网络服务能力，也要有很强的定价能力。此类公司的营运建立在一定业务规模的基础之上，还需要具备提供客户所需要的市场、客户等销售数据的能力，能够提供供应链管理能力的设计，通过数据共享、系统整合，在信息上获取附加值。

【实例 6-4】某公司对仓配一体化服务的收费标准

（三）仓配一体化面临的挑战与发展趋势

1. 仓配一体化面临的挑战

随着仓配一体化服务模式的价值被逐步发现，各类型仓储企业与看好这一市场的新进入者纷纷进军仓配一体化服务领域，形成了多方努力、交叉竞争的新仓储行业局面。不同类型的企业在市场发力过程中面临着不同的困难和挑战。

（1）合同制第三方仓储企业。最大的瓶颈是仓库网点和配送能力的局限，目前尚无法完全覆盖到地市一级，更别提县市区级，同时，要进入 B2C 仓配业务领域障碍重重。此外，除汽车、医药等专业领域外，传统的 B2B 业务空间和毛利都受到较大挤压，目前还能保持

"城池不失"的主要是有基础设施保障的大型仓储企业，轻资产经营模式仍需面对市场的进一步考验。

（2）快递企业。快递企业网点资源丰富，配送队伍可谓"兵强马壮"，顺丰、三通一达等企业均具有90%以上的县级配送覆盖能力，但从擅长的揽件、转运、配送业务转向仓配一体、库存管理，首先面临的是缺乏优质高效的仓库资源。其大部分仓库层高低、仓储作业自动化程度低，人效、坪效和拣配差错率与专业仓储公司相比还有较大差距。其次，仓储管理系统（WMS）缺乏货品、库存、作业调度等功能，无法有效满足客户对仓库运营管理的综合要求，多数网点所采用的订单管理系统（OMS）虽能与客户信息系统实现对接，但功能仅停留在订单对接层面，离平台化的目标仍有差距。

（3）电商平台物流企业。开放物流平台的电商企业在业务形态、系统对接和仓配能力方面无疑占据绝对优势，仓库网点多、库存分布广、离客户近、终端市场消费数据完善；其目前面临的最大挑战是强大、高效的仓库间的干线运输体系，与快递公司动辄上万辆的车队相比，更多依赖于车队外包，在补货频次、批量的灵活性以及干线运输成本方面处于劣势。为此，这类企业更多的做法是提前铺货，加大运输批量，但这在无形中增加了客户成本。

2. 仓配一体化的发展趋势与影响因素

仓配一体化的出现，是互联网技术、物联网技术发展和商业模式创新的结果，因此未来发展规模、速度也与其有必然的关系。

（1）网络和服务能力。包括各类中心仓、卫星仓的布局和开仓能力，干线运输调拨能力及柔性，服务标准和服务质量等。未来，不仅要发展仓库建设，更需要增强连通能力，其中，干线运输调拨能力及柔性尤为关键。

（2）供应链设计能力。需要着力构建对不同行业供应链的掌控与设计能力、客户大数据分析能力，提高销售预测模型精准程度等。

（3）仓储设施与技术应用能力。物流园区与仓储设施的新建和改造水平以及自动化仓储技术的研发和方案定制能力，带来不同的运行成本和服务水平，针对不同行业、企业的需求，需要有定制开发、设计能力。

（4）综合IT能力。综合IT能力包括信息系统的建设能力，OMS、WMS、TMS的建设能力，其中支持多种销售平台管理、为客户提供仓储配送透明化服务、提供Open API开放的数据接口的OMS尤为重要。

二、前置仓

（一）前置仓认知

1. 前置仓的产生

仓储业务新模式之前置仓

前置仓是电商企业为了满足配送时效性要求，在更靠近消费者的地方设置的小型仓库。之后，随着新零售的发展，到家服务快速兴起，各类企业都开始了相关业务探索。特别是生鲜电商企业希望离消费者越来越近，前置仓得到垂直电商、社区团购、"超市+餐饮"等新物种的青睐。盒马鲜生、妙生活、天天果园、每日优鲜、U掌柜等都曾经或者当下在使用这个模式。

前置仓模式的出现，是由于随着生活水平的提高及大城市生活节奏的加快，人们希望生活"既快又好"，希望在采购的时间成本和货品性价比中间找到最佳结合点。

前置仓追求的就是大店的规模化和小店的便利性的结合，是大和小之外的第三条道路，既近而全，又有一定品质，这几乎就是"新零售"的终极目标。

目前行业内并没有对前置仓的概念作出统一的定义，比较明确的是，前置仓是另一种意义的仓配一体化模式，它使每个门店都成为一个中小型的仓储配送中心，这使总部中央大仓只需对门店供货，就能够覆盖最后一公里。

2. 前置仓的优势与劣势

（1）前置仓的优势。前置仓是在离消费者较近的地方，可能是在某个办公楼，或者某个社区里，设置一个小型的仓库，用户下单，就从最近的仓库发货，也就是附近的零售店发货，1~2个小时就能送到用户手中。不管是订单响应的速度还是配送的成本，相比来讲，前置仓模式都具有很大的优势。

（2）前置仓的劣势。主要表现在两个方面。

1）前置仓的运营成本高。前置仓需要一定的网络密度，且前置仓的仓储体系往往是自建，因此前期投入较大，但值得注意的是，广泛布局的前置仓并不必然带来营业收入的增长。

2）前置仓的运营难度大。不同城市或者同一城市不同区域的消费者结构差异较大，前置仓如何选址、怎样铺货等都需要大量的业务数据作为基础并不断优化。而客户订单较为碎片化、多样化，且具有很大的不确定性，由此可能产生较大的货品损耗，特别是生鲜食品的损耗。

（二）前置仓的实践

公开资料显示，每日优鲜是较早涉足前置仓领域的生鲜电商，与之相似的还有叮咚买菜、朴朴超市等，也是通过在社区自建前置仓，以最快的速度将货品送达消费者。不过，它们在仓储体系构建上又稍有差别，如每日优鲜采用"城市分选中心+社区微仓"的模式，叮咚买菜采用"城批采购+社区前置仓"的模式。

除了电商特别是生鲜电商在积极布局前置仓以外，永辉、沃尔玛等传统商超，超级物种、盒马鲜生等也是前置仓模式的代表，物流公司中包括顺丰、直通仓（城配）等在内也在积极尝试和布局。与每日优鲜等主营线上的模式不同，这几类商业主体将线下门店延伸出仓的功能，线上线下相互引流，以店为仓，仓店一体。正是因为要同时兼顾线上和线下，这类前置仓模式货品的管理难度明显更大，对信息系统的要求更高，除了需要有销售功能，还需要有库存管理功能。但是相对而言，其货品种类更加丰富，客户引流方面也更具优势。

从这些企业的尝试来看，无论是传统超市、生鲜电商还是重构线下超市的新零售业态，以及电商平台布局的前置仓，其目的都是更快地满足消费者的需求，同时促进商家业务的增长。可以说，前置仓是为了提升服务能力、满足更快的物流需求而诞生的。

（三）前置仓运营现状及发展趋势

1. 前置仓的运营现状

（1）前置仓的服务时效。前置仓的主要功能是快速满足消费者的收货需求，因此，从服务时效上来看，往往需要提供不超过1小时的分钟级配送服务，部分电商、生鲜商家等甚至承诺在30分钟内送达消费者。

（2）前置仓的覆盖范围。为了满足分钟级的配送目标，从覆盖范围上来看，前置仓的服务半径通常约3~5千米，其中主流电商及永辉超市等多以3千米为服务半径，但是也有部分企业为了追求更大的覆盖密度，将服务半径缩半至1.5千米，如来自福建本土、已进入大众视线的朴朴超市（原属于永辉超市供应链）。

（3）前置仓的面积规模。由于一个城市内需要高密度布局多个前置仓，从而覆盖不同的区域，且前置仓大都以门店为基础，因此绝大部分前置仓规模不大，通常为 300~500m²。

（4）前置仓的 SKU 数量。由于大部分前置仓面积不大，所陈列货品 SKU 有限；即便是 SKU 量巨大的线下大卖场，其在线上提供给消费者的货品并非全部，而是通过大数据分析等选择热销货品在线上展示，总体来看，前置仓运营的 SKU 数量在 1000~2000 个，少数在 3000 个以上。

2. 前置仓的发展趋势

从公开资料看，目前前置仓实现盈利较为困难，但是行业仍看好其发展前景。有专家建议，前置仓这一模式也可以在其他领域应用，例如汽车售后备件行业。通过前置仓模式，将常用汽车备件布局到配件零售商门店，覆盖周围的维修终端，当客户有需求时实现快速响应。总的来看，前置仓发展到一定程度后，新的突破口在哪里，如何进一步拓展上下游供应链服务等还需要不断探索；对仓储专业人才提出哪些方面的特殊需求，仍需进一步观察。

三、云仓

（一）云仓认知

1. 云仓的产生

仓储业务新模式之云仓

目前，尚未有关于云仓的权威定义。一般认为，云仓是一种基于云计算和物联网技术的仓储解决方案，它将传统的实体仓库转变为虚拟化的仓储空间和智能化的仓储管理系统。云仓是仓储的一种，但是不同于传统仓储、电商仓储，云仓中"云"概念来源于"云计算"，这是一种基于互联网的超级计算模式，在远程的数据中心里，成千上万台电脑和服务器连接成一片电脑云。云仓，就是仓储空间的云化，通过城市的诸多仓储空间做整合，按需配对，通过对仓储地理位置及仓储产品种类的划分，优化仓配体系。基于这种思路，可以得出如下结论：首先，云仓是以多仓为据点的、通过信息和运输贯通的物流网络；其次，云仓是网络内的库存分布要按一定的逻辑进行计算的算法系统；最后，云仓是在全国各区域中心建立分仓，由公司总部建立一体化的信息系统，用信息系统将全国各分仓联网，分仓为云，信息系统为服务器，实现配送网络的快速反应。

2. 云仓的作用

在新的物流形势下，各类云仓发展很快，物流巨头纷纷发力进军云仓服务领域，如邮政云仓、京东云仓、苏宁云仓、百世云仓等。这么多的云仓平台涌现出来，形成了多方争霸、热火朝天的新物流行业局面。从目前的实践来看，云仓具有如下几方面的作用。

（1）缩短订单完成时间。订单完成时间是指从客户下单到客户收到货的时间。在云仓模式下，通过销售预测，提前将库存布局到离消费者最近的仓库，尽量缩短配送时间，缩短"定单完成提前期"。顺丰云仓的"云仓即日""云仓次日"，京东云仓的"211 限时达""次日达"，都是在时间上极致追求的物流产品，说明了尽早完成订单的重要性。

（2）缩短供应链反应时间。除了仓库网点多，库存分布广、离顾客近外，云仓体系中还有强大、高效的仓库间的干线运输体系，能够缩短从生产商到仓库的运输时间，如顺丰云仓在湖北建货运机场，2 小时覆盖全国市场，以此来提高顺丰云仓的干线运输效率。此外，仓、配一体化缩短了仓储与配送的交接时间。在有些仓储与配送分开的模式中，仓库分拣好的包裹需要归集到配送总部，再统一分拨到各配送站，增加了仓储与配送的交接时间。在仓、配一体化模型中，仓储信息系统与配送信息系统直接对接，甚至统一编码、统一规则，直接在仓库内分拣时就按配送站点分组与归集，拣完之后直接配送，将仓库、配送的交接时间大大缩短。

（3）降低供应链的库存成本。首先，供应链反应时间越短，供应链网络系统中的安全库存就越低。其次，云仓体系内共享各处库存也进一步降低了安全库存量。通常来说，分仓增加会增加整个供应链网络中的库存总量，但在云仓体系中，通过干线快速调拨能力和信息系统强大的订单选仓能力，使各分仓的库存实现共享，从而降低整个供应链网络中的库存量。

（4）提高净资产周转率。库存量下降带来库存成本下降。库存资金占用减少能提高企业资金利用效率，从而增加净资产周转率。同时，轻资产物流模式减少仓库、设备等固定资产投资，帮助企业将资金有效地运用于关键业务中，强化核心优势，通过减少非关键性业务部门的固定投资来提高企业净资产周转率。

（二）云仓的实践

1. 私有云仓平台

私有云仓平台指企业以自身能力建立全国性的甚至全球性的云仓体系，包括仓储体系和配送体系，满足自己企业内部的物流需求和自家生态系统里的物流需求。按云仓规模的范围来看，又可以分为四种。

（1）全球云仓。有的超级企业正在实践全球云仓，如阿里巴巴推动的跨境云仓，集全球仓储和配送能力，支持全球范围内的商品大流通。

（2）全国云仓。以国内市场为主的大企业主推全国云仓，如苏宁云仓支持其全国数千家实体店的仓储配送，京东云仓支持其全国电商客户的订单物流需求。

（3）区域云仓。在一个相对较小的区域内，建设或者租赁多个仓库，结合快递或者车辆配送，搭建网状的供应链体系，以对区域内的企业实现更快、更经济的物流服务。

（4）城市云仓。随着新零售的到来，京东和阿里巴巴都在布局最后一公里便利店，这将会成为最后一公里末端的城市末端云仓。

2. 第三方云仓平台服务

这是指为其他企业提供云仓物流服务的企业，其中有些仓储企业纯粹为客户提供云仓服务，有些则是主要为自己服务，有余力时再将私有云仓平台上的一部分资源拿出来，兼营第三方云仓服务。

（1）纯粹第三方云仓平台。典型案例如百世云仓、顺丰云仓。以百世云仓为例，它联合淘宝对众多商家开放物流平台，提供仓储服务、配送服务及信息服务等。以信息服务的效果为例，百世云仓的订单处理功能能够直接将淘宝的订单分流，在双 11 期间，大大减轻了淘宝平台的数据压力。

（2）兼营第三方云仓平台。典型案例如苏宁云商、京东云仓，在满足自身仓储需要后，逐步将仓储资源向社会开放，反过来支持苏宁、京东完成向平台化公司的战略转型。公开数据显示，京东云仓的服务对象中外部客户占比已超过七成。

3. 借力社会化资源的云仓平台基础服务

（1）大型企业借力社会云仓实现专业化分工与经营。例如，宁波太平鸟电商和魅族利用顺丰云仓平台，通过分仓备货将库存前置，缩短流程，实现就近发货、区内配送、快速送达，不仅降低了综合物流成本，店铺的卖家服务评级系统（DSR）评分也有所提升。

（2）中小型企业借力云仓平台实现市场快速扩张。仓储与配送的重资产要求，超出了很多中小企业的能力范围。现在，很多企业的物流仍处在较低的水平。若能借助专业化的云仓平台，享受轻资产模式下的专业化物流服务，对于一些产品很有创新和优势的中小企业，将大大提高市场拓展的速度。

【实例6-5】顺丰的"云仓即日"和"云仓次日"的时效性服务

> 顺丰推出了"云仓即日"和"云仓次日"的时效性服务。云仓即日指消费者在当日上午11点之前下的有效订单，都能在当天20点前收到所购买的商品。云仓次日是指在20点前下单，次日18点前可收货。云仓的客户，如各类电商企业，提前将货备在各地仓库里，从而将跨省件变成省内件、同城件、区内件，就近发货，实现即日送达、次日送达的极速物流服务。

（三）云仓的发展趋势

趋势一定是应运需求而生的，甚至是为创造需求而存在的。因此，未来云仓的趋势一定是在更大程度上满足客户的需求。

客户需求主要是两点，即高效且准确。下单后货品直接出库，通过物流系统的快速反应，在预约的时间送至消费者面前。要实现这一构想，离不开大数据的支持和仓储智能化的发展。大数据保证供应链的链条保持稳定，同时使需求预测更加准确。线下快速响应物流体系的建立使整体运输速度快、配送速度快，但这两者在物流体系中也属于不同的方面，这也是最后一公里特别重要的原因。基于此，云仓很大可能是向转运中心的模式发展。货品的购买时间和批次均通过大数据系统确定，同时云仓的智能化会提升到一定的水平，从而快速满足消费者的需求。当然，云仓的最终目标是要整合社会资源，真正实现物流、商流、资金流、信息流的"四流合一"，为客户提供更为优质的服务。具体而言，有如下几个方向。

1. 规模化行业整合

无论是自建仓储还是整合仓储式的云仓，其核心不是硬件的仓库，而是需要强大的配套软件系统支持，即云功能。云仓是以大数据等科技赋能物流仓库的产物，不但需要企业高标准的客户服务能力，还需要强大的科技实力，因此小规模的云仓企业最终会被行业强者吞并或走向消亡，形成规模化巨头，即全国网仓体系，从而建立行业壁垒。全国仓网体系是将集合不同职能的仓库变为一体，平台总部运营，利用大数据实现根据客户订单到不同仓库取货，甚至异地就近匹配下订单、拣选配送，节省物流费用，提高物流效率。

2. 多级云仓分布

随着电商规模的扩大化，从大城市逐步下沉到乡村，极大刺激到底层市场需求的扩张。强大的市场、高标准的客户体验需求必然需要云仓逐级下沉，形成核心城市云仓—地级城市云仓—三四线云仓的多级分布形式，为客户提供全面、高效的一站式云仓储物流服务。通过对中小电商进行集成化操作，系统统一分类、规划，提升服务能力，匹配共享资源，从而简化操作流程，降低成本，实现仓与客户的最优化链接，打通全供应链体系。

3. 数据共享

云仓的核心在于数据，即物流链条相关方所有的数据上云并共享。厂商实现按需生产，卖家便于调整销售策略，物流企业可以优化仓储备货、中转运输。目前国内数据完全公开共享存在难度，但随着数据的重要性和价值得到充分体现，当其利弊完整地呈现在大家面前时，所有企业开始公开数据，真正的云仓也终将落地开花。共享云仓平台，将以共享经济的模式，集成中小电商与物流企业的闲置仓储资源，并进行赋能，以建立起覆盖全国的仓配服务体系。基于中央运营协同管理平台，通过总部运营的模式，将仓与客户链接起来，打造扁平快速化的供应链体系，实现物流行业成本、效率、体验的再升级。

4. 建立商业化 Paas 平台

基于 PaaS 平台并做到服务产品统一化、通信协议标准化、系统模块原子化单元化、人工智能算法插件化、智慧物流设备和物联网组件化，并统一定义单据格式以及系统之间的调用机制，可以快速灵活地组装出基于不同服务场景的业务系统，完全可以自由组装并根据自身需求完成服务升级等；也可以衍生出更多的服务产品或者加速服务的应用，比如共享托盘、共享载具、商品溯源、物流电子面单、供应链金融、区块链等。

5. 培养专业人才

制定人才培训与考核上岗体系，统一培训教材，与高校衔接或与技术院校合作进行人才培养与输送，让物流的每一个环节都更专业、更简单、更高效。

四、金融仓储

仓储业务新模式之金融仓储

（一）金融仓储认知

1. 金融仓储的定义

金融仓储是指融资企业以存货或由仓储公司出具的仓单为质押标的，从金融机构取得融资，仓储公司对质押期间的质押物进行监管。这一模式的出现为银行开展动产质押贷款业务提供了保障，降低了银行信贷风险，提高了银行利润空间，也为中小企业融资开辟了新天地，在盘活中小企业存货、避免关联担保风险、拓宽融资渠道等方面发挥了积极的作用。

所谓动产质押监管，是指企业将自有的、金融机构认可的动产（包括原材料、库存产品等）交付金融机构认定的监管公司监管，在此期间，质押物不转移所有权，金融机构据此向企业提供一定比例的贷款和其他融资服务。

金融仓储公司作为动产质押的第三方监管人，降低了银行对动产质押所承担的风险，而对于需要融资的企业来说，在融资的渠道上开辟了除抵押贷款、信用贷款和担保贷款以外的另一条路径，实现银行、企业和监管公司的三赢局面。

【资料 6-3】动产质押的法律定义

> 动产质押是指债务人或第三人将其动产移交债权人占有，将该动产作为债权的担保。债务人不履行债务时，债权人有权依照《民法典》的规定以该动产折价或以拍卖、变卖该动产的价款优先受偿。前款规定的债务人或第三人为出质人，债权人为质权人，移交的动产为质物。设定动产质押，出质人和质权人应当以书面形式订立质押合同。根据《民法典》的规定，质押合同是诺成合同，并不以质物占有的移转作为合同的生效要件。

2. 金融仓储的参与方

金融仓储是金融业与仓储业的交叉创新，作为一种连接中小企业和金融机构，解决中小企业"想借借不到"、金融机构"想贷不敢贷"的问题的桥梁，参与的主体主要有以下几方：

（1）企业融资者。企业融资者主要是一些缺少大型不动产，但有一些原材料、半成品、产成品等库存的急需融资的企业，特别是一些中小企业，它们由于信用程度相对较低，又没有太多的不动产，想得到发展所需的资金，甚至是生存所需的资金，选择金融仓储公司合作几乎成了唯一的选择。有了这些企业的存在和参与，才有了金融仓储业的产生与发展。

（2）金融机构。投资公司和商业银行等金融机构是金融仓储业中不可或缺的参与主体，投资公司和商业银行等金融机构为了增加其利润源，有意愿把手中的资金贷给一些有资金需求的中小企业，但是由于动产的监管成本高、价格不稳、不易保值增值，从而使金融机构的风险加大。金融机构为了减少其风险，便会参与到金融仓储这个新兴的行业中来。

（3）仓储企业。仓储企业的主要需求是拓展业务范围，增加企业利润。作为金融仓储的核心，仓储企业起到承上启下的作用，是连接中小企业和金融机构之间的桥梁，为金融仓储业的发展起到了很大的作用。

（二）金融仓储的业务类型

1. 保兑仓业务

保兑仓也称为买方信贷，是指融资企业向金融机构缴纳一定的保证金，根据融资企业的进货合同，金融机构直接给融资企业开具银行承兑汇票（主要形式）或者资金，融资企业直接利用银行承兑汇票或者资金到融资企业的上游供货商（如制造商）处进货，上游供货商将货品运送到银行指定的金融仓储企业的仓库，货品到达仓储企业的仓库便直接变成仓单质押类型或者动产监管保值类型。

2. 授信融资业务

授信融资业务是指金融机构根据仓储企业的财务状况、经营成果和现金流量，以及企业的规模、信用程度等，授予金融仓储企业一定的信用额度。

金融仓储企业利用金融机构授权的信用额度向需要融资的中小企业灵活地进行质押贷款，金融仓储企业对融资企业质押给金融仓储企业的质押物进行全程的监管，而金融机构不参与质押业务的具体运作过程，在这个过程中金融仓储企业除了具有仓储企业的功能外，还增加了金融机构的功能，相应的也为金融机构承担了一定的风险，同时为一些企业特别是一些资金需求量少、需求时间短的中小微企业提供了一种非常规的融资方式，当然也给金融仓储企业增加了利润。

3. 仓单质押贷款

仓单质押贷款，或者说标准仓单质押贷款，其核心的内容是融资企业将自己企业现有的原材料、半成品、产成品等动产作为质押物向金融机构申请贷款，仓储企业经金融机构的审批授权以后，以第三方的身份代理监管服务，并对质押物进行监管。当货品放入指定的仓库后，由仓储企业签发仓单，融资企业以仓单为依据从金融机构取得贷款。对于仓单质押的运作形式，我们将在"（三）仓单质押的运作形式"中详细讲解。

4. 动产监管保值

动产监管保值贷款也称动产质押贷款，指融资企业以其动产进行质押担保，仓储企业对其所质押的动产进行监管，金融机构通过仓储企业确认并签订协议后进行放贷。质押物可能在仓储企业的仓库，也可能在融资企业自己的仓库，不管在哪个仓库，它们都有一个共同的特点，就是并不是质押给银行的动产放到仓库就不能使用，而是可以根据一定条件来使用。

仓储企业根据总量控制，即在金融机构要求的最低库存量基础上（这里指的是价格没有变动或者变动很少的情况下）对超出金融机构要求的最低控货部分，融资企业可以向监管方也就是仓储企业申请提货。

仓储企业根据最低控货通知书，进行控制发货，当总值低于最低控制线时，仓储企业就停止质押物出库。当质押物的价格剧烈变动时，特别是降价幅度比较大，使所质押货品贬值到或者即将到最低控制线以下的时候，仓储企业应该根据所签协议要求融资企业进行补货，以保证银行资金的安全。

（三）仓单质押的运作形式

仓单质押是以仓单为标的物而成立的一种质权。仓单质押作为一种新型服务项目，既可以解决货主企业流动资金紧张的困难，保证银行放贷安全，又能拓展仓库服务功能，增加货源，提高效益。

1. 仓单质押的作用

（1）对于融资企业而言，利用仓单质押向银行贷款，可以解决企业经营融资问题，争取更多的流动资金周转，实现经营规模扩大和发展并提高经济效益的目的。

（2）对于银行等金融机构而言，开展仓单质押业务可以增加放贷机会，培育新的业务增长点；又因为有了仓单所代表的货品作为抵押，贷款的风险大大降低。

（3）对于仓储企业而言，一方面可以利用能够为融资企业办理仓单质押贷款的优势吸引更多的融资企业进驻，保有稳定的货品存储数量，提高仓库空间的利用率；另一方面又会促进仓储企业不断加强基础设施的建设，完善各项配套服务，提升企业的综合竞争力。

2. 仓单质押业务的操作要点

由于仓单质押业务涉及仓储企业、融资企业和银行等三方的利益，因此要有一套严谨、完善的操作程序，以防范各方风险。

（1）融资企业与银行签订《银企合作协议》《账户监管协议》，仓储企业、融资企业和银行签订《仓储协议》，同时仓储企业与银行签订《不可撤销的协助行使质押权保证书》。

（2）融资企业按照约定数量送货到指定的仓库，仓储企业验货确认后开立专用仓单；融资企业对专用仓单做质押背书并交付银行，提出仓单质押贷款申请。

（3）银行审核后，签署贷款合同和仓单质押合同，按照仓单价值的一定比例放款至融资企业在银行开立的监管账户以支付上游企业的货款。

（4）贷款期内实现正常销售的货款全额划入监管账户，银行按约定根据到账金额开具分提单给货主，仓储企业按约定要求核实后发货。

3. 仓单质押的业务特点

（1）大多适用于商品流通企业。

（2）能有效解决企业担保难问题，当企业无固定资产作为抵押，又寻找不到合适的担保单位时，可以将自有的仓单作为质押向银行取得贷款。

（3）缓解企业因库存货品多而造成的短期流动资金不足的状况。

（4）质押仓单项下货品允许周转，可采取以银行存款置换仓单和以仓单置换仓单两种方式。

4. 质押货品必须具备的一般条件

（1）所有权明确，不存在与他人在所有权上的纠纷。

（2）无形损耗小，不易变质，易于长期保管。

（3）市场价格稳定，波动小，不易过时，市场前景较好。

（4）适应用途广泛，易变现。

（5）规格明确，便于计量。

（6）产品合格并符合国家有关标准，不存在质量问题。

问题与思考

一、案例分析

1. 前置仓未来趋势如何

每日优鲜是前置仓模式的开创者，通过大数据、算法等形式塑造的前置仓模式，让从选址到配送的整个交易流程都得到了质的提升。高峰时期，每日优鲜在全国拥有超过 1500 个前置仓，覆盖近 20 个主要城市，IPO 市值一度超过 32 亿美元。但伴随着每日优鲜的经营困境、叮咚买菜的蛰伏，前置仓有一段时间黯然失色。但很多人可能不知道的是，前置仓、前店后仓、仓店一体等模式，正在其他场域里蓬勃生长。

零售巨头沃尔玛旗下的山姆会员商店大量布局日常生活品类的前置仓，已经成为前置仓头部玩家。据报道，山姆在中国已布局近 500 个前置仓，单仓日均订单约 1000 单，客单价约 230 元；山姆会员商店实现年销售 800 亿元左右，其中线上销售占比 47%，与线下基本持平。这表明，"即时配送+前置仓模式"已经成为山姆的重要销售组成部分。山姆布局前置仓，对于覆盖更多的用户群体，拉动更多的用户转为会员，提升订单的频次，扩大整体的销售额，是非常有效的。据了解，山姆的付费会员第 1 个 100 万用了 21 年，第 2 个 100 万用了 3 年，第 3 个 100 万只用了 9 个月，这背后离不开前置仓的布局和线上电商的发力。

知名便利店品牌天福也开始布局外卖仓，本质上是便利店版本的前置仓，专注于售卖快消品和日用百货，消费者通过美团、饿了么等平台下单，骑手配送到家。除了外卖仓，天福便利的即时零售销售额也增长 230%，这是一个相当陡峭的增长曲线。

京东也加速布局前置仓，不断地加大对即时零售的投入。有行业报告显示，京东便利店已经在全国拥有 1000 家左右的加盟前置仓，并且还在不断开设新的前置仓。京东便利店通过与达达的合作，将即时零售业务整合为京东秒送，进一步提升配送效率和服务质量。京东还打算在全国重点城市新开更多的前置仓，并吸引了许多加盟商的入局。

另一家商超巨头永辉的模式稍有不同。永辉做的是成本更低的仓店合一模式，也就是说在超市门店里开辟专门的区域，用于线上订单商品的摆放、分拣。这种模式，相比新开的纯前置仓，可以节约租金、水电成本。据了解，目前永辉完成了全国 1000 多家门店的仓店一体改造。

还有一种模式就是美团闪电仓模式，平台与商家合作，商家建仓，平台提供包括选址选品定价建议、线上营销运营指导、线下履约培训，以及流量资源、营销资源等多种助力，目前这种模式增长势头也很快。

而以上种种创新，共同构成了"万物即时+前置仓"井喷的零售新形态。

根据以上案例，通过网络查询相关资料，试分析前置仓的未来发展趋势。

2. 仓单质押案例

中国金属抚顺红峰矿业有限公司注册资本人民币 1.1 亿元，是以生产粗铜、硫酸、铜精矿、锌精矿、硫精矿为主，集采、选、冶综合生产能力于一体的有色金属独立工矿企业，公司年经营收入 5.7 亿元。公司业务发展稳定增长，生产铜价格日渐走高，在上海期货交易所存有近 5000t 电解铜，均作保价交易，按照上海期货交易所电解铜 67000 元/t 计算，共占用该公司流动资金近 3.3 亿元，由此造成公司流动资金紧张。公司近年产能不断扩大，需要采购大量铜矿石，公司自产铜精矿量预计为 8500t，缺口为 8000t。需采购资金 1.8 亿元。

银行提出的授信方案是以该公司现有铜矿作为质押提供融资，用于铜精矿采购。提款与还款方式应该与客户的资金需求匹配，提款必须用于采购，销售还款必须用于还款。根据该公司经营情况及实际资金需求情况，分次提款。银行信贷资金到期，该公司计划用其销售收入偿还。该公司还款来源主要是经营收入，从收入来源分类，主要分为电解铜、工业硫酸、锌精矿三大类。该公司目前在上海期货交易所存有近 5000t 电解铜，到年底电解铜存有量将达 7000 多吨，该公司每个月能通过上海期货交易所交易 1250t 电解铜，按照该公司在上海期货交易所的保价计算，每月仅电解铜的销售回款近 9000 万元，7000t 电解铜的销售回款将达到 4.7 亿元，具备还款能力。

该公司供应商绝大部分为民营企业，铜精矿为国内短缺商品，是卖方市场，均为现款交易，公司年自产铜精矿 8000t 左右，铜精矿缺口在 7000～8000t。供应商与该公司合作多年，供货质量有保证，货源稳定，供货价格一般随行就市而定。

该公司销售商大部分为大型国有企业，销售价格在几个月前公司就已锁定（该公司在上海期货交易所存放电解铜时做保价交易），均为长期客户，货款回收及时，主要业务销售在国内市场，要求产品质量较高（按照上海期货交易所质量要求），买方市场需求稳步增长，因电解铜属于基础生产原料，国内消耗量大，产品供不应求，付款方式均是现款交易方式。

该公司提供质押物是在上海期货交易所存放电解铜，从目前了解到的情况来看，在未来半年内，电解铜价格呈现稳步上扬趋势，且该公司在上海期货交易所存放电解铜时做保价交易，银行按照该公司在上海期货交易所存放电解铜所做保价价格质押，贷款期限内该公司提供质押物能覆盖贷款金额、不致产生缺口。

（1）案例 2 中，仓单质押融资风险有哪些？试作简要说明。
（2）试说明如何防范仓单质押融资风险。

二、技能训练题

1. 以小组为单位，通过网络，搜集并整理一家经营仓配一体化业务的公司资料，包括该公司开展仓配一体化业务的时间、业务规模、业务模式、业务评价等，制作 PPT，在班级内交流和分享。
2. 以小组为单位，通过网络，搜集并整理一家经营金融仓储业务的公司资料，包括该公司开展金融仓储业务的时间、业务规模、业务模式、业务评价等，制作 PPT，在班级内交流和分享。

★三、课程思政实践题

1. 在仓储新技术不断发展的情况下，结合自身实际，制订一份专业技能提升计划。
2. 针对当前仓储经营业务中出现的新模式，结合自身实际，撰写一份创业计划书。

附　　录

附录 A　物流企业分类与评估指标（GB/T 19680—2013）

附录 B　仓储从业人员职业资质（GB/T 21070—2007）

附录 C　仓储作业规范（SB/T 10977—2013）

附录 D　仓储服务质量要求（GB/T 21071—2021）

附录 E　包装储运图示标志（GB/T 191—2008）

附录 F　危险货物包装标志（GB 190—2009）

附录 G　仓储货架使用规范（GB/T 33454—2016）

附录 H　仓储物流企业安全生产标准化评定标准

附录 I　仓储场所消防安全管理通则（GA 1131—2014）

附录 J　冷库管理规范（GB/T 30134—2013）

附录 K　仓储绩效指标体系（GB/T 30331—2021）

附录 L　智能仓储管理规范（WB/T 1138—2023）

参 考 文 献

[1] 薛威. 仓储作业管理[M]. 4版. 北京：高等教育出版社，2022.
[2] 孙秋高. 仓储管理实务[M]. 4版. 北京：电子工业出版社，2020.
[3] 曾海珠. 仓储作业与管理[M]. 哈尔滨：哈尔滨工业大学出版社，2017.
[4] 叶伟媛. 仓储与配送管理[M]. 2版. 大连：东北财经大学出版社，2021.
[5] 花永剑. 物流管理基础[M]. 北京：清华大学出版社出版，2023.
[6] 程晓华. 制造业库存控制技巧[M]. 北京：企业管理出版社 2023.
[7] 王化晶. 仓储可视化管理：管人、管事、管货、管账日用细则[M]. 北京：中国经济出版社，2022.
[8] 余雪杰. 仓储管理职位工作手册[M]. 2版. 北京：人民邮电出版社，2023.
[9] 甘卫华. 仓储管理与库存控制[M]. 北京：北京大学出版社，2023.
[10] 冯银川. 仓储管理实战：仓库布局、资源配置、流程设计与项目落地[M]. 北京：人民邮电出版社，2023.
[11] 杨欣，郭瑞伟. 仓储管理实战[M]. 北京：科学出版社，2024.
[12] 林露华，赵加环. 智能仓储管理实务[M]. 北京：北京理工大学出版社，2023.